「見捨てない社会」を取り戻すために

新・資本主義論

ポール・コリアー
伊藤 真［訳］

白水社

新・資本主義論――「見捨てない社会」を取り戻すために

スーのために
生きる道は隔たり行けど、同じ不安を感じつつ

目次

凡例

・原著者による注は章ごとに（1）（2）と番号を振り、「原注」として巻末にまとめた。
・脚注は本文中に（＊）（†）（‡）で示し、直近の奇数頁に入れた。
・訳者による注は〔　〕内に記した（本文中にある場合は割注）。
・本文中の書名については、邦訳のあるものは邦題に加え、訳者名、出版社名を〔　〕内に割注で記し、邦訳のないものは逐語訳と原題を併記した。

第1部

危機

第1章 新たなる不安

プラグマティズムと熱意と

深刻な亀裂の数々が私たちの社会を大きく切り裂こうとしている。それは人びとに新たな不安と新たな怒りを抱かせ、同時に新たな政治的な激情も生み出している。こうしたさまざまな不安の裏にある社会的な要素、それは地理的条件、教育程度、それに道徳観だ。地方は主要都市に反逆している。イングランド北部VSロンドン、内陸地域VS沿岸部だ。低学歴層は高学歴層に反逆し、生活の苦しい労働者たちは「たかり屋」や「不労所得者」の連中に反逆している。社会の革命的勢力はもはや労働階級ではなく、低学歴の田舎の大衆となった――「資産のない連中《サン・キュロット》」に「おしゃれじゃない連中《サン・クール》」が取って代わったのだ〔サン・キュロットとは「半ズボンを穿かない人びと」の意味で、フランス革命当時の都市の無産市民を指し、急進的な革命家の意味でも使われる〕。しかしこうした人たちはいったい何にそんなに怒っているのだろうか？

今日の新たな不満には「場所」という要素がかかわっている。地理的な経済格差は長年にわたって次第に縮小されてきたが、それが近年は急激に拡大しつつあるのだ。北米、ヨーロッパ、そして日本でも、大都市圏の人びとはその他の地域の国民を置き去りにして躍進を続けている。大都市圏の住人たちは地方の人たちよりもはるかに裕福になっている。だがそれだけではない。社会的にも地方とのつながりがなくなり、多くの場合はその国の首都であるにもかかわらず、大都市圏の住人たちはもはや国民全体の姿を映し出す存在ではなくなってしまったのだ。

しかしそんな活気溢れる大都市の中でも、莫大な経済的利益はひどく偏っている。新たな成功者たちは資産家でもなければ平凡な労働者でもない――新たなスキルを身につけた高学歴者たちだ。彼らは自分たちだけで新たな階級をつくり出した。大学時代に出会い、新たな共通のアイデンティティを持つようになった人びと。互いに評価するのは身につけたスキルだ。彼らは独特な道徳観まで生み出した。民族や性的指向などのマイノリティの特徴に着目し、それを「被害者」という集団的アイデンティティにまで膨らませて、そうした被害者集団に対して強い思いやりを抱くという顕著な傾向を持っている。そしてそれを根拠に、低学歴層に対して道徳的な優越感を抱いているのだ。こうして新たな支配者層としての地位を固めた高学歴層は、かつてないほどお互いと政府を厚く信頼しているのである。

高学歴層の財産は急伸し、全国平均を押し上げた。その一方で、低学歴層の人びとは今や大都市圏でも全国的にも危機に直面し、「白人労働者層」という蔑称で呼ばれるようになった。こうした凋落現象は、やりがいのある職の喪失から始まった。グローバル化によって多くの半熟練労働者の仕事がアジアへ移り、残った職もテクノロジーの進展によって失われつつある。そして職の喪失はとくに二つの年齢層に打撃を与えた――年齢の高い労働者たちと、初めて職を得ようという若者たちである。

比較的年齢の高い労働者たちの場合、失業はしばしば家庭崩壊、ドラッグやアルコールの乱用、そして暴力につながってきた。アメリカでは、「有意義な人生」という感覚は崩壊してしまった。それは大卒未満の白人の平均余命が低下していることにも見て取れる。医療の未曾有の進歩のおかげで、より恵まれた人たちの平均余命が飛躍的に伸びているという時代にだ[1]。ヨーロッパでは、社会保障制度のおかげでそれほど極端なことにはなっていないものの、同様の現象は蔓延している。たとえばイギリスのブラックプールをはじめとする衰退した諸都市でも、平均余命は低下している。職にあぶれた五〇代以上の人びとは日々絶望に打ちひしがれているのである。では若者はと言えば、低学歴者たちは同じような状況だ。ヨーロッパでは大部分の国々で低学歴の若年層が大量失業に直面している。現在、イタリアでは若年層の三割が失業者だが、これほど大規模な職不足は一九三〇年代の大恐慌以来のことである。調査によれば、若者たちはかつてなく悲観的になっている——大部分の若者は自分たちの生活水準は両親のそれよりも低くなると予想しているのだ。そしてこれは必ずしも見当違いではない。過去四〇年間、資本主義が生み出す経済的成果は縮小してきた。これは二〇〇八‐〇九年の世界的な金融危機によって浮き彫りになったが、実は一九八〇年代から悲観的な見通しはゆっくりと膨らみつつあったのだ。あらゆる人の生活水準が着実に向上していくという、資本主義を支える核心的な信頼感は損なわれた。一部の人には今も恩恵をもたらし続けているとはいえ、その他の人びとは置いてきぼりだ。まさに資本主義の象徴的な中心ともいうべきアメリカでは、一九八〇年代生まれの半数が、両親が同じ年齢だったころに比べて間違いなく困窮している(2)。そうした人たちにとって資本主義は機能していないのだ。一九八〇年代以来、技術も公共政策も目をみはるほど進展してきたことを考えれば、このような衰退には驚愕するしかない。これまでの技術と公共政策の進展をもってすれば（それ自体、資本主義に依存しているわけだが）、すべての人の生活を大幅に向上させることはまったく可能なはずだ。それなのに大半の人びとは、自分たちの子供たちの世代はいっそう生活が苦しくなると予想しているのである。アメリカの白人の労働者層では、このような悲観的な見方は七六パーセントという驚くべき高さを示している(3)。そしてヨーロッパの人びとはアメリカ人よりもさらに悲観的になっているのだ。

低学歴層の鬱屈した不満には恐怖心も混じっている。高学歴層の人びとが社会的にも文化的にも自分たちと距離を置こうとしていることをわかっているのだ。そして高学歴層との乖離と、その人たちで構成されたより恵まれた集団の出現は、彼らばかりが甘い汁を吸っているように低学歴層には見える。そしてそれが自分たちの救済の道を損なっているのだと、低学歴層は考えているのだ。社会保障の必要性が高まっているまさにそのときに、将来の保障に対する信頼感が蝕まれてしまっている。

不安、怒り、そして絶望によって、自らの政治的信条、政府への信頼、そして市民同士の信頼さえもがずたずたに切り裂かれてしまった。二〇一六年のアメリカ大統領選挙ではドナルド・トランプがヒラリー・クリントンを破った。同年のイギリスの国民投票では欧州連合離脱派《ブレグジット》が残留派を破った。翌年、フランスの大統領選では反主流派政党のマリーヌ・ルペンとジャン＝リュック・メランションが四〇パーセントを超える票を獲得した（そのため前大統領の社会党は一〇パーセント未満と惨敗した）〔ルペン、メランションはそれぞれ極右、急進左派。この数字は二〇一七年大統領選挙の第一回投票時。社会党はオランド大統領が再出馬せず、アモン候補が惨敗した。第二回の決選投票では新興政党のマクロン候補がルペン候補を大差で破り当選〕。ドイツでもキリスト教民主同盟と社会民主党の連立政権の人気凋落で、極右政党であるドイツのための選択肢（ＡｆＤ）が連邦議会で議席を得てれっきとした野党になった。現状に対するこうした反抗の核心を担ったのは低学歴層の人びとだった。そして学歴格差に地域格差が追い打ちをかけた。ロンドンの市民は圧倒的に欧州連合残留に票を投じた。ニューヨークではクリントン候補が圧勝。パリの市民はルペンとメランションを支持せず、フランクフルトの市民もＡｆＤを嫌った。急進的な抵抗は地方発だったのだ。こうした主流派への反抗には年齢層も関係しているが、高齢者対若者といった単純な構図ではない。技能の価値が低下して苦境に追いやられた高齢の労働者たちと、就職難に直面した若年層は、どちらも極端に走った。フランスでは新興右派に投票する若者が極端に多かったし、イギリスとアメリカの若者たちは新興左派勢力に大々的に投票したのである。

「自然は真空を嫌う」ということわざがあるが、有権者もそうだ。目の前の現実と実際に打てる手との間には大きな溝がある。そしてそこから生まれる欲求不満は、脇で出番を待ちわびていた二種類の政治家たちを大いに活気づけた——ポピュリストとイデオローグたちである。今日と同じく資本主義が破綻した一九三〇年代にも、同じことが起きた。そのときに姿を現しつつあった危険な兆候は、オルダス・ハクスリーの『すばらしい新世界』（一九三二年）とジョージ・オーウェルの『一九八四年』（一九四九年）の両作品が見事にとらえて見せた。しかし一九八九年の冷戦終結によって、もはやこれらの小説が描いた惨禍は過去のものになったかのように思えた。われわれは「歴史の終わり」、つまり永遠のユートピアの時代に到達したのだ、と。だが今や逆に新たなディストピアが私たちを待ち受けていることはほぼ間違いない。

こうした新たな不安に対して古きイデオローグたちがさっそく反応し、陳腐な口汚い左右の対立を復活させたのだ。イデオロギーというものは、単純な道徳的な思い込みと、ご都合主義的な分析を提供する。そしてこの魅惑的な組み合わせのおかげで、どんな問題にも断定的に答えることを可能にしてくれるのだ。十九世紀のマルクス主義、二十世紀のファシズム、そして十七世紀の宗教原理主義などが復活し、すでに各地の社会に悲劇をもたらし始めている。しかしどれも一度は失敗したイデオロギーだから、かつての信奉者の大部分はもういない。このため復活の狼煙《のろし》を上げられるようなイデオローグの政治家はわずかしか残っていなかった。その少数の者たちは、時代の残滓《ざんし》のような零細組織に属していた——たいていカルト的な妄想癖の持ち主で、過去の失敗という現実を直視する度量を持ち合わせない連中だ。たとえば一九八九年に共産主義体制が崩壊するまでの一〇年間、マルクス主義者の生き残りの連中は共産主義の崩壊を予見するどころか、自分たちは「資本主義の末期」を生きていると思い込んでいたのだ。だが今日の社会ではあの共産主義崩壊の記憶もすっかり薄れてしまったから、彼らが復活する余地が生まれたのだ。おかげでその手の新刊書が後を絶たない[4]。

人びとを誘惑する力という点では、イデオローグたちに対抗できるもう一つの政治家の種族、それはカリスマ・ポピュリストだ。イデオロギーは初歩的な分析ぐらいは含んでいるが、ポピュリストたちはそれすらも放棄して、ちょっと考えれば間違いだとわかるような答えに飛びつく。だから彼らの戦略は、多彩なエンターテインメント色を打ち出して、有権者たちの気をそらして深く考える隙を与えない、というものだ。こうしたスキルを持ち合わせた政治リーダーたちもまた、ごく限られた人材の中から輩出される——それはメディアをにぎわすセレブだ。

イデオローグもポピュリストも、今日の新たな社会的な亀裂から来る不安と怒りに乗じているが、どちらにも問題を解決する能力はない。亀裂はどれも過去の再現ではなく、複雑な新たな現象なのだ。しかしイデオローグやポピュリストの政治家たちは、彼ら一流のいんちきな「治療法」を熱心に施す過程で、社会に巨大な損害を与える能力は持っている。実は今日の問題を生んでいるさまざまな社会的要因に対して、実現可能な解決策は存在する。だがそれらを引き出せるのは、イデオロギー特有の道徳的な思い込みでもなければ、ポピュリストが飛びつきがちな安易な答えでもない。真の解決策は分析と証拠の上に成り立つのであり、だからこそ実際主義《プラグマティズム》という冷静な頭を必要とするのだ。本書が提案するすべての政策はプラグマティックだ。

とはいえ、熱意は不要というわけではなく、本書も熱意に溢れている。私の人生の歩みは、私たちの社会に口を開けている三つの重苦しい亀裂のそれぞれを渡ってきた。私は冷静な頭を保ってきたが、私の心はこうした亀裂によって焼け焦がされてきたのである。

繁栄を極める巨大都市と衰微した地方都市、その間に生じた新たな地理的格差を私は身をもって体験してきた。私の故郷のシェフィールドは衰退した地方都市の象徴のような場所になった。鉄鋼業が崩壊し、その姿は映画『フル・モンティ』に永遠に刻まれた〔シェフィールドを舞台とした一九九七年のイギリス映画。失業した男たちが男性ストリップショーで再起を期す物語〕。私自身、シェフィールドの悲劇を生きてきた——隣人は失業し、やっとのことでトイレ掃除の仕事を見つけた親戚もいる。その一方で、私はオックスフォードへ移った。大都市で成功をつかむのには格好の場所だ。私が現在暮らしている地区は、年収に対する住宅の価格が全英一だ。

　私は成功した一流家族と崩壊して貧困に落ち込んでしまう家族という、スキルと意欲が生み出す格差も味わってきた。私と私の従姉妹は十四歳のときは互いにそっくりだった。同じ日に、同じく低学歴の両親のもとに生まれながら、私たちは共にグラマー・スクールへの進学を果たした。だが彼女の人生は父親が早世してから頓挫してしまった。父親という人格的な権威を失った彼女は、十代で子供を産み、それに伴う問題や恥辱も味わった。一方、私の人生は成長という飛び石を一つずつ順調に渡り、高校を終え、オックスフォード大学で学ぶ奨学金を得た。(*) そこからさらに何段階かを経て、私はオックスフォード、ハーヴァード、そしてパリの各大学で教授職に就くことができた。それでも自尊心が満足しないのかとばかりに、労働党政権は私に大英帝国三等勲爵子を、保守党政権はナイト爵位を与えてくれたし、英国学士院の同僚たちは学士院長賞を授与してくれた。人生は一度分岐すると、その道を突き進んでいくものだ。十代で母親となった私の従姉妹の場合、その娘たちも十七歳になる頃には母親になっていた。一方、私の十七歳の息子はイギリス随一の学校の一つに奨学金を得て通っているのである。

（＊）私と同様、イギリスの著名な劇作家のアラン・ベネットもヨークシャーの低学歴の両親のもとに生まれた。その人生は『ヒストリー・ボーイ』という舞台作品に託して語られているが、貧しい家庭からオックスフォードへと、社会的階層の上昇を果たした私の人生ともよく似ている。しかし彼は私の故郷よりもおしゃれなリーズの町で育った。そこで、主人公が乗り越えた社会的な溝の大きさを強調するために、彼は物語の舞台を彼自身の故郷のリーズではなく、私の故郷のシェフィールドに設定した。第一幕の終わりに、主人公は自分の立場を不利にしているさまざまな事実を次第に熱を帯びながら並べ立てる――「おれはチビだ。おれはゲイだ。それにおれはシェフィールド出身だ！」。ベネットはシェフィールド出身ではないが、私はそうだ。実は、ベネットが舞台に選んだのは私の出身校だ。私はベネット自身よりも真の「ヒストリー・ボーイ」なのだ。

最後に、私はアメリカ、イギリス、フランス――私はいずれの国でも快適な暮らしを体験した――の狂乱的な繁栄ぶりと、アフリカ――私のフィールドワークの現場――の絶望的な貧困という、グローバルな格差も生きてきた。大部分がアフリカ出身である私の教え子たちは、卒業後の人生を選ぶとき、この過酷な差異に直面する。今も一人、イギリスで仕事をしてきたスーダン人の博士が選択に迷っている。イギリスに残るか、スーダンに帰国して首相府に勤めるかだ。彼は帰国を選ぼうとしているが、それは異例の選択だ――スーダンよりもロンドンのほうがスーダン人の博士号取得者が多いのだ。

これら三つのぞっとするような裂け目は、私にとって単なる研究対象ではない。今や私の人生の目的を決定づけるようになった悲劇なのだ。だからこそ私はこの本を書いた。私は現状を変えたいのだ。

社会民主主義の勝利と衰退

シェフィールドはおしゃれと言うにはほど遠い都市だ。だがそれだけにかえって人びとの絆《きずな》は強く、かつてそんな絆は強力な政治的な力を持っていた。産業革命で先駆的な役割を果たした北イングランドの諸都市では、住民たちはその革命がもたらした新たな不安に最初に直面した人たちでもあった。たとえばシェフィールドのように、地域社会の住人たちは生まれ育った土地への愛着という共通点を見出し、新たな不安に対処するために協同組合を生み出していった。互いに抱く親近感をうまく活かし、相互扶助の利点を引き出せるようなさまざまな組織を構築していったのである。住宅金融組合のおかげで、人びとは住宅資金を貯めることができた。シェフィールドと同じヨークシャー地方の町、ハリファックスでは、のちにイギリス最大の銀行となる組織まで生まれた〔かつて住宅金融組合だったハリファックス銀行のこと。現在はスコットランド銀行傘下〕。

共済組合保険のおかげで人びとはリスクに備えることができた。農業協同組合や小売協同組合のおかげで、農家や消費者は大企業を相手に交渉する力を得ることができた。北イングランドという坩堝《るつぼ》で生まれた協同組合運動は、ほぼヨーロッパ全域に急激に普及していったのである。

こうした協同組合は結束することで中道左派政党の土台となっていった。つまり社会民主主義の諸政党だ。地域社会で発揮された相互扶助の利点は、活動が国家規模になってスケールアップした。協同組合の場合と同様に、諸政党が掲げた新たな政策目標は現実的なもので、ごく普通の家庭が生活の中で直面している不安に根差していた。戦後になると、ヨーロッパ各地で社会民主主義政党が政権の座に就き、そうした不安に効果的に対処する幅広いプラグマティックな政策を実施していった。健康保険、年金、教育、失業保険などの政策が実際にどんどん暮らしを変えていった。こうした政策の価値は計り知れず、中道の政治勢力全般に受け入れられた。中道左派と中道右派の諸政党が政権交代を演じても、このような諸政策は維持されたのである。

それなのに、今や社会民主主義という政治勢力は風前の灯だ。この一〇年は失態の連続だった。中道左派では、バーニー・サンダースに酷評されたヒラリー・クリントンがドナルド・トランプに敗れ、かつてブレアとブラウンが率いたイギリスの労働党はマルクス主義者らに乗っ取られてしまった。フランスでは、社会党のオランド大統領は再選に挑むことすら諦め、その代わりに出馬したブノワ・アモンは得票率わずか八パーセントで惨敗。ドイツ、イタリア、オランダ、ノルウェー、スペインでも社会民主主義政党は票ががた減りした。普通ならこれは中道右派の政治家たちにとっては朗報だろう。だがイギリスとアメリカでは中道右派も自党を掌握できず、ドイツとフランスでは有権者の支持が瓦解した。どうしてこんなことになってしまったのだろうか？

それは、社会民主主義者の左派も右派も、地域社会の実際的な相互扶助の精神という原点から遊離してしまったからだ。そして過剰な影響力を持つようになったまったく別の類の人びとの虜になってしまったからだ——中流インテリ層である。

左派のインテリたちは十九世紀の哲学者、ジェレミー・ベンサム〔一七四八–一八三二年〕の思想に魅了されていた。功利主義と呼ばれるベンサムの哲学は、道徳観を人間の本能的な価値観から切り離し、もっぱら次のような理性的な原理から導き出した——ある行為が道徳的であるかどうかは、それが「最大多数の最大幸福」をもたらすかどうかで判断されるべきである。しかし人びとの本能的な価値観は、この規準に見合うほど高潔ではない。だから社会は、道徳的に健全な専門家集団《テクノクラート》に国家の運営を先導してもらわなければならないということになる。このような先導者たち、つまり社会の父権主義《パターナリズム》者的な守護者たちは、プラトンが『国家』で主張した「守護者たち」を現代的にアップデートしたものだ。ちなみにベンサムの弟子として育ち、ベンサムと共に功利主義確立の立役者となったインテリ、ジョン・スチュアート・ミル〔一八〇六–一八七三年〕は、八歳にしてすでにプラトンの『国家』を古代ギリシャ語原典で読んでいたという。

残念ながらベンサムとミルは、モーゼやイエスやムハンマドに匹敵する現代の道徳的巨人、というわけではなかった。二人とも奇怪なほど非社会的な人物だったのだ。ベンサムはひどく風変わりな男で、今日では自閉的だったと見られており、社会との連帯意識というものを持つことができなかった。ミルもごく普通の人間になれるはずもなかった——幼少期には父親によってあえてほかの子供たちから遠ざけられ、おそらく自分の周りの社会よりも古代ギリシャに親近感を抱いていたに違いないのだ。こんなところに源があることを考えれば、二人を受け継いだ者たちの倫理観が私たち一般と大きくかけ離れているのも不思議ではない[5]。

ベンサムの奇怪な価値観は経済学に組み込まれさえしなければ、何のインパクトも残さなかったはずである。これから見るとおり、経済学が描き出す人間の行動は功利主義的な道徳観とは本来まったく相容れないものだ。すなわち「経済人（エコノミック・マン）」（ここでは「人は欲望によって利己的に富を追求するものだ」という見方が描き出す人間像を指す。以下、カギ括弧に入れた「経済人」はすべてこの意味）は徹頭徹尾利己的で、どこまでも欲深く、自分のことしか考えない。そんな人間像が経済学における人間行動の理論の基礎となったのだ。ただし、公共政策を評価するために、経済学はこうしたいわば異常者たちの福利の増大を――つまり「効用」を――測定する規準を必要とした。そこで功利主義がこの計算式の知的な土台となった。いかに「最大多数のための最大幸福」を実現するかという功利主義の目標は、最大化をめざす標準的な数学的手法と図らずもうまく合致した。「効用」をもたらすものは消費だが、消費が増えていくほど、付加される効用は低減していくと見なされた。さて、社会全体における消費量が決まっているとすれば、効用を最大化するのは簡単だ。消費が完全に平等になるように所得を再分配すればいいだけだ。だが社会民主主義者のエコノミストたちは、消費の「パイ」の大きさは決まっていないことを理解していたし、課税をすれば労働意欲を削いでしまうから消費の「パイ」が縮んでしまうこともわかっていた。こうしたインセンティブの問題に対処するため、「最適課税」や「プリンシパル＝エージェント問題」（行為主体（プリンシパル）が自らの利益を生むために労働を委任した代理人（エージェント）が、プリンシパルではなく自己の利益を優先してしまうことがあるという問題）などをめぐる高度な理論が開発された。要するに社会民主主義的な公共政策は、働く意欲を削ぐ要因を最低限に抑えながら、課税によって消費を再分配するための、ますます手の込んだ手法になっていったのである。

　しかし個々人の「効用」に関する議論を社会全体の福利に関する言説に機械的に押し広げていくことなど、少しでも知的な整合性を保とうと思えば、できるはずがない。このことはすぐに証明されてしまった。専門家たちも気づいていたが、そのままやり続けた。学術界のおおかたの哲学者が功利主義は欠陥だらけだとして放棄したというのに、エコノミストたちは見て見ぬ振りをしたのだ。功利主義は驚くほど都合が良いということに気づき始めていたからである。公平を期して言えば、公共政策の多くの問題に対して、功利主義はたしかに役に立つ面がある。功利主義の欠陥が壊滅的な結果をもたらすかどうかは、政策次第なのだ。たとえば「ここに道路を造るべきか？」といったささやかな問題に関しては、選択肢の中では功利主義が最適な手法だということもあり得る。しかし多くのより大きな問題に関しては、どうしようもなく不適切なのだ。

功利主義という算法で武装したエコノミストたちは、急激に公共政策を侵食していった。「国家の守護者」としてプラトンが思い描いていたのは哲学者たちだったが、実態としてはたいていエコノミストたちだった。彼らは「おおかたの人間は欲に駆られた異常者だ」という前提に立っていたから、道徳的には自分たちこそがより優れた先導者だとして、自らの権力の増大を正当化した。そして国家の目的は効用を最大化することだ、という彼らの考えは、もっとも「ニーズ」が大きい人たちに消費を再分配することを正当化した。すると図らずも、そしてたいてい気づかれることなく、本来は全市民の相互的な義務を構築しようとしていた社会民主主義的な諸政策は、変質していくことになったのである。

右のようなことが相まって有害な結果が生じた。あらゆる道徳的義務は国家のレベルに棚上げされてしまい、その責任は道徳的に信頼すべき先導者たちが果たすことになった。市民はもはや責任ある道徳的な行為者ではなくなり、単なる消費者の役割に貶《おとし》められてしまったのだ。社会の設計者とそのもとで市民を先導する功利主義者の天使たちは、そんなことは百も承知だった――共同体主義（コミュニタリアニズム）は社会的父権主義に取って代わられたのである。

このような独断的な父権主義の象徴的な事例として、戦後の都市政策を挙げることができる。自動車の増加で高架道路が必要となり、人口の増大で住宅が必要となった。こうした問題に対処するため、既存の街路や住宅地が丸ごと更地にされて、そこへ近代主義的な高架道路や高層ビルが出現した。ところが反発が起きたため、功利主義者の先導者たちは面食らった。貧しい人びとに対し、ただ単に物質的な面で住宅水準を上げてやることだけが課題ならば、地域社会《コミュニティ》を丸ごと更地にしてつくり変えたとしても、それは道理にかなうだろう。しかし結果としてそれは、人びとの人生に具体的な意味を与えていたコミュニティを危機にさらすことになってしまったのだ。

近年の社会心理学の研究成果のおかげで、私たちはこうした反発をよりよく理解できるようになった。ジョナサン・ハイトはすばらしい著書の中で、世界中の人びとが抱く根本的な価値観を測定した。その結果によれば、私たちはほぼ誰でも六つの価値観を重視しているという――忠誠、公正さ、自由、権威《ヒエラルキー》の尊重、気遣い《ケア》、そして神聖さだ(6)。協同組合運動が築き上げた相互的な義務は忠誠と公正という価値観に依拠している。コミュニティを丸ごと更地にしてしまうような事例に見られる功利主義の先導者たちの父権主義は、この忠誠と公正および自由という価値観に反している。さらに神経科学の成果を活用した最近の社会心理学の研究によれば、父権主義的な社会の設計者たちがこよなく愛する近代主義的な都市デザインは、人びとが共有していた美的価値観に反し、このため住人の福利を低下させているという。先導者たちは自ら行ってきたことのこのような道徳的な弱点に、どうして気づかなかったのだろうか？　この疑問にもハイトは答えてくれる――彼らの価値観が異例だったからなのだ。大部分の人びとが六つの価値観を抱いているのに対して、先導者たちは自身の価値観をわずか二つにまで切り詰めてしまった。すなわちケアと平等だ。しかも価値観だけでなく、彼らの特徴も異例だった――西洋的で（Western）、学があり（Educated）、産業志向で（Industrial）、裕福で（Rich）、発展している（Developed）人たち、頭文字をとればＷＥＩＲＤ《ウィアード》だ〔英語でweirdは「風変わりな、異様な」という意味の単語でもある。最後のDevelopedはDemocratic（民主的）とされることが多い〕。功利主義者たちの価値観はケアと公正さだけである。それは異様《ウィアード》なものを信奉するＷＥＩＲＤ《ウィアード》たちの価値観だ。教育はうまくすれば私たちの共感する心を押し広げてくれ、他人の立場に立って考えることを可能にしてくれる(*)。しかし現実には、しばしばその反対の結果を生む。成功者たちを一般的なコミュニティの不安から縁遠くさせてしまうのだ。実力主義的な面で秀でているという自信に満ち溢れた先導者たちは、容易にプラトンの「国家の守護者」をもって自任するようになり、ほかの人びとの価値観を踏みにじる権利があると思い込んでしまう。もしハイトがもっと深く掘り下げていたならば、ＷＥＩＲＤの連中は権威的な序列にはさも無関心だとばかりに振る舞っているが、彼らが無関心なのは既存の古い権威に対してだけだということがわかったのではないだろうか。彼らは新たな権威の序列は当然のことと見なしているのだ。すなわち彼らこそが新たなエリート集団なのだと。

このような父権主義への反発は一九七〇年代に強まっていった。その潮流は忠誠や公正さの軽視を批判し、コミュニタリアニズムを回復させることもできたかもしれない。しかし逆に先導者たちが攻勢に出て、反発している連中は自由を軽視していると批判した。そして個々人は生得の自然権の回復を認められるべきであり、国家による侵害から保護されるべきだと主張したのだった。かつてベンサムは自然権の概念は「ナンセンスにもほどがある」として退けた。その点、私も同感だ。しかし選挙に勝とうとあくせくする政治家たちは、自然権という新たな権利の主張を重宝し始めた。単に国家支出の増額を口約束するよりも、「権利」を語るほうが理にかなっているように聞こえる。しかも具体的な支出を約束すれば、コストや税金といった面から疑問をぶつけられる恐れがあるのに対し、「権利」を約束する場合、それを実現する義務を果たすかどうかは別問題として争点にならずに済んだのだ。協同組合運動では権利は義務と固く結びついていた。それに対して功利主義者たちは権利も義務も個人から切り離し、それらを実現する責任を国家に移してしまったのだ。そして今、自由主義者《リバタリアン》たちは、権利は個人に返したが、義務は回復させなかったのである。

このように個人の自由という権利を主張する潮流は、同じく権利を主張する新たな政治運動と手を結んだ——不利な立場に置かれた集団の権利の主張だ。アフリカ系アメリカ人が先鞭をつけ、フェミニズムがそれを見習った。そしてそんな人たちも自分たちのお気に入りの哲学者を見つけた。ジョン・ロールズだ〔一九二一－二〇〇二年。功利主義を批判し、個人の自由と平等、機会均等を認めつつ、権利の付与や利益の分配においては、社会のもっとも不遇な立場にある人びとを最優先する「公正としての正義」を主張し、社会契約説を再構成しようとした〕。ロールズは独自の理性的な原理を中核に据えて、自然権に対するベンサムの批判に対抗した。それはある社会が道徳的であるかどうかは、もっとも不利な立場にある集団の利益のためにその法制が設計されているかどうかで判断すべきだ、というものだった。こうした運動の本質的な目的は、誰もが誰とでも平等な立場で社会に参画できるようになることだ。そしてこの点、アフリカ系アメリカ人も女性たちも、社会の根底からの変革を求めるだけの圧倒的な理由があったことは確かだ。本書でものちに見るように、社会のあり方というものは変化に対して執拗に抗うことがある。だから平等な社会参加が実現するまでには、差別に対する闘争という移行期がどうしても必要となる。運動が始まってから半世紀、私たちはいまだにそんな移行期にある。だがこの移行の過程で、当初は平等な参加を求める運動だったものは、（おそらく意図せずにだろうが）いつしか対立をこととするような集団的アイデンティティに凝り固まってしまった。つまり敵対集団を想定することで闘争が活力を得るようになったのだ[†]。権利を求める言説は急激に広まり、父権主義的な国家に対する個人の権利から、政治家たちから定期的に特権を与えられている有権者たちの権利、それに優遇措置を求める新たな犠牲者集団らの権利までを包み込んだ。これら三つの権利の主張の間にはほとんど共通点はない。しかし社会参加の権利と義務とが固く結びついているという、コミュニタリアニズムの原点に忠実だったころの社会民主主義の成果に対しては、同じく反感

（＊）十九世紀半ばの大衆の識字率の大幅な向上が小説の大衆市場を生み出した過程を、ピンカーの著書が見事に描いている。小説を読むことによって、人びとは他者の視点から状況を見ることを学んだ——共感する心の鍛錬だ。ピンカーはまた、その結果としてかつて人気のあった公開絞首刑が下火になったとも述べている（Pinker, 2011を参照）。

（†）これはファシズムとマルクス主義に共通する政治的戦略だ。

を抱いていた。

功利主義者らの主張はエコノミストたちが促進した。一方、権利の主張は弁護士たちが率先した。そして問題によっては双方の先導者たちの意見が一致して、両者はきわめて強力な圧力団体となった。しかしその他の問題をめぐっては衝突もした。たとえば不利な立場にある小規模集団に力を与えるような権利の中には、社会のその他の成員全体の福利を損なうものもあり、功利主義の規準には合致しない。しかしロールズとその賛同者たちはそれを容認した。こうした経済テクノクラートと弁護士たちの権力争いの中で、当初はエコノミスト側が優位に立っていた。「最大多数に最大幸福」をもたらすという彼らの約束のほうが、票に飢えた政治家たちには魅力的に映ったからだ。しかしやがてこの勢力争いは、法廷闘争という伝家の宝刀を握る弁護士たちに有利に傾いていった。

こうして二つのイデオロギー間の溝が広がる中でも、共通していたのは、どちらにも協同組合運動の指針となった理念が入り込む余地はなかったということだ。功利主義者、ロールズ主義者、それにリバタリアンらはみな集団ではなく個人を強調し、功利主義者のエコノミストたちとロールズ主義者の弁護士たちはどちらも集団間の違いを強調した――前者は所得を基準に、後者は社会的な不遇を基準にして。そしてどちらも社会民主主義的な政策に影響を与えた。功利主義者のエコノミストらはニーズを基準にした再分配を要求した。このため社会福祉制度は次第に組み替えられ、個人の貢献度には関係なく福利給付が与えられるようになり、公正さというごく普通の人間的価値観を軽視することになった。社会に貢献した人たちよりも、貢献していない人たちが優遇されるようになったのだ。一方、ロールズ主義の弁護士たちは社会的にどれほど不利な立場にあるかを基準に改革を要求した。たとえば二〇一八年にドイツの社会民主党が他党と連立交渉に臨んだとき、最優先されたのは難民の権利の保護だった。マルティン・シュルツ党首は「ドイツは国内のムードにかかわりなく、国際法を遵守しなければならない」と言い張った(7)。この「国内のムードにかかわりなく」というのは昔から道徳的な先導者たちが使ってきた常套句だ。これにはベンサムもロールズも喝采を送っただろうが、シュルツはひと月と経たずに大衆の離反に遭って党首の座を追われてしまった。どちらのイデオロギーも、相互扶助と各人の功績に基づくという、ごく普通の道徳的な感覚を軽視している。そしてどちらも、専門家の先導者たちが人びとに強いる（それぞれ内容は異なるとはいえ）単一の理性的原理を強調するのだ。それとは対照的に、協同組合運動はごく普通の道徳的感覚に基づいていた。それはデイヴィッド・ヒュームとアダム・スミスにまでさかのぼる哲学的伝統を受け継ぐものだった。実際、ジョナサン・ハイトは自分がこの系譜に属することを明言しており、自著を「ヒュームのプロジェクトを再開する第一歩」だと見ている〔ヒューム（一七一一-七六年）は経験主義に基づく懐疑論で知られるスコットランドの哲学者。理性主義的な道徳観念を批判し、互いの共感という感情的要素を強調した。同じくスコットランド出身の経済学者のスミス（一七二三-九〇年）も道徳論においては「共感」を重視した〕。

左派のインテリたちが実際的なコミュニタリアニズムに根差した社会民主主義を放棄し、功利主義やロールズ主義のイデオロギー支持へと移っていく中、中道右派の諸政党は見識に乏しい懐古主義《ノスタルジア》に凝り固まるか、これに劣らず見当外れなインテリ集団の虜になっていった。イタリアのシルヴィオ・ベルルスコーニ、フランスのジャック・シラク、ドイツのアンゲラ・メルケルらに象徴されるヨーロッパ大陸諸国のキリスト教民主主義者たちは、おおかたノスタルジアの道を選んだ。英米の保守党や共和党はイデオロギーを取った。すなわちロールズの哲学に対してロバート・ノージック〔一九三八-二〇〇二年。アメリカの哲学者。リバタリアニズムの主唱者の一人〕の思想で対抗したのだ――個人には集団的な利害に優越する自由の権利があるのだ、と。自然の成り行きとして、こうした考え方はノーベル賞受賞者のミルトン・フリードマン〔一九一二-二〇〇六年。新自由主義を代表するアメリカの経済学者の一人。一九七六年にノーベル経済学賞受賞〕を代表とする新たな経済学的分析と見解が一致した。すなわち自己の利益を追求する自由は競争以外の何ものにも制限されず、それこそが国家による規制や計画によるよりも優れた結果を生み出す、という主張だ。これはロナルド・レーガンとマーガレット・サッチャーによる政策の大転換の知的な土台となった。このように中道の左右両派のイデオロギーは互いに正反対のことを主張してはいたが、個人の強調、そして能力主義を好むという点では共通していた。後者の面では、道徳性における能力主義者である左派のエリートたちと、生産性における能力主義者である右派のエリートたちが競い合ったのである。こうして左派のスーパースターたちはきわめて「善良な連中」となり、右派のスーパースターたちはきわめて「裕福な連中」になったのだった。(*)

結局のところ、社会民主主義は左右どちらからも放棄されてしまったわけだが、いったいどこがそんなに駄目だったのか？　一九五〇‐六〇年代の絶頂期には、ほとんど問題はなかった。しかしこの時期には一貫して公共政策の支配的な知的勢力であり続けたとはいえ、社会民主主義は時代の産物でもあった。あらゆるイデオロギーは「普遍的真理」を標榜することを特徴とするが、社会民主主義はそうした真理を包含すると言うにはほど遠く、むしろ特定の明確な状況を前提として構築され、そうした状況下だけで有効なものだったのである。状況が変化してしまった今、その普遍性の主張も粉砕されてしまった。一九七〇年代後半、アメリカとイギリスの社会がかつてなく平等だった時期に、社会民主主義が前提とした諸条件はすでに崩壊し始めていた。すなわちレーガンとサッチャーをあっという間に政権の座に就かせた大衆の反逆は、すでに相当な勢いを持っていたのである。社会民主主義が一九四五年から一九七〇年代まで機能し得たのは、それが第二次大戦中から蓄積されつつあった莫大で、数量化できない、見えざる資産を糧としていたからだった――戦勝によって首尾よく終わった最高度の国民的努力を通じてつくり上げられた、共通のアイデンティティという糧だ。その糧が次第に摩滅していくにつれ、父権主義的な国家が振りかざしていた権力に対する反発も強まっていったのである。

社会民主主義の社会的基盤と同時に、その知的基盤も弱体化していった。「公共選択論」〔経済学的手法によって政治的、社会的現象を分析し、「さまざまな利害関係を持つ人びとの選択」という側面から説明しようとするもの〕という新たな分野が勃興し、プラトンが言う全知全能の「守護者」的な社会の設計者たちは忘却のかなたへと追いやられてしまったのだ。この「公共選択論」によれば、公共政策は聖人のように中立無私な設計者たちが決めるのではなく、当の官僚たち自身も含め、さまざまな利益集団からの圧力を均衡させる中で決定されるのだという。政策決定にかかわる社会設計者たちを無私無欲に振る舞うものとして信頼できるのは、その人たちが戦中世代に横溢していたような国益に対する情熱に駆られているときだけなのだ。一方、哲学の分野でも、功利主義はいまだに一部の支持者がいるものの、多くの批判が積み重なり、衰退しつつある。(8) それらの批判はジョナサン・ハイトのような社会心理学者らによってさらに補強され、功利主義の価値観は普遍的真理にはほど遠いことが明らかにされている。人類の大部分は功利主義のエコノミストたちが言うような利己的な愚者たちではなく、気遣い《ケア》だけでなく公正さ、忠誠、自由、神聖さ、それに権威《ヒエラルキー》の尊重をも大事にする人びとだ。そうした人たちは社会民主主義の守護者たちよりも利己的なのではなく、より均整がとれているのだ。

新たな右派のリバタリアニズムが思ったよりも破壊的かつ非効率的だということが判明するにつれて、左派が権力の座に返り咲いたが、コミュニタリアニズムには回帰しなかった。その代わり、左派は今や新たなイデオローグたちに牛耳られることになった。新たに登場した先導者たちは、おそらく自分たちでもそれと知らずにコミュニタリアニズムに取って代わってしまったに違いない。しかし平凡な家庭の人びとは気がついた。それはとりわけ、先導者たちが好んだ政策の中に、コミュニティとの縁を失った、普通の人たちにとっては有害で不人気なものがあったからだ。先導者たちは繁栄を極める主要な大都市から国家の指揮を執り、必要度がもっとも高いと彼らが判断した集団を支援の対象とした――す

（＊）これと並んで、私の旧友のジョージ・ソロス〔一九三〇年－。投資家、慈善事業家〕のように、きわめて善良かつ裕福だという変則的な人たちは、左右どちらからも信頼されず、「極悪人」とされてしまった。

なわち「犠牲者」集団だ。新たな不安の数々が、多くの場合「犠牲者」の条件を十分に満たしていない人びとを襲った。その人たちの状況は、人気の的の「犠牲者」たちのそれと比べて絶対的にも相対的にも悪化していたというのにだ。そして「犠牲者」の地位に含めてもらえた人びとは、必然的に自分たちの苦境に対していかなる責任も問われずに済むことになった。労働者階級の中にもいくつかの点では同じ「犠牲者」的な特徴を持っていた者もいたが、それでも与えられたのは多少余分な消費をする特権にすぎなかった。それこそが功利主義的な再分配の核心だったのだ。帰属意識、功績、尊厳、それに義務を果たすことで得られる尊敬といったものは、功利主義の先導者たちにとっては縁もゆかりもないもので、専門家たちの言説にはまったく登場しないのだ。だが多少でも顧みられればましな方で、通常は白人労働者層は「犠牲者」の地位から排除されていた。徹頭徹尾ＷＥＩＲＤ系である『ナショナル・レビュー』誌〔アメリカの保守系隔週刊誌〕は、白人労働者層の平均余命の低下についてこう評した――「彼らは死んで当然である」[9]。すべての「犠牲者」は「平等」であるはずだが、どうやらより「平等」な扱いを受けている「犠牲者」たちとそうでない人たちがいるようである。

　私たちは悲劇の真っただ中にいる。私の世代は資本主義の輝かしい成果を経験したが、その資本主義はコミュニタリアニズムによる社会民主主義としっかりと結びついていた。ところが新興の先導者たちは社会民主主義を乗っ取り、自分たち流の倫理と自分たちの優先事項を持ち込んだ。こうした新たな経済的諸勢力の破壊的な側面が私たちの社会に打撃を与えるにつれて、彼らの新たな倫理の欠陥が白日の下にさらされた。現今の資本主義は彼らの新たなイデオロギーに基づいて運営されているが、その数々の失敗は彼らが排除したかつての成功の数々に劣らず、誰の目にも明らかだ。今や、失敗に帰したものから、正しい道を回復する方向へと転換するときが来ているのである。

正しい道の回復

今日の政治家の発言、新聞や雑誌記事、書店の本を見れば聞こえのいいしゃれた提案が溢れている――労働者の再訓練、困窮家庭の救済、富裕層への課税など。その多くは精神としては正しいが、私たちが直面している新たな不安の一面にしか対処できない。私たちの社会が見舞われている状況に対する首尾一貫した対応を提示してはくれないのだ。有効だという裏づけがあり、かつ実行可能な戦略にまで展開できるものも稀である。それに、イデオローグたちの意見を除けば、基盤となる明確な倫理的枠組みもない。私はこうした状況を乗り越えようとして本書を書いている。問題のありかに対する筋の通った論評と、私たちの社会を引き裂いている三つの格差を解消するための実際的な方法論、それを組み合わせることを私はめざしている。

社会民主主義には知的なリセットが必要だ。存亡の危機にある現状から、ふたたび政界の中道全般を包含できる哲学と呼べるものにしなければならない。すなわち中道左派と中道右派の両者に受け入れられるようなものに戻すのだ。私がこんな一見大それた企てを思いついたのは、六〇年以上も前、巨大な影響力を持ったある一冊の本がまさにそれをやってのけたからだ。アンソニー・クロスランド〔一九一八-七七年。労働党の政治家。労働党政権下で六〇年代後半に教育科学相、七〇年代半ばに環境相、外相などを歴任〕の著書『社会主義の将来（*The Future of Socialism*）』〔一九五六年刊行。邦訳は日本文化連合会編訳、日本文化連合会〕は全盛期の社会民主主義に知的な面から包括的な枠組みを与えた。この著書は、大衆の繁栄にとって資本主義は壁となるどころかまったく逆に不可欠のものだと認め、マルクス主義イデオロギーと決定的に袂を分かった。資本主義は企業を生み出しかつ規律を持たせる。そしてその企業という組織のおかげで、人びとは規模と専門分化による生産性向上の可能性を活かせるようになるというのだ。マルクスはそれが人間疎外を生むと考えた。大企業に雇われて資本家のために働けば、必然的に労働と喜びは切り離され、一方で専門分化は人間を「全体の中の小さな歯車にして束縛する」ことになると考えたのだ。だが皮肉なことに、人間疎外の行き着く先は産業社会主義によってもっとも壊滅的なその姿を現した――「やつらはおれたちに賃金を払うふりをする、おれたちはおれたちで働くふりをする」という文化にそれは凝縮されている。しかし社会は繁栄するために必ずしも人間疎外という代償を払う必要などない。資本主義を受け入れることは、悪魔との取引ではないのだ。現代の多くの優れた企業が労働者に目的意識を抱かせているし、各人が自らの責任でその目的を実現できるだけの自主性も認めている。労働者たちは単に稼ぎからだけでなく、日々の仕事からも満足を得るのだ。とはいえ、そうでない企業も数多く、そこでは多くの労働者たちが非生産的でやる気を失わせるような仕事に縛りつけられているのも事実だ。資本主義が誰にとっても機能するためには、労働者に生産性と同時に目的意識も提供するように運営する必要がある。これこそが課題だ――資本主義は打倒すべきなのではなく、うまく管理すべきなのである。

　クロスランドはプラグマティストだった。政策の是非は、それがイデオロギー的な信条に従っているかどうかではなく、有効かどうかで判断するべきだとした。プラグマティストの核心を成す哲学的命題は、社会は変化するものなのだから、われわれは永遠の真理などというものを期待してはならない、というものだ。『社会主義の将来』も未来にまで通用する聖典ではなく、その時代に合った戦略を提示したのだ。先導者たちの傲慢な父権主義には健全な批判を加えながらも、福利に関する見方は還元主義的だった〔還元主義とは一般に、複雑な現象や政策を一つの基本的な要素から説明したり実現したりしようとするもの〕。すなわちめざしたのは個人消費の平等化だった。本書『資本主義の未来』は『社会主義の将来』のリメイク版ではない。私たちが直面している新たな不安の数々に対し、首尾一貫した包括的な改善案を提供する試みなのである。

　昨今の学術的研究は専門化が進み、それぞれの狭い分野へとますます細分化されている。おかげで深く掘り下げることはできるだろうが、目下の私たちの課題は複数の分野にまたがっている。私が本書を書けるのも、世界的に著名な専門家たちとのきわめて幅広いコラボレーションから多くを学んできたからだ。社会の新たな分裂にはさまざまな要因があるが、その一つは社会的アイデンティティの変化である。人びとが集団内でどのように振る舞うかを分析する心理経済学（サイコ・エコノミクス）という新しい分野について、私はジョージ・アカロフ〔アメリカの経済学者。二〇〇一年ノーベル経済学賞受賞。著書に『アイデンティティ経済学』（山形浩生ほか訳、東洋経済新報社）など〕から学んだ。もう一つのいびつな要因はグローバル化だ。巨大都市への集積化や地方都市の内部崩壊を引き起こしている新たな経済的な力学について、アンソニー・ベナブルズ〔イギリスの経済学者。経済地理学の手法で地域間格差などを分析。著書に『空間経済学』（藤田昌久らとの共著、東洋経済新報社）など〕から学んだ。企業が問題の多い振る舞いをすることが増えていることも一つの要素だ。企業にまっとうな目的意識を回復させるにはどうすべきかは、コリン・メイヤー〔イギリスの経済学者。コーポレート・ガバナンスなどの専門家。著書に『ファーム・コミットメント』（宮島英昭監修、清水真人、河西卓弥訳、NTT出版）など〕が教えてくれた。そしてもっとも根本的な問題は公共政策がもっぱら功利主義に支配されていることだ。この問題に対しては、道徳論と政治経済学の新たな融合についてティモシー・ベスリー〔イギリスの経済学者。開発経済学などの専門家。著書に『繁栄の根幹（*Pillars of Prosperity*）』など〕から、また、プラグマティズムの哲学的起源についてはクリストファー・フックウェイ〔イギリスの哲学者。認識論などのほか、功利主義の思想史研究で知られる。著書に『プラグマティズムの格率』（村中達也ほか訳、春秋社）など〕から学んだ。

こうした知の巨人たちの洞察を、私は本書で提示する実際的な解決策の土台に組み込もうと努めたが、結果はすべて私の責任だ。[10]批評家たちは本書の突っ込みどころを探し、実際に見つけるに違いない。しかし少なくとも本書は、私たちの社会が直面している新たな不安に対処するために、学術的な分析の最新の潮流を取り入れようとする真剣な試みである。かつて『社会主義の将来』が成し得たように、苦境にある政治勢力の中道を再興するために、本書がその基盤となることを私は願っている。

資本主義社会は繁栄するだけでなく、同時に倫理的でなければならない。次章で私は、人類を欲に駆られて富を追い求める「経済人」ととらえる人間観に異を唱える。恥ずかしいことだが、経済学を学んだ人たちが実際にそうした振る舞いをすることがあるのは、否定しようのない事実だ。だがそれは例外的だ。私たちにとってはたいてい人間関係こそが人生の根幹を成し、そうした人間関係は義務を伴う。何よりも重要なことは、人びとは相互的な責任関係を結ぶということであり、それこそが共同体《コミュニティ》の本質だということだ。利己心と相互的な義務との間の葛藤、すなわち個人主義と共同性《コミュニティ》との葛藤は、私たちの生活の大きな部分を占める三つの領域で展開される。国家、企業、そして家族である。ここ何十年かは、どの領域でも個人主義がはびこり、共同性は後退してきた。そのそれぞれの領域について、私は力の均衡を取り戻す諸政策を通じて、いかにして共同性の倫理を回復し、拡張できるかを提言したい。

　このような実際的なコミュニタリアニズム的な倫理観を基盤とした上で、続いて私は私たちの社会を引き裂いているさまざまな相違点に目を向けたい。繁栄する主要都市とぼろぼろに壊れた地方都市との間の新たな地理的格差は緩和できる。だがそれには根本的に新しい発想が必要となる。大都市が生み出す莫大な超過利潤は社会全体が享受すべきだが、実際にそうするには税制を抜本的に設計し直さなければならない。破綻した都市を復興させるのは可能であるが、実績は乏しい。市場原理も公的介入もこれまでのところたいした効果を上げていない。成功するには幅広い革新的な政策を連動させ、維持することが欠かせないのだ。

　繁栄を謳歌する高学歴層と絶望に沈む低学歴層の間の新たな階級格差も、縮めることはできる。だが何か一つの政策で絶望を転換させることはできない。功利主義者は消費というものにご執心だが、給付を増やして消費を拡大させるだけではどうにもならない。問題の本質ははるかに根深いのだ。苦境にある個々の人たちに生活を立て直すチャンスを与えるだけでなく、その人たちと社会の関係をも向上させるチャンスを増やすことが必要で、そのためには破綻した都市の復興以上に幅広い諸政策が必要なのである。そうした諸政策による社会への介入は、親のような権威的な立場で行うのではなく、社会的ストレスにさらされている家族の生活を下支えすることを目的とするだろう。絶望している人びとを救うはずの対策の中には、高学歴でスキルの高い人たちの虚栄心を満たすための方策によってこじれてしまっている場合もあるのだ。社会をもっとも大きく損なっている諸要素を緩和する余地はあるのだが、ここでも一定の幅を持った対策が必要となる。一部の人たちの消費が過剰だから課税で抑制すれば済む、という単純な問題ではないのである。

　グローバルな地域間格差について言えば、自信過剰の父権主義的な先導者たちはグローバリゼーションには無頓着で、国民国家を超えた未来を信じるようにそそのかされてしまった。しかし個々人が合理的かつ私的にグローバルなチャンスをつかんだとしても、それが必ずしも社会を利するとは限らない。エコノミストたちは確固たる根拠を持って高い関税障壁に反対してきたが、それは自由化への際限のない熱意へと変わってしまった。たしかに貿易というものは通常は一国に十分の利益をもたらし、それで儲けた連中が儲け損ねた連中にその分を補償してやることは可能ではある。だがエコノミストたちは声高に貿易促進を唱える一方で、補償についてはほとんど口をつぐんでいた。しかしそれなくしては、社会がよりよくなるという分析的な根拠はない。これと似て、人種的マイノリティの権利を保護すべきだという主張には確固とした根拠があるが、それが手放しの移民支持の流れになってしまった。貿易も移民もどちらもグローバル化という同じ特徴を持つが、経済的なプロセスとしては大きく異なっている。前者は相対的な優位性を原動力とするが、後者は絶対的な優位性に基づいている。受け入れる側にしろ、送り出す側にしろ、移民がその社会を利するという分析的な論拠など存在しない。はっきりしているのは、移民たち自身には利点があるということだけだ。

私のマニフェスト

　資本主義は多くの成果をあげてきたし、繁栄には欠かせない。だが資本主義経済を過度に楽観視すべきではない。ただ市場の圧力や個人の利益の追求に頼っているだけでは、新たな三つの社会的分裂のどれも修復することはできない。「元気を出して、流れに乗ろうじゃないか」などという態度は的外れなだけでなく、あまりに独りよがりだ。私たちに必要なのは積極的な公共政策だ。だが社会的父権主義は失敗を繰り返してきた。左派は国家に任せておくのがいちばんと考えたが、残念ながらそうではなかった。先導者たちが導く国家こそが倫理観を指針とする唯一の存在だと信じたのだが、それは国家の倫理性を過大評価する一方で、家族や企業の倫理観を軽視した。それに対して右派は、国家による規制の束縛を断ち切れば――これはリバタリアンたちの呪文《マントラ》だ――自己の利益の追求が持つ力を解き放ち、すべての人を豊かにできるとの信念を抱いた。これは今度は市場の魔法のような力を極端に強調する一方で、それを倫理的に抑制する必要性を軽視したのだ。私たちには意欲的な国家が必要だが、左派が言うよりも控えめな役割を引き受ける国家でなければならない。私たちには市場も必要だが、倫理観にしっかりと根差した目的意識によって抑制されていなければならないのである。

　ほかに適切な表現がないため、社会の溝をなくすために私が提示する諸政策を「社会的母権主義（ソーシャル・マターナリズム）」と呼ぶことにする。それによれば、国家は社会と経済の両方の領域で積極的に役割を果たすが、過度に自らの権力を増大させることはしない。租税政策は強者たちが分不相応な利益を持ち去ることがないように抑制するが、喜び勇んで富裕層から所得を奪い取って貧困層に配るようなことはしない。さまざまな規制はするが、それはまさに資本主義が驚異的なダイナミズムを発揮する活動を挫くためではなく、「創造的破壊」――それは競争によって経済発展を促進する――の犠牲者たちが補償を求めることができるようにするためだ。(*)「社会的母権主義」のもとでは、愛国心が人びとを結束させる推進力となり、不平不満に基づく個々にばらばらなアイデンティティは重視されなくなる。この指針の哲学的基盤となるのはイデオロギーの排斥だ。とはいえ、雑多な思想のごった煮というわけではなく、私たちの多様かつ本能的な道徳的な価値観と、その多様性に当然ながら伴うプラグマティックな妥協とを、進んで受け入れることを意味している。何か特定の単一な絶対的な理性的原理でもって多様な価値観を退けるというやり方は、必然的に対立をもたらすだけだ。互いの多様な価値観を認め合うことは、デイヴィッド・ヒュームとアダム・スミスの哲学に根差しているのだ。左右両極の対立は二十世紀の最悪の時期の特徴であり、目下猛烈な勢いで復活しつつあるが、本書が提示する諸政策はそれを乗り越えるのである。(†)

二十世紀の種々の大惨事を引き起こしたのは、熱烈にイデオロギーを奉じていた政治リーダーら——

（＊）「創造的破壊」とは、市場における競争を通じ、有能な企業がそうでない企業を駆逐するプロセスを指す。所得が漸増していく現象はほぼこれで説明がつく。これはジョセフ・シュンペーターの造語で（Schumpeter, 1942を参照）、「資本主義の本質的事実」だとシュンペーターは述べた。だからその他の「何々主義」というようなものは、どれほど夢想的な魅力に溢れていても、良くてもせいぜい的外れにすぎないのだ。私たちの社会の将来は資本主義を打倒することにではなく、改良することにかかっているのである。

（†）プラグマティズム、繁栄、コミュニティ、倫理、そして社会心理学という私の提言の構成要素はすべて首尾一貫して結びついている。それは、いずれもデイヴィッド・ヒュームとその友人のアダム・スミスにまでさかのぼれるからだ。スミスの伝記を書いたジェシー・ノーマンが言うように（Norman, 2018を参照）、スミスはプラグマティストだった。逆に言えば、プラグマティズムの淵源はスミスに求めることができるのである——「彼のニュートン主義的な科学哲学が含意していたものを、現代においてもっとも偉大なかたちで追究したのがパースの思想だった」と、ノーマンは言う。パースはプラグマティズムの創始者だ。スミスとヒュームの倫理観は明らかにコミュニタリアンだった。ノーマンも入念に指摘しているとおり、彼らは原《プロト》始功利主義者ではなかったのである。

原理を重視した男たち――か、あるいはポピュリズムを売りものにした政治家たち――カリスマ性を持った男たち（そう、たいてい男たちだった）――のどちらかだった。こうしたイデオローグやポピュリストらとは対照的に、二十世紀のもっとも成功したリーダーたちはプラグマティストだった。腐敗と貧困にまみれた社会を引き受けたリー・クアンユー〔一九二三‐二〇一五年。元首相〕は、真正面から腐敗撲滅に取り組み、シンガポールを二十一世紀を代表する繁栄する社会に変えた。分裂目前というほど分断された国家を引き受けたカナダのピエール・トルドー〔一九一九‐二〇〇〇年。元首相〕は、ケベックの分離主義を収束させ、誇り高い国家を築いた。民族虐殺の瓦礫の中から、ルワンダのポール・カガメ〔元副大統領・国防相、現大統領〕はしっかりと機能する社会を再建した。著書『ザ・フィックス（*The Fix*）』の中で、ジョナサン・テッパーマンはこのようなリーダーたち一〇人を研究し、それぞれが深刻な問題を解決した方策を探究した。テッパーマンの結論は、一〇人の共通点はイデオロギーを退けたことであり、その代わりに核心的な問題に対するプラグマティックな解決策に集中し、進むにつれて状況に合わせて調整していったことだという[11]。彼らは必要とあらば断固とした態度を示した――有力な集団を優遇しないという決然とした姿勢が彼らの成功の特徴だった。リー・クアンユーは友人たちであっても投獄する覚悟があった。トルドーは同郷のクベック州の住民たちが熱望したにもかかわらず、独立した地位を与えることを拒んだ。カガメは自らのツチ族の仲間たちが軍事的勝利を収めても、戦利品の山分けという旧弊を退けた。そして最終的に成功を勝ち取るまで、彼らはみな激しい批判にさらされたのだった。

　本書のプラグマティズムは道徳的価値観にしっかりと、そして一貫して根差している。しかしイデオロギーを排するから、あらゆる類のイデオローグたちから不評を買うことは確実だ。それは今日メディアを支配している人たちだ。だが「左寄り」というアイデンティティは道徳的優越感を感じるための怠惰な手法となっている。「右寄り」というアイデンティティは自分は「現実的」だと感じるための怠惰な手法となっている。みなさんはこれから本書を通じて倫理的な資本主義の未来を探究することになる――ど真ん中の中道へ、ようこそ。

第2部
倫理を回復するには

第2章 道徳の基礎
——利己的遺伝子から倫理的集団へ

現代の資本主義は、私たちすべてを未曾有の経済的繁栄へと導く可能性を秘めているが、道徳的には破綻し、悲劇への道を突き進んでいる。人間には目的意識が必要なのに、今、資本主義はそれを与えてくれてはいない。だが実はできる。たしかに現代の資本主義の目的はまさに膨大な数の人々を経済的に繁栄させることだ。私は貧しい家庭に生まれ、貧しい人びとと共に仕事をしているからかもしれないが、大衆の経済的繁栄が有意義な目的であることはわかっている。だがそれだけでは足りない。成功した社会では、人びとは経済的な繁栄に帰属意識と威信とを合わせた豊かさを享受するのである。経済的繁栄は所得で測ることができ、その対極にあるのは絶望的な貧困だ。それに対して豊かさは福利の程度で推し量ることができ、その対極にあるのは貧しさだけではなく、孤独と恥辱が加わる。

エコノミストである私は、一極集中を排した、市場に基づく競争こそが資本主義に不可欠な核心であり、経済的繁栄をもたらす唯一の方法であることを学んできた。しかし福利の他の諸側面の源泉はどこにあるのか？　人を「経済人（エコノミック・マン）」とする見方では、「人間は本来怠惰なものだ」と考える。だが威信を獲得するには労働のような目的をもった行動が重要となる[*]。そして「経済人」は自分にしか関心がないが、帰属意識は相互的な関心に基づいている。経済的繁栄と同時に威信と帰属意識をもたらす道徳的な資本主義というのは、矛盾した考えではない。だが矛盾だと考える人が多いのも無理はない。それはたいてい、資本主義は欲望という唯一の推進力に依存しているとして、このためどうしようもなく腐敗していると人びとが考えているからだ。

このような批判に遭うと、資本主義の支持者たちはしばしば「目的が手段を正当化する」というマルクス主義的な主張を繰り返す。だがそれは根本的に誤っている。欲望のみで突き進むとしたら、資本主義はマルクス主義に劣らずひどい機能不全に陥るだろう。それが生み出すのは恥辱と分裂であって、大衆の繁栄はもたらさない。そして実際、今まさに資本主義は各地の社会をそんな道へと導こうとしている。本書では、手段に道徳的な目的意識を吹き込んだ代案を提示する。ただしこの代案によって資本主義をリセットするには、企業の広報部やダボス人〔ダボス会議の参加者たちに象徴される、グローバルなエリート富裕層のことで、もとは政治学者のサミュエル・ハンティントンの造語〕がでっち上げる思いやり溢れる安易なスローガンを掲げるだけでは足りないのだ。

本書のこの第2部は、私が提示する解決策の土台となっている倫理的基礎について説明する。そして第3部では、悪化しつつある社会的分裂に対する実際的な解決策を述べる。第2部の冒頭を飾る本章では、私たちの道徳観がいかに感情に結びついていて、どのように発展し、そしていかにものごとが悪い方向へ進み得るか、ということを探究していく(1)。

したいことと「すべき」こと

「目的が手段を正当化する」と主張する口達者な資本主義支持者たちは、アダム・スミスの『国富論』の有名な命題を引き合いに出す。すなわち「自己の利益の追求は公益をもたらす」というものだ。レーガンとサッチャーが引き起こした革命では、「欲望は善である」という主張がその熱情を知的な面で支えた。たしかにスミスの主張は、「良き動機に基づく行動のみが善なる行動だ」という単純な考え方に修正を迫る点で貴重である。だが一七七六年の『国富論』が生んだ現代の経済学は、卑劣極まりない人間をモデルとしている。利己的で、欲張りで、怠惰な「経済人」だ。そしてそんな人物はたしかに実在するし、誰でもお目にかかることもあるだろう。しかし億万長者たちだってそんな生き方をしている人たちばかりではない。私が知っている億万長者たちは意欲溢れる仕事人間《ワーカホリック》で、自分だけのためではない、より大きな何らかの目的を人生の中心に据えている。多くのエコノミストもこうした例外を認めるのにやぶさかではない。とはいえ、人間の純粋さを強調する右のような見解は、厳然たる事実を突きつけられる――経済学を学んだ人たちは明らかに利己的になるのであり、(2) 政策決定に使われるのも性悪説的なモデルで、それをもとに大まじめに議論が行われているのである。(†)

　しかし実はアダム・スミスは、われわれが「経済人」だとは考えていなかった。(3) スミスは肉屋もパン屋も自己の利益ばかりを追い求める個人だとは見なかった。逆に、道徳的に動機づけられた社会の一員だと見ていたのである。コンピュータならば、合理的な私欲の追求という原理に基づいて「経済人」の振る舞いを予測するだろう。しかし私たちは相手の立場に立ってみることによって、肉屋やパン屋の行

（＊）現在、福利を計測する実際的な最良の方法は、最悪の状況から、想像し得る最高の状況まで、一〇段階の「人生のはしご」を用いることだろう。幸福かどうかを直接質問したりする手法は回答時の気分などに左右されるが、それに対してこの計測法はより信頼できる。この「人生のはしご」による計測結果は国連の『世界幸福度報告』で公表されている。

（†）たとえば公共サービスの領域にボーナス文化〔成果主義に基づく報酬制度を指す。ただし、過大な報酬を目的とした短期的、利己的な利益追求やそれへの強い欲望を生む負の面を指して使われることも多い〕を導入すべきだとする議論などもそうだ。

動を予測する。これを「心の理論」と呼ぶ〔他人の心の状態を推測して理解する能力を指す心理学の用語〕。人を内側から見ると、その人たちを理解できるだけでなく、私たちはその人たちを気にかけ、その人たちの道徳的な特徴をも見極めることになる。スミスもこのことを認識していた。そしてスミスはこのような共感と評価こそが道徳観の基礎であると考えた。それは私たちが「したい」ことと私たちが「すべきだ」と感じることの間にくさびを打ち込むものなのだ。道徳観は私たちの気持ちから生じるのであって、理性からではない、と。スミスはそれを著書『道徳感情論』（一七五九年刊行）で述べた。この書物からは、私たちが抱く義務感には明確に区別できる三段階の強度があることがわかる。

もっとも強い義務感は親密さに基づく。それは私たちの子供たちや近縁の者に対してもっとも広範囲かつ無条件に抱くものだが、私たちの知人にまでも及ぶ。もっとも弱い義務感は苦境にある縁遠い人たちに対するものだ。『道徳感情論』の有名なくだりで、スミスは中国で地震が発生するという例を挙げる――この地震は十八世紀のイギリスの紳士が夕食を堪能するのを妨げるほどには、彼の感情を動揺させることはない、というのだ。これはSNSが普及しNGOが活躍する二十一世紀の今日でもやはり同じで、若者がクラブで一晩楽しむのを妨げることはない。難民をめぐる危機について述べた『拠り所（*Refuge*）』という本の中で、私はアレックス・ベッツと一緒にこの義務感に対する関心を喚起し、それを「救援の義務」と呼んだ。スミスは、これは「公平性《インパーシャリティ》」の感覚と結びついているとした――中国の大地震のようなケースでは、私たちは手助けすべきであることを、客観的に、わかっているのだ。拙著『最底辺の10億人』では、私は別のかたちの救援の義務に触れた。一〇億人が絶望的な貧困に直面している。そうとなれば、何も聖人でなくても、希望を与えるために自分にできることをすべきだということに誰だって気づくはずだ、と。

親密さと「救援の義務」の間に、スミスが『道徳感情論』でフォーカスしたさまざまな感情がある。

それは恥の感覚や威信など、私たちが相互に責務を交換し合うことを可能にする穏やかなプレッシャーだ。「ぼくを助けてくれるなら、ぼくも君を助けてあげるよ」という感じだ。こうしたことを可能にする相互の信頼は、相手を裏切らないようにする感情によって支えられている。では人はなぜこのような感情を抱くのか？　これらは「経済人」の心理には属さないのではないか？　答えは、たとえば私たちが後悔するといった証拠に基づいているのだが、それは人間を「経済人」ではなく「社会人（ソーシャル・マン）」として見るほうがふさわしいということだ。「社会人」は他人が自分をどう見ているかを気にする――威信を欲するのである。ただし「社会人」も理性的でないわけではなく、やはり効用の最大化を図る。だがその効用はただ自身の消費から得るのではなく、威信から得る。欲望と帰属意識と同様、それは人間の基本的な原動力なのである。

ノーベル賞受賞者のバーノン・スミス〔二〇〇二年、経済学賞受賞〕は『国富論』と『道徳感情論』は同じ一つの考えに基づいていることを見抜いた。それは交換から得られる相互利益だ。日用品を交換する場は市場である。一方、義務感を交換する場は人的ネットワークで結ばれた集団であり、これは本章のテーマでもある。刊行から二世紀もの間、アダム・スミスは二冊の両立しない本を書いたのだとエコノミストたちは考え、『道徳感情論』のほうを無視し続けた。そんなスミスが正しく理解されるようになったのはほんの最近のことである。つまり二人のアダム・スミスがいるのではなく、一人なのだと。そして、これまで無視されてきた彼の考えはきわめて重要なのだと(4)。

人びとは『国富論』が語る「ほしい」に突き動かされる面もあれば、『道徳感情論』が言う「すべき」に突き動かされる面もある。そのどちらの場合も、自足から交換への移行が質的な転換をもたらしたとスミスは見た。だが彼自身としては、どうも『道徳感情論』のほうが重要だと評価していたようで、「すべき」の交換が「ほしい」の交換をしのぐと言いたいようである。そうなると、「すべき」という思いを単なる気まぐれだなどと考えてよいのだろうか？　しかし一方、それでもやはり人間の振る舞いをつくり出すのはもっぱら「ほしい」――あるいは資本主義の教科書や批判者たちの双方がほのめかすように、欲望――ではないのだろうか？

今日の社会科学は「ほしい」と「すべき」のどちらについても、それぞれに相対的な心理学的重要性があることを証明している。人間の行動に関する実験によれば、「ほしい」だけでなく「すべき」も重要であることが判明しているのだ。以下はどちらのほうがより重要かを端的に示す、実に巧みな新しい証拠である。被験者たちはもっとも後悔している過去の自分の決断を思い出し、ランクづけするよう求められた。私たちは誰だってさまざまな間違いを犯すし、中でももっともひどい間違いには心がいつまでも疼《うず》くものだ。実験の結果、被験者たちの回答が分類された。私たちは「経済人」がもっとも後悔しそうなことが何であるかはわかっている――「あのときあの家を買っていればなあ」「あの面接でしくじりさえしなかったなら」「アップル社の株を買っておけばよかった」。こういう人たちは自分の「ほしい」を満足し損なったことを後悔するのだ。だが実験の結果、このような後悔はほとんど見られなかった。人びとはこうした間違いを山ほど犯すが、ほとんど引きずることはないのである。いつまでもわだかまりが残る後悔は、圧倒的に「すべき」を満たし損なったことに関するものだった。誰かを失望させてしまったとか、義理に背いてしまったとか。[5] 私たちはそうした後悔を通じて責務を果たすことを学ぶ。私たちは、つい束の間の愚行に走りがちではあるが、自分の行動を注視する際には、たいてい「すべき」が「ほしい」を凌駕するのである。

道徳観は理性よりもむしろ価値観に基づいているとスミスは主張したが、それが正しいことも社会心理学が証明した。[6] まさに価値観の優位性を示す証拠をジョナサン・ハイトが発見したのである。人は理由を挙げて自らの価値観を正当化するが、その理由が否定されると、価値観を修正するのではなく、別の理由を持ち出すものだ。私たちが挙げる理由は見え透いた自己欺瞞だということをハイトは暴いた。それを「動機づけられた論法」と呼ぶ。[7] 理屈に基づいて価値観を抱くのではなく、価値観に基づいて理屈が後づけされるのだ。スミスの生き生きとした表現を借りれば、「理性は感情《パッション》の奴隷である」。これが「理性的な経済人」となるとさらにひどいことになる。ユーゴ・メルシエとダン・スペルベルによる『理性の謎（*Enigma of Reason*）』はすでに重要な研究上の進展だと評価されているが、その中で二人は、理性そのものが実は他人を説得するという戦略的な目的のために進化してきたのであり、自らの意思決定を向上させるためではない、ということを示したのだ。[8] 人類はなぜ論理的に考える能力を進化させてきたのか、そして私たちは普段その能力をどのように活用しているのか、その答えこそが「動機づけられた論法」だ。ただし、もっと根本的に重要なことは、この二〇〇万年間の人類の著しい脳の大型化は、社会性を身につけるというニーズによって促進されてきたということだろう。[9] アダム・スミスの見解は古びて見えるどころか、逆に経済学の教科書は今後はこう書くべきだというお手本を示してくれている。

さまざまな価値観はしばしば相互に補完し合い、そこからさらなる規範が生まれる。公正と忠誠心は、どちらも多くの人に共有されている価値観であることをハイトは発見したが、両者を基盤として「相互扶助」という規範が成立する。そしてこの規範によって、他人から尊敬されたいという私たちの根源的な欲求は、責務に背いたときに感じる恥ずかしさと罪悪感とに結びつくのだ。「相互扶助」という規範があればこそ、人はかなり厳しいことが要求されても義務感を抱き続けるということが実験で証明されている。人を助けるべきだという義務は気遣《ケア》いという価値観に根差しているが、人を救う立場にある人たちがグループを形成すると、公正と忠誠心という価値観を活かして相互的な責任感を醸成することができる――「君が助けるなら、私も助けよう」と。こうして、私たちは「ほしい」を最優先することを覚えるのと同様に、価値観を最優先することもできるのだ。実際的な論理的思考を通じて、私たちは一見互いに矛盾するかのような価値観を練り直し、新たな文脈の中に妥協点を見出していくのである。

右こそが、スミスとヒュームの考えたことだ。それを土台に、プラグマティズムの哲学は共通の道徳的価値観と実際的な論理的思考とを組み合わせることを主張したのだった。それは共同体主義（コミュニタリアニズム）的な立場から出発している。道徳が果たすべき役割が何かと言えば、私たちの行動を、私たちのコミュニティの価値観および具体的な状況とにもっともよくフィットさせることだ、と考えるのである。(*) 私たちは正しい行動を推論で導き出すために、実際的な論理的思考を用いるべきだろう。それはイデオロギーを拒絶する。そこにはすべてに優越するような絶対的な、時間を超越した唯一の価値観などない。現実のコミュニティの中では、さまざまな価値観の相対的な重要性は変化するものだ。だからプラグマティズムはこう問いかける――「今、ここで、もっともうまくいきそうなことは何か？」と。

これに比べてあらゆるイデオロギーは、異論を唱える者たちに対して優越性を――道理に基づいて――主張する。そうした至高のイデオロギーの守護者たちは専門家集団の尖兵をもって自任している。原理主義の宗教者たちは究極的な権威として唯一の聖なる存在を持ち出す。マルクス主義者たちは指導部に率いられた「プロレタリアート」の独裁を掲げる。[10] 功利主義者たちは個々の効用の総和を、ロールズ主義者たちは（自分たちの定義による）「正義」を挙げる。[11] プラグマティズムはイデオロギーの対極にあるのと同様に、大衆迎合主義（ポピュリズム）とも対極にある。イデオロギーは数々の豊かな人間的価値観よりも、何らかの「理屈」を優先する。一方、ポピュリズムは証拠に基づく実際的な推論を払いのけ、いつだって臆面もなく激情にまかせて一足飛びに政策へと飛躍する。私たちが抱く価値観は、実際的な論理的思考と組み合わされば、心と頭を組み合せたものになる。それに対してポピュリズムが提示するのは心ばかりで頭がなく、イデオロギーによる価値観は頭ばかりで心がないのだ。

プラグマティズムにも危うい点はある。私たちには状況ごとに道徳的行動を論理的に導き出す自由があるが、それは私たち人間の生来の能力によって限定されていることを知らねばならない。論理的思考を行うには努力が必要だが、私たちの意志と能力は限られているのだ。さらに悪いことに、私たちはつい価値観に理屈のほうを合わせる誘惑に駆られてしまう。そして最悪なことに、私たちの知識の及ばないことに判断を下すことはできないのだ。だがプラグマティストたちはこのような限界があることを認めている――われわれは道徳的判断を誤ることがあり得る、と。それでもどんな社会も曲がりなりに対処してきた。私たちは経験則を活用するのであり、それが正式に制度になることもある。もっとも優れた制度は、人びとの幅広い経験に基づいて蓄積されてきた社会的学習の成果を、個人一人ひとりではとても知り得ないほど膨大に包含しているものだ。だから道徳的判断について、そうした制度を指針とするのが最善なことも多い。実際、個々人の実際的な論理的思考力に対してもっとも懐疑的な政治哲学者たちは、個々人の判断よりも知恵の蓄積である制度のほうを好む。それが「保守主義(コンサーバティズム)」だ。(†) 逆にもっとも懐疑的でない人たちは、個人の論理的思考力がもたらしてくれる自由のほうを好む。それが「自由主義(リベラリズム)」だ。(‡) 両者の立場はどちらにもそれなりの根拠

(＊)以下はプラグマティズムの創始者の一人、ウィリアム・ジェイムズの言葉だ――「大なり小なりどんな社会的組織であれ、それが成り立つのは、ほかのメンバーたちも同時に自分と同じくそれぞれの義務を果たすだろうという信頼のもとで、各メンバーが自らの義務を果たすからだ。多くの独立した個人の協力によって望ましい結果が得られる場合、その結果が存立していること自体、まさに直接関係している人たちがあらかじめ互いを信頼していたことの結果なのである。政府、軍隊、商業組織、船のクルー、大学、スポーツチームなどは、すべてこの条件を前提として成り立っている。この前提がなければ、何も達成されないだけでなく、何も企図されることさえないのである」(James, 1896を参照)。本章ではこのような信用がどのように築かれるのかを述べていく。

がある。では正解は何か――バランスだ。

相互扶助はどのようにして生まれてくるか

幸福に暮らすには相互的な義務感は欠かせない。だがそれはどのようにして発生してきたのだろうか？　どんな説明も進化論と矛盾すべきではない。相互扶助の精神を下支えする渇望や価値観も含めてだ。食料をめぐる競争では、利他的な人びとは排除され、貪欲な性向の人びとが有利なことは容易に理解できるだろう。しかしそれでも私たちが帰属意識を抱いたり、他人から尊敬されることを熱望するのはなぜだろうか？　どうして私たちは忠誠心、公正さ、気遣《ケア》いなどを尊重するのか。それどころか、どうしてそもそも価値観などというものを抱くのか？　進化とは、生存に有利な特徴に基づく容赦のない選択のプロセスであり続けてきた。だから生き残るには利己的な物質主義こそが必要なように見える――尊敬や帰属意識で空腹は満たせないし、価値観なんてものは足手まといなだけだ。「経済人（エコノミック・マン）」と聞けば、表面上は「利己的遺伝子」を増幅したもののように聞こえるだろう。

だがそれが間違いであることは誰にだってわかる――利己的遺伝子は利己的な人間を生みはしない。何千年もの間、人間は集団の中で協力し合ってきたからこそ、生き延びてこられたのである。独善的なやり方は死を意味した。帰属意識や尊敬されたいという思いに欠ける「経済人」タイプは、利己的すぎて集団に居続けることを許されず、追放されたのだ。自然淘汰は「男性的な理性的経済人」を排除して、「女性的な理性的社会人」を選んだ――私たちは食料だけでなく、帰属意識や威信をも渇望するようにできているのだ。だがこうした共通の価値観はどこから生まれてきたのだろうか？

初期の人類は集団で暮らした。集団とは人と人とが交流し合えるネットワークであり、模倣を通じて共通の振る舞いが普及していった。ホモ・サピエンスが出現したときも、人類は集団で暮らし、やはり互いに模倣し合った。そして今もそうしている。人はそれとは知らずに、友人だけでなく、友人の友人、さらにその先の友人の行動にまで影響を及ぼす。(12) しかもホモ・サピエンスは相互作用をするために独自の強力な手段を発展させた——言語だ。なぜ生存競争において言語がそれほど決定的に有利だったのか？　それは言語だけが筋道だった《ナラティブ》物語を伝えることができるからである。人びとが互いに話すうちにナラティブが広まっていき、それはさまざまな考え方も伝えていく。これこそが人間をほかの種と分ける本質的な活動だ。デカルトの「我思う、ゆえに我あり」は逆さまだ。私たちは自己から世界を演繹するのではなく、世界から自己を導き出すのだ。人類を構成する基本的な要素は理屈をこねる個々人ではなく、私たちがその中に生まれ落ちる人間関係である。それは「野生児」という突飛な例外を見ればわかる。オオカミに育てられた子供たちに、ロムルスとレムス兄弟がローマを築いたようなことができるだろうか〔川に捨てられた双子のロムルスとレムス兄弟がオオカミの乳を飲んで生き延び、ローマを建設したという伝説〕？　もう少し現代風に言えば、アイン・ランド〔一九〇五－八二年。ロシア出身の作家、哲学者。小説『肩をすくめるアトラス』などで知られる。哲学的には理性に基づく客観主義、政治思想的には自由放任主義を唱えた〕の仮説の論理的帰結と同じだ——人びとは社会の足かせから自由に育つことさえできれば、アトラスのごとき独立心旺盛な、革新をもたらす人物になるはずだ、とランドは言う。だが実際は、野生児は人間とも思えないようなみじめな存在になってしまうのだ。有名な例としては、十八世紀にフランスの森で発見された九歳の少年がいる。徹底し

（十）保守主義を侮蔑的な意味で使う折衷主義者たちのでたらめな道徳観と混同しないよう要注意。

（十一）リベラリズムを侮蔑的な意味で使う折衷主義者たちのでたらめな道徳観と混同しないよう要注意。

て教え込んだにもかかわらず、通常の人間的な生活はおろか、結局しゃべることさえできなかったのである。現代の事例では、共産主義時代のルーマニアの国家施設の孤児院で育てられた赤子たちが挙げられるだろう〔チャウシェスク政権が中絶を禁止し、大量の子供たちが家庭や社会と隔離された孤児院の劣悪な環境で育てられた。共産主義体制崩壊後の研究では、多くの発達障害が報告された〕。

繰り返し特定のナラティブに触れることで、子供たちは特定の集団や場所に対する帰属意識を急速に身につけていく。私たちは論理的思考力よりもずっと早い段階から、そんな感覚を習得するのだ。家族というアイデンティティは幼少期に確立されるが、国民意識のような大きな集団のアイデンティティでさえ、一般的には十一歳までには形成される。それに対して論理的思考力はもっと遅く、十四歳ぐらいで発達する[13]。私自身は自分をヨークシャー地方の人間だと認識している。ヨークシャー人とは何者かということは数えきれないほどいろいろと聞かされてきたし、そうしたナラティブは世代を超えて受け継がれていく。実際、今もこう書きながら、私の息子が十一歳だった頃には『ヨークシャーのおバカなお伽話（*Daft Yorkshire Fairy Tales*）』という本を毎晩読み聞かせていたことを――それもヨークシャー訛りで――思い出す。

羊は複雑な言語を操る能力を持たないが、それでも特定の場所で特定の集団に属しているということを認識するようになる。そんな認識がいったん身につけば、羊飼いの仕事はずっと楽になる。羊たちは自分たちの丘陵に強い心理的なつながりを感じるようになり、そこを外れて迷子になることがないからだ。これは「飼い慣らし《ヘフティング》」と呼ばれる。しかもいったん群れ全体の「飼い慣らし」ができると、その帰属意識が母親の雌羊から子へと伝わることが知られている。そうなるまでの期間は遺伝で説明するには短すぎるから、これは学習して身につけた態度なのである。ただし、群れ全体の「飼い慣らし」のプロセスは、遺伝的変化によるにしては急速すぎるとはいえ、それでも何世代もかかる。ではどうしてそんなに時間がかかるのか？　ここでは（羊飼いではなく）社会科学者たちの研究成果から説明してみよう[*]。

まず、群れの羊たちは協調行動という問題に直面する。羊はほかの羊たちを模倣する習性があるので、決まった丘の牧草地に群れがきちんと居続けるには、よそへさまよっていってはいけないことをすべての羊が理解し、道から外れる羊がいてもついていかないことが必要となる。現代の実験心理学の成果から、協調行動の問題を解決する鍵は「共通知識」であることがわかっている。つまり単に「同じことをすべての成員が個別に知っている」という段階から、「われわれ全員がそれを知っている、ということをすべての成員が知っている」段階への移行である。[14] ある集団が共通知識を生み出す方法は、共通の観察（全員が同じことを同時に観察する）によるか、共通のナラティブによるかだ。羊は共通の観察によるしかないから「ニワトリが先か卵が先か」という問題に直面し、だから共通知識を構築するのに何百年もかかるのだと思われる。羊たちが特定の丘に居続けるには、ほかのすべての羊がその丘に意図的に居続けているという現象を観察する必要がある。だがすべての羊がその丘に居続けることを身につけない限り、観察しようにもそんな現象は起きない。羊たちは、すべての羊がずっとその丘に居続けるという稀有な偶発事に遭遇して初めて、それを学びとることができるわけだ。それに対してホモ・サピエンスは言語を使って、「われわれはここに属している」というナラティブを行き渡らせることで、共通の帰属意識をずっと迅速に構築することができるのである。[†]

ナラティブは帰属意識について教えてくれるだけではない。私たちが何をすべきかも伝えてくれる。すなわち自分たちの集団の規範を提示してくれるのだ。私たちは子供の頃にそうした規範を身につけ

（＊）羊はそもそもかなり愚鈍である、という別の説明ももちろんあり得るが。

（†）羊も「メエメエ」と鳴くことはできるし、多くのほかの動物もごく初歩的な言語を使うことはできる。だがナラティブを作り上げるのに必要な複雑な文法をマスターしているのは人間だけである（Feldman Barrett, 2017の第5章を参照）。

る。そこには規範に従うことでほかの人から尊敬してもらえるというインセンティブも伴う。そして規範を内面化して自分のものにすると、それに従うことでさらに自尊心も満足できるようになる。逆に規範に背くと威信が失墜し、すでに見たように、そんな態度を取ると人はやがて後悔することになる。たしかに私たちの価値観の中には言語以前の問題のものもある。ある集団内で、「両親は子供のことを思いやるべきだ」という本能を発達させるのに言語は不要だ。だが大きな集団を律する相互的な責務を確立するには、ナラティブが不可欠であるような――したがって言語が不可欠であるような――複雑な協調行動が必要なのである[*]。

ナラティブには三つ目の機能がある。行為とその結果を結びつけるナラティブを通して、私たちは世界がどのような仕組みで動いているかを学ぶのだ。すなわち私たちの行為は「目的にかなった」ものになる。実験によれば、私たちの行為は直接観察や直感よりも、「ストーリー」に依拠していることが多い。自己の利益と直接関係ないかのように見える一連の行為でも、「因果の連鎖」として連関させて理解すると合理的に見えるようになり、「啓発された」利己心が生まれるのである。その場合、うまくすれば私たちの知識が増幅される。だが下手をすると現実とわれわれの信念とが乖離し、ナラティブが「フェイク・ニュース」となってしまうこともある[15]。いずれにしろ、真実でも虚偽でも、「ストーリー」には大きな力がある。金融危機の真相を暴露した分析の中で、ノーベル賞受賞者のジョージ・アカロフとロバート・シラー〔それぞれ二〇〇一年と二〇一三年に経済学賞受賞〕は、「ストーリーはもはや単に事実を説明するのではなく、事実そのものなのだ」と断定している[16]。金融危機に関するこの真実は、実は大規模な暴力が発生する仕組みにも当てはまる。最新の研究によれば、そうした暴発を予見する最善の方法は、メディアで流布しているナラティブを監視することだという[17]。

帰属意識、義務感、因果関係という三つのタイプのナラティブは、組み合わさって相互的な義務感のネットワークを編み上げる。義務感に関するナラティブは私たちに公正さと忠誠心を植え付け、相互的な責務をなぜ果たさなければならないかを教えてくれる。共通の帰属意識に関するナラティブは、一緒に参与している仲間が誰なのかを教えてくれる——相互的な義務感はそれを受け入れる特定の集団にしか当てはまらないのだから。そして因果関係に関するナラティブは、私たちが行うべき行為がいかに目的にかなっているかを教えてくれる。これらが組み合わさり、「信念の体系」となり、私たちの振る舞いを変えさせるのである。信念の体系はどうしようもない混乱状態をコミュニティに変貌させることもできる。「不快で、残忍で、短い」生〔ホッブスが『リヴァイアサン』で描いた自然状態における人間の人生〕を「繁栄」に変える。このようなナラティブはホモ・サピエンスに特有のものだ——われわれはただの類人猿ではないのである。

同じネットワークに属する人びとはみな同じナラティブを聞き、また、みながその同じナラティブを聞いているという知識を共有している。特定のネットワークの中では、帰属意識、義務感、因果関係のそれぞれに関するナラティブが調和して語られているものだ。調和を破る危険性のあるナラティブは禁忌《タブー》によって流布しないようにされているか、信じるに値しないものとして排除されてしまう(18)。また、さまざまな考えが互いに強化し合うようなかたちで入れ替わり立ち替わり流布される。そしてそれらが合わさり、ある共通のアイデンティティを特定の目的とその達成手段の提案とに結びつけるのである。たとえば「信心深い人びと」は「頻繁に祈る」ことで「楽園」を追い求める。あるいは「オックスフ

（＊）社会生物学者たちは一時期、相互扶助のような社会的な価値観は、自然淘汰によって生まれた生来のものだと考えていた。しかし現在は数々の研究成果に基づき、社会的な価値観は自然淘汰では説明できないと考えられている。ハチは身振りによる言語《サイン・ランゲージ》だけで相互扶助を実現できるが、それはハチが人間とは異なる繁殖方法を持っているからである。Martin, 2018が最近の論点を明快にまとめている。

オード大学の教授たち」は「教授法に注意を払う」ことで「偉大な大学」にしようとするといった具合だ[19]。

信念の体系は恐ろしい結果をもたらすこともあり、それは次章で検討するナショナリズムにもっとも顕著に現れている。しかし信念の体系にはとても貴重な、いい面もある。「経済人」特有の自己中心主義から転じて、自分が「われわれ《ウィー》」の一部であることを理解し、さらには恐れや無関心な態度ではなく、相互に尊重することを前提にしてお互いを見るような、コミュニティの一員であることを理解させてくれる。そして私たちを義務感によって突き動かされる人間に変えることができるのだ。経済学の短絡的な教科書は「経済人」だけから成る世界を描き出し、そこでは利己心さえあれば、万事がおもしろいようにうまくいく楽園が出現すると言わんばかりだ。だがそんな世界にはなり得ない。そうした教科書の類は、すでに必要なルールが合意されて尊重されているような社会を前提にしている。彼らの経済学入門講座は、社会心理学と政治学をもはや必要としないような世界のことを語っているのだ。エコノミストたちもこうした欠陥に気づき始めている。その先駆となったのがジョージ・アカロフとその共著者のレイチェル・クラントンだ[20]。そして最新の経済学はその欠陥を乗り越える過程で、貴重な洞察も提供してくれている。

最近の卓見の一つが倫理的規範の発展に関するもので、とてつもなく大きな意味を孕んでいる。生物学からヒントを得たティム・ベスレーの洞察によれば、遺伝子のように、規範も親から子へと伝わるというのだ[21]。ただし、そのプロセスは遺伝とは大きく異なっている。ある規範を持つ人びとと、別の規範を持つ人びとから成る架空の社会があるとベスレーは仮定する。さて、人びとはたいてい同じ規範を共有する人と結婚するものだ。だがときにはキューピッドがいたずらをして、異なる規範を持つ両親のもとで育つ子供も出てくる。するとそんな子たちはどちらの規範を受け継ぐだろうか？ ベスレーはあるシンプルなプロセスが行われると言う。私たちのさまざまな考えは、精神的なストレスになるぎくしゃくした関係を避けるような方向でやりとりされることが多い。これもその一例だ。すなわち、子供たちはより幸福な親のほうの規範を取り入れる傾向があるというのだ。そしてどちらの親がより幸福かと言うと、多数派が幅を利かせる政治制度のもとでは、より広く普及した意見に同調しているほう、ということになる。(22) ここから二つの注目すべき結論が導かれる。

自然淘汰のプロセスでは、ある島の崖が白ければ、そこに生息する鳥たちは白い鳥に進化していく。よそからこの島へ来たときにどんな色だったとしてもである。生命体は生息地に適合するように進化するのだ。それとは対照的に、「規範」は二つのまったく同じような生活環境でも大きく異なったものになる可能性がある。それは当初の小さな差異が発端となる。この場合の環境とは人びとの集団のことで、その人びとは、個々人が互いにうまくやっていける方向へ進化していくのだ。(*) ここでは当初の差異が次第に増幅されるから、社会の出発点がその行き着く先を規定することになる。これは私たちが世間で目にする現実に明らかに合致する――異なる社会では異なる規範が支配的で、その規範はそれぞれの社会で持続的に受け継がれていくのである。

だがより決定的なのは二つ目の結論だ。自然淘汰のもとでは、生物集団は生息地に「最適」な特徴を持つようになる。白い崖に棲むなら白い鳥のほうが有利なのだ。だが規範の場合には、そんな前提は皆無である。規範は個々人にとってはよくても、全体にとってはひどいものになり得る。全員が同じく抱いている考えがそのまま全体の規範となるからだ。自然淘汰に比べてこれがいかに奇怪なものかは、こ

(*) 自然淘汰でこれにもっとも近いのは、ビーバーが生息地の物理的環境を住みやすく改変するような、「ニッチ構築」という現象だろう。

う想像してみればよくわかるだろう――白い崖では青い鳥は天敵に捕食されやすいにもかかわらず、大部分の鳥が青かったからという理由で、すべての鳥が青く進化した、と。(*) 以上の二つの結論を組み合わせると次のような可能性があることになる――人びとのネットワークとしての社会では、うまく機能しないにもかかわらず、一群の規範が安定的に持続することがある。それが安定的な(つまりそれ以上は変化しない)のは、ほかの人びとが抱いている規範に、個々人が囚われてしまっているというだけの理由からなのだ。

これらの結論には重要な意味が含まれている――保守的な政治哲学は必ずしも正しいわけではない、ということだ。保守的な哲学者たちは、社会の諸制度には人びとの蓄積された経験知が包含されているとして、それらを尊重する。しかしそうした諸制度の根拠となっている規範は、社会にとってきわめて不都合なものかもしれないのだ。だからといって何でも合理的に考えればよいというわけでもない。なぜなら動機づけられた論理が大惨事を引き起こす可能性もあるからだ。

組織の中で規範を戦略的に活用するには

過去数千年にわたり、大半の人びとは小規模な狩猟採集民の一員として暮らしてきたわけではない。近代的な生活は、規模の経済と専門分化の恩恵を受けられるような大規模な組織の中で人びとが協力し合って初めて、物理的に可能になるものだ。

今日の私たちの生活は三つのタイプの組織に支えられており、それぞれに異なる活動に適している。もっとも小さいが、もっとも基本的なのが家族だ。ヨーロッパの住人の八六パーセントは誰かと共に家庭を営んでおり、大部分の子供たちを育むのも家族だ。ただし、家族は標準的な組織ではあるが、中には敵対的なイデオロギーもある。社会主義のキブツ〔イスラエルの一部で見られる協同組合的な農業生活共同体〕は完全に家族を廃止したし、共産主義時代のルーマニアでも同様に、何千人という子供たちを両親から引き離し、集団で養育した。スターリン時代のマルクス主義も、原理主義セクトのリーダーたちも、どちらも両親を捨てるよう子供たちに勧める。さらに、後で見るように、今日の資本主義も家族を支えているとは言えないだろう――実に多くの社会で家族が崩壊しつつあるのだから。しかしそれでもなお、家族が子育ての中心であり続けているのには、それなりの理由がある。家族よりもうまく子供たちを養育できた組織はこれまでのところ皆無だからだ。

第二に、働く人びとはたいてい企業という組織をつくる。今日のような高度な生産性を実現するには規模がものを言う。アメリカでは九四パーセントの人びとは何らかの集団の一員として働いているし、英国でも八六パーセントだ。[†] だが家族の場合と同様、企業に敵対的なイデオロギーもある。古臭い夢想家たちは職人と農民と小規模生活共同体《コミューン》の社会へ回帰しようと呼びかける。新しい夢想家たちはアマゾン、Ａｉｒｂｎｂ《エアビーアンドビー》、ウーバー、イーベイなど、人びとが互いに直接取引できるようにする新たな電子《イー》プラットフォームについて鼻息荒く語る。だがアマゾンもウーバーも、今や大量の人を雇う企業になって

(＊) ニッチ構築の場合のように、環境も生物の特徴に合うように変化することがある。青い鳥は崖を青く塗れるわけではないが、ビーバーは川の流れを変えることができる。ただし、人間が規範を構築していくのはニッチ構築とは異なる。この場合の環境は、他者たちの規範以外の何ものでもないのだから。

(†) この数値は実は企業を過小評価している。なぜなら（「その他」の部類に入る）自営業の人たちも、その多くは企業のために働いており、自営業というかたちは責任の負荷を軽減させるための法的な仕組みにすぎないからだ。

いる。一方、アフリカ諸国の社会では大部分の人が職人や零細自作農として単独で働いている。それはそれで利点もあるが、結局のところ生産性は慢性的に低いままで、だからそうした人たちは痛ましいほど貧しい。われわれ同様、アフリカの人びとにも近代的な企業が必要だ——アフリカは世界でもっとも繁栄していない地域であるだけでなく、もっとも幸せでない地域でもあるからだ[23]。

　第三に、もっとも大規模なレベルでは、規制、公共財や公共サービスの提供、それに所得の再分配といった多くの活動は、国家がもっともうまく実施できる。この場合、数的にはさらに劇的な差がある——繁栄している社会はすべて国家という組織を形成しているし、国家を欠く社会はすべて極度の貧困に陥っているのである[*]。この場合もやはり、国家に敵対的なイデオロギーは存在する。たとえばマルクス主義者たちは、現実には歴史上企図されたもっとも国家中心主義的な社会のあり方を人びとに強いたわけだが、彼らが表向き掲げる目的は大きく異なっている——国家はやがて「衰滅する」ことになっているのだ。だが目下いちばん影響力のある反国家的イデオロギーは、シリコンバレーのリバタリアンたちのものだ。その人たちによれば、国家公認の通貨に人びとが背を向けていくにつれて、国家が発行する法定通貨にビットコインが取って代わるのだという。また、新たな電子《イー》公益事業などは、それらを所有するスーパーマンたちが独自に最善の運用方法を決定し、国家が課す規制を無視または無効化してしまうという。さらに、世界規模で可能になっている個人対個人の接続性《コネクティビティ》は、空間的に囲い込まれた国民国家という社会のあり方を駆逐するという。「産業型社会の諸政府よ、肉体と鋼鉄のくたびれきった巨人たちよ、われわれに干渉するな」と言いたいわけだ。そして政府から解放された私たちは、みな巨大な一者に融合されるのだ——いわく「プライバシーは今や社会規範ではなくなった[24]」。その行き着く先は道徳的にも実際的にもより優れたものになるという。ああ、しかし、きっとそうはならないだろう。

　世界を結びつけたシリコンバレーの巨人たちは、そうすることによって、彼ら自身が奉じるリバタリアン的な価値観が団結の核となり、グローバル社会を出現させつつあると空想している。しかしそんなことはほとんどあり得ない。個人と個人のコネクティビティを可能にする新しい種々のテクノロジーは既存の諸集団を駆逐しつつある。そうした従来の諸集団は地域共同体《コミュニティ》にしろ国家にしろ、たまたま同一地域にいるという偶然性を推進力として人びとを結びつけてきたものだ。それに対して新たな電子《イー》ネットワークによる諸集団のメンバーたちは、偶然性ではなく選択によって成員となっている。同じ「反響室《エコー・チャンバー》」内で、同じものの見方を持っている人たちとつながりたがるのだ。[25] そうした人たちはナラティブが信念をつくり出していく過程を体現していて、暮らしの場を共有するということはどんどん希薄になっている。だが私たちの政治的な単位は依然としてその人がどこに住んでいるかで規定されるのだ。私たちの票は選挙区ごとに集計されるし、政治的単位をもとにして生み出される公共サービスや政策も場所ごとに提供され、適用される。したがって、これまでは国家などの政治的組織体と政治的組織体の間に大きな規範的差異を生み出してきた過程が、デジタル・コネクティビティによって、今や各政治的組織体の内部に大きな規範的差異を生み出しているのである。私たちの各種の政治的組織体は、その内部で考え方がますます両極端に分かれつつあり、意見の不一致はますますたちの悪いものになってきた。そして過去何百年と政治的組織体同士を対立させてきた憎悪は今、各政治的組織体内の信念の体系同士を対立させているのだ。かつては政治的単位間の憎悪が大規模な組織暴力を生んできた。それに対して政治的単位内の憎悪は異なる結果を生むに違いないが、それは酷なものになるだろう。

（＊）経済的繁栄抜きに幸福を実現した社会もいくつかあり、もっとも顕著な事例はブータンだ。だがブータンはどう見ても国家を欠いた社会の事例などではない。むしろ、とくに国民文化の保存を重視することを通じて、所得よりも目的意識と帰属意識を優先してきた国家として、稀有な事例と言うべきだろう。ブータンの国民はアジアでもっとも幸福度が高い。

家族、企業、そして国家は、私たちの生活を成り立たせるのに不可欠な舞台《アリーナ》だ。それらを構築するもっとも手っ取り早い方法はヒエラルキー型の構造にすることだろう。そこではトップの連中が下層の連中に命令を下す。ただし、つくるのは簡単でも、効率的に運営することはきわめて難しい。司令官たちが部下たちの行動を監視ているときしか、人びとは命令に従わないからだ。これまでも多くの組織では、ヒエラルキー構造を緩めるほうが効率的だということに気づいてきた。明確な目的意識のある相互に依存した役割を人びとのためにつくり出し、それを実行する自主性と責任を人びとに与えるのだ。こうして、力によって運営されるヒエラルキー型組織から、目的意識によって運営される相互依存型の組織へと移行することは、同時にそれに応じてリーダーシップのあり方を変えることでもある。リーダーは「最高司令官」ではなく、「最高コミュニケーション長官」となったのだ。「飴と鞭」に「ナラティブ」が取って代わるのである。

現代の家族では、両親は平等で、子供たちにも責任を持たせる。企業や政府でも、ヒエラルキーは劇的にフラット化した。たとえばイングランド銀行にはかつて職位ごとに六種類の食堂があったが、そんな極端な差異化は今では考え難い。何もリーダーシップが消えてなくなったわけではなく、その役割が変化したのだ。リーダーシップを残しておくにはそれなりの理由がある——ユートピア主義的な代替案はどれもこれも空中分解してしまうに決まっているからだ。

家族、企業、そして国家といった組織のトップに立つ人たちは、その下の人たちよりも権力がある。だがその一方で、たいていは権力をはるかに凌ぐほどの責任も負っている。その責任を果たすためには、集団内のほかの人びとに従ってもらわなければならないが、それを執行するにはごく限られた手段しかない。「父親」としての私は、夜には息子のアレックスを寝かしつけようとする。しかしあからさまな実力行使は骨も折れるし、あまり効果的でもない——無理矢理布団に入らせてもアレックスは寝具をかぶって相変わらず本を読むだけだ。家族、企業、国家を問わず、成功している組織ではどこでも、義務感を生み出せれば成員の順守性《コンプライアンス》を劇的に増大させることができることに、リーダーたちは気づく。アレックスは夜更かしをして読書をしたいのだが、眠るべきなのだと彼を説得することができれば、言うことを聞かせるハードルは低くなる。これが実現できれば私の力は「権威」へと変質する。もっと大げさに言えば、これこそが戦略的目的のための道徳的規範の構築というやつだ。リーダーたちにとって不可欠の力は、命令する力ではない。彼らの力の源泉は、ネットワークの中枢《ハブ》にいるということである。彼らは説得する力を持っているのだ。(＊)リーダーたちが道徳観を戦略的に駆使して私たちの生活のあり方を決定してきたと言うと、薄気味悪く聞こえるかもしれない。だが実際はたいていその逆だ——これは健康的なプロセスであり、近代社会を前近代的などんな社会よりも住みやすくしてきたものである。しかももっとよくなる可能性もある。

しかし実際問題として、リーダーたちはどのように言葉を戦略的に使って、義務感を構築するのだろうか？　ジョンソン・エンド・ジョンソン〔医薬品・医療機器・ヘルスケア製品などの製造販売を行うアメリカに本社を置く多国籍企業〕のロバート・ウッド・ジョンソン・ジュニア会長（当時）の一九四三年の事例を見てみよう。ジョンソンは同社の道徳的諸原理をまさに石碑のごとく石に刻んで明確に規定した——「我が信条」である。これは「我々は我々の第一の責任は我々の製品を使用してくれる人びとに対するものであると確信する」と始まる〔本書の引用は同社が公開している文言と若干異なっている。ここでは本書の本文から和訳した。同社の原文は同社ウェブサイト（日本語、英語がある）を参照〕。「私は」「私の」ではなく、「我々は」「我々の」という表

（＊）これは何も最近の考え方というわけでもない。政治学者リチャード・ニュースタット〔一九一九‐二〇〇三年〕がアメリカ大統領の権力を分析した一九六〇年の研究の中の、有名な一節だ〔ニュースタットの著書『大統領の権力と現代の大統領たち（*Presidential Power and the Modern Presidents*）』。その後一九八〇年、九〇年に改訂版が出ているが未訳〕。

現に注目してほしい。これは同社の従業員全員の信条とすべく書かれたのだ。そして徐々に下位の責任へと順を追って述べていく――すなわち従業員に対する責任、地域社会に対する責任、そして最後に株主に対する責任。この「信条」はナラティブを活用することで三世代にわたって維持されてきた。同社のウェブサイトを閲覧してみれば、さまざま「ストーリー」を中心に構成されていることがわかるだろう。では、実際にこれで振る舞いが変わったのだろうか？

一九八二年、ジョンソン・エンド・ジョンソン社は惨事に見舞われた。シカゴで七名が亡くなり、その死因をたどってみると、同社きっての人気商品である鎮痛解熱剤タイレノールのボトルに混入された毒物だと判明したのである。続いて起きたことは、いまだにビジネススクールのケーススタディに使われるほど注目すべきことだった。経営上層部が対応する間もなく、いち早く各地の支店長たちが率先して地元のスーパーマーケットの棚からすべてのタイレノールを回収し、店舗には全額補償を約束したのだ。今ではそれほどすごいことには聞こえないかもしれない。それはこの一件以来、これがビジネス界の常識になったからだ。だが一九八二年までは、企業は商品のリコールなど行わなかった。責任を否定するのがお決まりの習慣だったのだ。それに対して、ジョンソン・エンド・ジョンソンの若手社員たちは率先して行動を起こすだけの自信があった。その行動は同社に約一億ドルの賠償責任を負わせるというのにである。そんな行動が可能だったのも、自分たちはタイレノールのユーザーたちを最優先すべきだということを、「我が信条」から社員たちが理解していたからだった。[26] 社員たちの迅速な行動は――のちに経営上層部もすべて承認したのだが――単に道徳的なだけではなく、ビジネス的にも正しかったことが判明した。おおかたの予測に反して、同社のマーケットシェアは急激に回復したのだ。[*]

一方的な利他的行為が求められるのは、人を救出するという「救援の義務」の場合に限られる――これこそがアダム・スミスによって認められた経営学の健全な根幹だ。すなわち一方的な利他的行為を求めることは、利己心に対する適切な抑止策ではないのである。そこで相互的な責務こそが不可欠だということになるが、それはわざわざ醸成する必要がある。それはまさに、帰属意識、義務感、目的にかなった行為などに関するナラティブの組み合わせによって実現される[27]。私はこれまで、それを順序だった一連のシーケンスとして説明していきた――まず帰属意識が生まれ、続いて義務感が生じ、そして目的にかなった行動が可能になる、と。だが順序は重要ではない。たとえば共通の行為が多くの人によい結果をもたらす場合、それが共有されたアイデンティティと共通の義務感の基盤になることだってあり得るだろう。

ただし、ナラティブは強力であるとはいえ、どこまで現実と遊離することが許されるかには、おのずと限界がある。リーダーたちには多くの人が耳を傾けると同時に、多くの人が観察しているから、言うこととやることが矛盾しているわけにはいかない。リーダーたちの行動は自分たちが語るナラティブと一致していなければならないのだ。あなたたちと私はみんなで「私たち」だと言っておきながら、「あなた」よりも「私」を優遇するようだと、帰属意識をもたらすナラティブは嘘だということになる。われわれはみなお互いに対する義務があると言いながら、利己的に振る舞うとしたら、義務感を生むナラティブが嘘になる。もしジョンソン・エンド・ジョンソン社の最高経営責任者が社員たちを搾取してい

（＊）ジョンソン・エンド・ジョンソンの信条の体系は三つの要素に分けることができる。第一は、共通の道徳的な目的を核として構築される、共有されたアイデンティティ。それは同社の「我が信条」では高品質かつ手頃な値段の健康関連商品を顧客に提供することと定義されている。第二はその目的のために努力するという、従業員の相互的な責務。そしてこのビジネス・モデルが事業と従業員の雇用との持続可能性を下支えするのだという、「啓発された利己心」へと至る因果連鎖。同社のウェブサイトにも記載されているように、同社は一世紀も操業を続けてきたきわめて数少ない企業の一つだ。このジョンソン・エンド・ジョンソン社の事例についてはジョン・ケイの教示を受けた。

たとしたら、社員らが自らの責任において率先してタイレノールを店舗から回収するなどということは起きなかっただろう。実際は逆に、彼の振る舞いは模範的だった。おかげで従業員を代表して大統領自由勲章を授与されたほどだ〔当時の最高経営責任者だったジェイムズ・バークが二〇〇〇年に受賞〕。

リーダーたちは言葉とは裏腹に振る舞えば信念の体系を崩してしまう一方で、自らの行動を戦略的に巧みに工夫すれば信念を強化することもできる。たとえば本気で言っているのに、メッセージの受け手が信用してくれないとしよう――「我が信条」は「利益よりも顧客優先」としているが、ただ顧客の耳に心地よい言葉を並べているだけではないか、と。そんな疑念にはどのように対処できるだろうか？マイケル・スペンスはそれを「シグナリング理論」で解いてみせてノーベル賞を受賞した〔二〇〇一年ノーベル経済学賞受賞。シグナリング理論とは、情報を持っている者が情報を持っていない者に対して、情報を提示して自分の優秀さをアピールしようとするといった行動に関する理論。その場合の情報（たとえば学歴）はその内容そのもの（大学で学んだ内容や身につけた専門性）よりも、情報を提示する側の優秀さを示す「シグナル」（信号）として働く（たとえば一流大学ならば有能であることを示す信号となる）〕。当然ながらこの場合、「私は本気で言っているんだ」と言ってみたところでどうにもならない。なぜなら本当は本気でなかったとしても、そう言うに決まっているのだから。つまり何を言っても無駄。でも何かをすることはできるだろう。具体的に言えば、本気で「利益よりも顧客優先」と考えているのであれば、本来ならば容認できないほどコストがかかるようなことをすべきなのだ。痛みを伴うような行動でなければ効果がない。もともと本気で言っているのだとしても、信用を勝ち取るためには代償を支払うことも必要なのだ。このように「シグナル」は信念の体系の信頼度を増強してくれるが、だからと言って言葉で信念を説くナラティブがまったく無駄だということではない。シグナルは信頼をもたらすが、ナラティブは信念の体系をより精確なものにしてくれる。両者は互いに補い合う関係にあるのだ。

多くの人びとから成る巨大な集団全体に相互的な義務感を行き渡らせるには、権力を権威へと変革することが欠かせない。たとえば税金を納めるという義務を全員に受け入れさせるような場合だ。リーダーというものは人間の心を操作するエンジニアではないが、人びとの感情にうまく訴えることはできる。いちばん危ういリーダーは、ただひたすら強制しようとするタイプだ。もっとも価値のあるリーダーは、人的ネットワークでできた集団の中枢《ハブ》にいる「最高コミュニケーション長官」として、その立場を活用するタイプだ。そうしたリーダーたちは巧みなナラティブと行動とで影響力を行使できるようになる。どんなリーダーでも、自分たちの集団の信念の体系に合致するようなナラティブを用い、かつ洗練するだろう。だが信念の体系全体を構築してしまうのが真に偉大なリーダーというものだ(28)。

人的ネットワークから成る集団内で、リーダーたちがナラティブを活用した最近の典型的な事例、それは「イスラム国」だ。この集団の上層部は、強力な新たなナラティブを伝える上で、ソーシャルネットワークが持つ力を認識していた。彼らは帰属意識に関するナラティブを広め、かつてはスウェーデン人、モロッコ人、ベルギー人、チュニジア人、オーストラリア人などなどといったアイデンティティを抱いていた若者たちを、「篤信者」という新たな共通のアイデンティティで一つに結束させたのだ。そして相互的な義務感にまつわるナラティブによって、仲間からの敬意を得られるかどうかというプレッシャーをかけ、残虐行為を行い続けざるを得なくした。さらに新たなナラティブが因果連鎖を生み、従順に振る舞うことに目的意識を与えた。つまり彼らのぞっとするような残虐行為を、「カリフ制統治」の実現という物理的な目的に結びつけたのだ。使い捨てにできる豊富な兵員と、それにサウジアラビアの資金によって、「イスラム国」は急激に世界の一大勢力にのし上がった。そしてそれを壊滅させるには――ファシズムと同様に――圧倒的な軍事力によるしかなかったのである。「イスラム国」の内部ではその信念の体系は一貫しており、したがって安定していた。しかも「イスラム国」の構成要素をそれぞれ個別に見れば、どれもひどく不快なものばかりで、それが「イスラム国」という集団とその他のすべての人びととの間に溝を生み、結果的に集団的なアイデンティティが強固なものになったのである。

「イスラム国」はナラティブを戦略的に活用し、支配地域の社会を十二世紀へと逆戻りさせた。だが私たちのリーダーたちは、ナラティブをもっと良い目的のために活用できるはずだ。

ソフトで結びつけられた義務

私たちは現代の資本主義が直面している道徳的な弱点をまず見てきた――「利己心はわれわれを大衆的繁栄という至福の境地へ連れていってくれるのだから、道徳観なんてなくてもわれわれの社会はやっていける」というような考え方だ。「欲望は善である」、なぜなら貪欲であればあるほど、誰だってさらに必死に働くから、もっと裕福になれるのだ、と。だがそんな主張は私たちにとってもはや陳腐だ。私たちは社会的な生き物なのであって、経済的利益ばかりを追い求める「経済人（エコノミック・マン）」ではないし、逆に「利他的な聖人」でもない。私たちは帰属意識や威信を欲するのだ。そしてそれらは私たちの道徳的価値観の基盤となる。世界中で、私たち人間は六つの価値観を共有しており、そのどれも理性が生み出したものではない。気遣い《ケア》と自由は進化の原初的な段階までさかのぼれるかもしれない。忠誠と神聖さは集団を支える規範として進化してきたものかもしれない。つまり集団のメンバーは忠誠心や神聖さを規範と見てそれに従い、そうすれば集団に帰属させてもらえるから、これらを自らの価値観として内面化する。同様に、公正さと権威の尊重（ヒエラルキー）という規範も、集団内の秩序を保つために進化してきた規範であり、それに従えば威信を得られるという見返りがある。

このような私たちの価値観は不可欠なものだ。なぜならこれらの価値観が要請する行為（つまり責務）は、私たちの欲望を凌駕するからだ。驚くべきことに、私たちはナラティブがつくり出す信念の体系と、それを支える「信号」（シグナル）となるような種々の行為を通じて、これらの限られた一群の価値観から事実上無制限の責務を生み出してきた。そうした信念の体系は人的ネットワークの要にいるリーダーによって意図的に構築することができる――家族、企業、そして社会の中で。そしてナラティブの具体的な内容に応じて、リーダーたちは実に多様な集団的行動を引き出すことができるが、どれも結局のところは私たちが共有する価値観と渇望とによって支えられているのである。

私たちの社会は今、進むべき道の選択に迫られているが、右のようなことを無視することはできない。さまざまなイデオロギーが私たちを手招きしているが、どれも私たちが共有する価値観と道徳観との結びつきを断ち切ってしまう。どのイデオロギーも理性至上主義で、どれか一つの価値観をほかのものより優先しようとする。その結果、どのイデオロギーも私たちのいずれかの価値観およびその心理的基盤と衝突せざるを得ないのである。しかしあるイデオロギーが掲げる目的が、仮に私たちの帰属意識を損なうとしても、彼らはそんなことはどこ吹く風だ。一部の人びとに恥辱を味わわせることになっても、構やしないのだ。あらゆるイデオロギーは、一部を犠牲にする「巻き添え被害」を仕方のないものとして容認するのである。しかも、どのイデオロギーも理性的な分別こそが至高であると主張する割に、どのような分別かをめぐっては一致しない。だからイデオロギーも理性的な分別こそが至高であると主張する割に社会的葛藤が生じることは請け合いだ。イデオロギーは私たちを彼らが夢見るユートピアへ連れていってくれるとは思えない。むしろ惨めで、不合理で、短命な暮らしへと逆戻りさせられるだろう。

一方、ポピュリストたちも私たちの支持を得ようと競い合っている。彼らは私たちが抱く価値観や渇望を誇らしく掲げてみせる。だが私たちが構築してきた諸制度や実際的な推論に見られるような、何世紀にもわたる社会的学習の成果を投げ捨ててしまう。そして相互的な関係を構築するという、私たちの能力を無視するのだ。だからポピュリストたちもまた、時代を逆行させてしまうに違いない。

本書はイデオローグともポピュリストとも異なる道を提案する——倫理的な資本主義だ。それは私たちの価値観に基づく規準に合致し、実際的な推論によって研ぎ澄まされ、社会自体によって再生産される。一見単純に聞こえるが、実は一筋縄ではいかない複雑な要素をたくさん含んでいる。イデオローグたちは「私たちの価値観に基づく」という点に拒絶反応を示すだろう。ポピュリストたちは「実際的な推論によって」というところに異を唱えるだろう。それに「社会自体によって再生産される」とは実際どういう意味だろうか？ それは、プラトンの共和国やマルクス主義者たちが思い描く楽園のような、時代を超えた完全無欠なユートピアなどではない。「歴史の終わり」を主張する人たちの傲慢な考え方とも違う〔「歴史の終わり」とは、政治学者フランシス・フクヤマ氏が一九九二年の著書『歴史の終わり』（渡部昇一訳、三笠書房）で提示したヘーゲルの思想をベースにした考え方で、冷戦終結により資本主義と民主主義の社会体制が勝利し、もはや普遍的な原理を掲げるイデオロギー間の闘争の歴史は終焉した、と主張するもの〕。いずれもばかげているからだ。「社会自体によって再生産される」というのは、社会の種々の規範は自らを破壊するようなものであってはならない、という意味にすぎない。社会科学的な表現を使えば、私たちがめざしているのは「地域的《ローカル》に」安定したものである。社会は周期的に外部からの衝撃に襲われるものだ——気候変動などの自然的なものや、新たな宗教の勃興といった知的なものもあるだろう。そうした衝撃は地域的な平衡状態を大きく揺るがし、まったく新しい規範を生む方向へと社会を動かすかもしれない。しかしそうだとしても、少なくとも私たちの規範は、自己矛盾によって崩壊するようなものであってはならないことに変わりはない。

これまで述べてきたことから、個々人の行為がいかに義務感によってかたち作られるか、義務感がなぜ重要か、なぜ義務感を履き違えてしまうことがあり得るか、そしてそれをどう修正することができるか、こうしたことについてはすでに一貫した見方をできるはずだ。これから私は、こうした洞察を活かして、私たちの生活の大きなウェイトを占める三つの組織について述べていく。すなわち家族、企業、そして社会である。私はこれから、これらの集団のリーダーたちがいかにして相互的な義務感を醸成することができるかを述べたいと思う。そしてその相互的な義務感とは、私たちが共有する価値観の性質に反するのではなく、逆にそれらによって機能するように、資本主義を再構成するようなものであることを示したいと思う。

相互的な責務を強調する私の考えは、目下支配的な政治的論調とは対照的なものだ。そうした政治的言説は、個人の権利と権利に基づく特権を求める主張へと道徳観を矮小化し、責務はもっぱら政府に押しつけてしまったのだ。だが誰か一人が権利を持ち得るためには、誰か他の人が責務を負う必要がある。新たな責務が行為の変更を迫り、それによって新たな権利が行使できるようになるのだ。何らかの責務と対になっていない限り、新たな権利など絵空事にすぎない。相互的な責務がお互いの権利を保証するのであって、新たな権利はそれぞれ新たな責務とペアになっているのである。

権利には必ず義務が伴うが、義務は必ずしも権利を伴わない。子供に対する両親の義務感は、子供たちの法的な権利などとは次元が異なるものだ。「救済の義務」も権利と一対にして考える必要はないだろう。池で溺れている子を助けるのは、その窮状を救わなければと思うからであって、その子にあれこれの権利があるからではない。多様な義務感を醸成することに成功すれば、もっぱら権利だけに頼る社会よりも寛容で調和した社会を構築できる。義務を納税に喩えれば、権利は公共支出に当たる。義務も納税も、社会のメンバーにとっては負担を強いるものである。欧米諸国のおおかたの有権者たちは、公共支出をめぐる議論では、支出の利点とその財源とを均衡させなければならないことを学んできた。そうしなければ、政治家たちは選挙運動で大々的な公共投資を約束し、選挙後に国家支出が歳入を上回ってしまったら、その分はインフレで解決するというようなことになってしまうだろう[29]。新たな権利の創出をさらなる公的支出に喩えることができるのと同様に、新たな義務はさらなる歳入に喩えられる。人びとが求める権利がもっともなものだとしても、それに対応する義務を公に議論して初めて、それを認めるべきかを判断できるのである。

どこかから新たな権利を引っ張り出してきてみても、右のような検証を経なければ、それは紙幣を刷り増しするようなものだ。個人の権利がまるで札束のように次々と空から降ってくることになる。新たな権利に対応する新たな義務を創出していかないかぎり、不均衡を埋め合わせるために何かが犠牲になるだろう。新たな法的権利に見合った義務の負担を人びとが嫌がった場合、その法的権利と対にされなかった義務は――たとえば義務は相互的であるべきだという慣例や、救済の義務の一部など――蝕まれる可能性がある。

権利が重視される昨今の傾向は、法律家たちを特権的な地位に押し上げてきた。普通、法律家たちは法律や条約など何らかの文書をもとにして、そこに含意されていそうな種々の権利を抽出しようとする。そしてこうした一つひとつの判断は、ほかの権利も含まれていないかを検討する際の前例となる。専門の法律家たちが既存の文書から新たな権利を「発見する」というこのやり方は、そうした法律家たちが「発見」する諸権利と、おおかたの人びとが道徳的に合理的だと見るものとの間にぞっとするようなズレを生み、私たちの社会に影響を与えてきた。最近の英国のささいな例として、今後教育現場では「母親」「父親」という言葉を使ってはならない、という裁判所の決定が挙げられる。新たに見出された同性婚カップルの権利を侵害するからだという。この場合、ひと握りの人びとを利することを目的に判事が発見した新たな権利が、何百万という家族の子育てに役立つ基本的なナラティブを破壊してしまった。利点に比べてこれほど幅広い損害を強いるこのような権利の要求は、プラグマティズムに対するイデオロギーの勝利を示している。権利に対する利己的な主張は、相互的な尊重を減退させてしまうのである。

私たちは他人に対する新たな責務を認めながら、より繁栄できる社会を築いていくものだ。そうした責務を無視すれば、その逆になる。これまで資本主義社会はこうした義務感の軽視という傾向に苦しめられてきた。その主要な症状は社会的信頼の低下である。今後数十年間で社会における信頼がどのような道をたどるか、それを示す際たるものがアメリカの若者にすでに見られる信頼の変化だろう。今日の若者は明日の大人であり、アメリカのトレンドはやがてヨーロッパを席巻する。アメリカのティーンエージャーの間では、信頼は以前よりも四〇パーセントも急落した[*]。このような信頼の低下はすべての社会階層で見られるが、貧困層でもっとも顕著である。ロバート・パットナムによれば、これは決して偏執的な傾向の増加を意味しているのではなく、「彼らが暮らしている邪悪な社会的現実」を浮き彫りにしている[30]。繁栄を約束しておきながら、現代の資本主義が今日もたらしているのは敵意であり、恥辱であり、そして恐れ、つまり攻撃的《ロトワイラー》な社会だ〔ロトワイラーとは警察犬に使われる犬の種類で、ここでは攻撃性の喩え〕。資本主義本来の約束を実現するには、人びとのお互いに対する信頼感を構築し直す必要がある。そのプロセスは社会的状況と、証拠《エビデンス》に基づく論証とを指針とすべきだ――それがプラグマティズムのやり方だ。私たちもその方向をめざしてみよう。

（＊）具体的に言うと、調査期間は過去二五年間で、若者たちに対して「大部分の人は信頼できる」という意見に賛成するかどうかを尋ねた。

第3章 倫理的な国家

倫理的な目的を優れたアイディアと結びつけた国家は、奇跡的なことを実現してきた。私の世代が育ったのは、まさにそんな時代だった。一九四五年から一九七〇年の間である。私たちは急激な富の増大を体験したが、それは各国が資本主義をきっちりと社会の利益のために活用したからだった。しかし歴史上、いつもそうだったわけではないし、今もそうではない。

私の両親は一九三〇年代に若き成人だった世代だが、私はそんな二人の経験から、当時の国家がいかに大失態を演じたかを知った。両親の話を通じて、大量失業時代へと転落していった悲劇を私は理解した。国家と、国家に反映された社会のあり方には、倫理的な目的を実現すべきだという感覚が欠けていて、完全雇用が国家と社会の責任であることを認識できなかった。しかもそんな事態を切り抜ける方向性を示してくれそうな発想にも欠けていた。だから結果的に、資本主義の運用を大々的に失敗してしまったのだ。そして舞台の袖には、ファシズムとマルクス主義が出番を待ち受けていた。実際にはいずれかが根づいたのはドイツとイタリアだけだったとはいえ、それでも地球規模の激変を引き起こすには十分だった。膨大な数の人びとの生活が崩壊していくのに衝撃を受け、各地の国家や社会は遅ればせながら目的意識を抱き始めた。アメリカでは、雇用創出は国家の責務であることをローズヴェルトが認めた

――「ニューディール政策」だ。そしてこれが倫理的な政策だと気づいたから、有権者たちもローズヴェルトに投票したのだ。ほかにも新たな発想が登場した――ケインズの『雇用、利子および貨幣の一般理論』〔間宮陽介訳、岩波文庫ほか〕は大量失業に対処するための分析を提供した。ただし、各国政府の当初の反応は鈍かった。この著作は一九三六年に刊行されたのだが、ちょうど軍備増強政策が需要を押し上げたから、世界大恐慌から脱することができてしまった。ポール・クルーグマン〔米国の経済学者。二〇〇八年、ノーベル経済学賞受賞〕が皮肉を込めて指摘したとおり、第二次世界大戦は史上最大の景気刺激策だったと言えるだろう。しかし戦後になるとケインズの分析は完全雇用を維持するのに活用され、時代に合わなくなったのはインフレが進んだ一九七〇年代のことだった。

国家は一九三〇年代には国民の期待を裏切った。そして今またそうしようとしているのだ。今、「資本主義」という言葉は嘲笑の的だ。しかしこの毒性のある言葉の背後には、市場や規則や企業などのさまざまなネットワークが潜んでいて、それは一九四五‐七〇年の奇跡と一九二九‐三九年の悲劇のどちらの原因ともなったのである。私の世代はそのうちの悲劇のほうは体験せずに済み、奇跡の時代を生き、そして当然ながらこの奇跡は続いていくものだと呑気に想像していた。そして今の世代はそんなことはなかったと気づいたのである。新たな不安は広がりゆく経済的な格差に根差している。繁栄を謳歌する大都市圏と衰退しつつある地方都市の間の溝は大きくなるばかりで、充実感に満ちた一流の仕事に就いている者と、将来性に乏しい仕事に就いている者や、そもそも仕事がない人たちとの間の階級格差が広がっている。

こうした新たな不安をつくり出したのは資本主義だ――ちょうど一九三〇年代の世界大恐慌を生み出したように。構造的な変化に伴う社会的な溝を埋めるのは国家の仕事だ。だが一九三〇年代と同様に、諸国家も、そしてそれらが反映する各国の社会もまた、こうした新たな問題に対処すべきだという倫理的な義務感の自覚に乏しい。そして種々の問題を芽のうちに摘むどころか、危機的な規模にまで膨らむに任せているのである。国家は国民以上に倫理的であることはできないが、相互的な義務感を強化したり、新たな責務を引き受けるように私たち国民を徐々に説得することもできる。ただし、市井の人びとと異なる価値観を押しつけようとするならば、国家は信頼を失い、その権威は蝕まれてしまうだろう。国家の倫理の枠組みは、社会のそれによって規定されるのだ。だから今日見られるような国家の倫理的な目的意識の欠如は、社会全体の目的意識の衰退を反映しているのである。すなわち私たちの社会はその裂け目が深まるにつれ、溝の反対側にいる人たちに対する寛容さも減退してきたのだ。

一九三〇年代と同じく、目的意識の欠如は実際的な新たな発想の欠如によって悪化している。本書の第3部では、問題を生んでいる溝に対処する実際的なアプローチを提示して、革新的な思考の欠落という穴を埋めてみるつもりだ。だがまずその前に、私たちは国家による倫理上の失態と、その根っこにある私たちの社会における倫理感の変化とに、しっかりと向き合わなければならない。

倫理的国家の勃興

「倫理的国家」の全盛期は第二次世界大戦後の二〇年間だった。この倫理的目的意識の黄金時代には、各国はかつてないほど種々の相互的責務をつくり出していった。国家が管轄する市民同士の相互的な責務がどれほど広範なものだったか、それは「揺り籠から墓場まで」と「ニューディール」という巧みなナラティブに見ることができる。前者は、国家が運営する国民保険に参加することによって、妊娠中の医療から老後の年金まで、国民はお互いに支え合うことができるというものだ。これは共同体主義《コミュニタリアン》型社会民主主義の指針となる倫理観であり、政治的中道路線全般を貫いていた。当時のアメリカ議会は超党派で結束していた。ドイツは「社会的市場経済」〔自由競争の市場経済を認めながら、その成果を社会保障に活かそうとするもの〕を掲げていた。イギリスでは目玉となる「国民保健サービス」（ＮＨＳ）の制度が保守党率いる連立政権下で自由党議員が設計し、労働党政権下で施行され、その後も歴代保守党政権によって維持された。北米でもヨーロッパでも、政権争いの喧騒とは裏腹に、一九四五－七〇年の間は主要政党の党首たちの間では政策上の対立はごく小さなものにすぎなかったのである。(*)

しかし社会民主主義の成功を内側から支えていたものは、当時としてはあまりにも自明なものであり、やがてあって当然と思われるようになった。実は第二次世界大戦による大恐慌からの脱出は、単なる偶然の景気刺激策であることに止まらなかったのである。この大戦は、各国首脳が帰属意識と相互的な義務感のナラティブを工夫して広めるという、各国共通の壮大な企図でもあったのだ。そのレガシーは、各国を巨大なコミュニティに変えたことだ。それは共有されたアイデンティティ、義務感、そして相互性という意識を強く持った社会だった。社会民主主義的なナラティブは個人の行為と集団的な成果とを結びつけるものだが、戦後の人びとはそんなナラティブをすんなり受け入れるような状態にされていたのだ。戦後の最初の数十年、富裕層は八〇パーセントを超えるような所得税も受け入れた。若者たちは徴兵制に従った。非武装の警察組織を可能にするには市民の側にそれなりの自制が必要だが、イギリスでは犯罪者たちさえもその必要性に従った。こうしたことは国家の役割の大々的な拡大を可能にした――まさに社会民主主義が掲げる政策課題である。

（＊）一九五〇年代には、イギリスの保守党を代表する論客のリチャード・オースティン・バトラーと労働党のリーダーのヒュー・ゲイツケルの考え方が実質的に同じであるとして、二人の名前を合わせた「バツケリズム」という造語が使われた。

しかしやがて、社会民主主義的な国家はますます功利主義的およびロールズ主義的な「先導者」たちに乗っ取られていった。「倫理的国家」が「父権主義的国家《パターナリズム》」へと変貌したのだ。共有のアイデンティティというのは継続的に更新していかない限り消耗していく資産である。父権主義的な新たな「先導者」たちがこのことを理解してさえいれば、別に問題はなかっただろう。だがそれとはほど遠く、彼らは正反対のことをしたのだった。功利主義の尖兵たちはグローバル主義者で、ロールズ主義の尖兵たちは「犠牲者集団」という独特なアイデンティティを持ち上げた。こうして次第に、社会民主主義的な政策課題を実現するための基盤は崩れていった。そして二〇一七年の時点では、欧米各国の社会全般で、社会民主主義政党は有権者たちに見捨てられ、存亡の危機に立たされていたのである。[1]なぜそんなことになってしまったか、本書の第2章で紹介したいくつかの概念を使って見ていこう。

倫理的国家の衰退——社会民主主義的な社会はいかにして崩壊したか

社会民主主義はダブルパンチを食らって崩壊した。第一は相互的な義務感のゆっくりとした侵食。そこへ同時に、経済構造の変化が死屍累々たる生活困窮者たちを生み、相互的な義務感の必要性が高まるという事態が重なった。この時期のめざましい経済成長は、状況がますます複雑化するという代償を伴った。そしてこのさらなる複雑さによって、専門的なスキルの必要性が高まり、そのためにはより多くの高学歴者が必要となり、かつてないほどの高等教育の拡大をもたらした。このような大規模な構造的変化がアイデンティティのあり方に跳ね返ってきたのである。

こうしたごた混ぜ状態がなぜ社会民主主義にとって致命的だったかを説明するために、一つのモデルを提示しよう。優れたモデルというものは、いくつかの前提から出発するが、それは何も驚くようなかたちではなくものごとを単純化するもので、それでいて驚くべき結論へと至る。できれば、それ以降は自明のように思えるが、それまで気づかなかったような結論へと結実するのが理想的だ。一般にモデルは一連の方程式で表されるが、私は数行でざっと描いてみようと思う。(2) 比較的単純なモデルだが、その仕組みを把握するにはちょっとばかり忍耐が必要だ。だがきっと我慢しただけのことはあるはずだ。このモデルは心理学的なところから始まって、そこへ経済学がつけ加わる。

心理学的な面は最低限にしておくが、「男性的な理性的経済人（エコノミック・マン）」というグロテスクで病的な人間像ほどひどく粗削りではない。そんな「経済人」は石器時代に絶滅し、（すでに見たとおり）「女性的な理性的社会人」に取って代わられたのだ。そんな女性的な「社会人」の振る舞いについては、私はジョージ・アカロフとレイチェル・クラントンが開拓した「アイデンティティ経済学」の洞察を利用する。さて、私たちには誰でも二つの客観的なアイデンティティがあるとしよう――職業と国籍だ。アイデンティティは威信を得る源泉で、このどちらも一定の威信を生む。それぞれどの程度の威信をもたらすかを規定しておくために、職業から得られる威信は所得の大きさを反映するものとして、国籍に基づく威信はその国の威光を反映するとしよう。次に、そこへ一つの選択を加えてみよう――「重み」だ。私たちは職業や国籍を持っている以上、それらのアイデンティティはどうすることもできないが、どちらをより重視するかは選ぶ*こ*と*が*で*き*る。そして私がより重きを置くほうのアイデンティティは、私が得られる威信をもより大きく左右する。それはトランプの札のようなものだと想像してみてほしい。そのカードを私が置いたほうのアイデンティティは、私に二倍の威信を与えてくれるとする。この「重み」のカードを切ることはさらなる影響を私たちに与える。すなわち私たちを二つの新しい集団に分けるのだ――職業を重く見る人たちと、国籍を重く見る人たちとに。私はどちらを重視するかを選ぶことで、このいずれかの集団に属することも選ぶことになる。そしてその集団がどの程度の威信を持っているかによって、私はそこに属することでさらなる威信を引き出すこともできる。

以上をまとめると、人は四つのことから威信を引き出している。一部は職業から、一部は国籍から、さらに、いずれか重きを置くほうからはさらに威信を得られ、そして最後に、私たちと同じアイデンティティを重視する人たちの集団に帰属することでも、威信を得られる。この最後の要素についてさらに詳しく述べれば、そこから得られる威信は、その集団に属する各メンバーがほかの三つの源泉から得ている威信の平均値だと単純に想定しておけばいいだろう。では、どのアイデンティティに重きを置くかを、私たちはどうやって選ぶのだろうか？(*) ここで経済学が必要となる——われらが「女性的な理性的社会人」は威信から効用を得るのであり、なおかつその効用を最大化する。そこが「理性的」ということの意味なのである。さあ、これでこのささやかなモデルを戦後の社会史に適用する準備ができたことになる。

第二次世界大戦が終結した直後の世界を覗いてみると、賃金格差はわずかであり、国家は威光に満ちている。だからそこではもっとも高給取りの労働者たちでさえ、職業よりも国籍に重きを置き、その威信から得られる効用を最大化しようとするのである。そして四つの源泉から得られる威信の総計を見てみると、社会の全般にわたって比較的均等だということがわかる。誰もが国民というアイデンティティから同じだけ威信を得ているのだ。そして誰もが国籍に重きを置いているから、みなそこから二倍の威信を得ている。さらに、誰もが同じ国民というアイデンティティに重きを置くことを選択しているから、重きを置いている集団に帰属していることから得られる威信も同じである。したがって各人の威信の唯一の差は、きわめて小さな賃金格差によるものだけ、ということになる。

では次に、この幸福な状態が崩壊していった様子を見よう。時間が経つにつれて、社会の複雑さが増すとともに、ますます多くの人が上等な教育を受け、それに応じた上等な職業を得て、生産性の向上にマッチした上等な賃金をもらうようになる。そしてどこかの時点で、もっとも高度なスキルを身につけた人たちは、重視するアイデンティティの根拠を国籍から自分のスキルへと変更する。そのほうが威信を最大化できるからだ。

こうなると、最後の威信の源泉、つまり多くの人びとと同じアイデンティティに重きを置くという選択から得られる威信が、徐々に分化していくことになる。同じアイデンティティを重視する人たちの集団に属していることから得られる威信は、国籍を選んだ人たちよりも職業を選んだ人たちのほうが大きくなるのである。反対に、相変わらず国民であることを重要なアイデンティティと見ている人たちは、威信を失っていく。(†) こうした分化は、さらに多くの人に国籍重視から職業重視へと選択の変更を促すことになる。では結局どうなるのか？

いずれ全員が、重きを置くアイデンティティを変更するだろうと予測することもできるだろうし、実際にそれも可能ではある。だがよりあり得そうなのは、相対的にスキルが低い職業に就いている人たちは国籍を重視し続けるということだ。この結末を社会の最初の状況と比べてみよう。今やスキルの高い人たちは国籍重視の立場から離れていってしまった。そしてその中には功利主義者の尖兵たちもいる。対照的に、スキルの低い人たちは当初よりも多くの威信を獲得する。古い立場を放棄したことで、その人たちは当初よりも多くの威信を獲得する。

(＊) もちろん、私たちは自分の「欲しい」という欲望を満たすためにも種々の判断を下すが、今はそれを問う必要はない。

(†) これは自分の国に対するプライドが低下したということではなく、スキルの高い連中が出ていってしまったことで、国籍を重視する人びとの集団に帰属していることが、以前ほど威光のあることではなくなってしまったからなのだ。

い、相変わらず国籍に重きを置き続ける人たちは威信を失ってしまった。もっとも威光ある人たちが離れていってしまったのだから、国籍を重視する集団に属する人びとは、より少ない威信しか得られなくなるのである。

あらゆるモデルに言えることだが、このモデルもあまりにもひどく還元主義的だろう。だがディテールの泥沼にはまり込むことなく、私たちの社会がなぜ、またいかにして、あちこちで綻《ほころ》びつつあるかを説明するには役に立つ。このモデルでは人びとは一貫して自分の威信を最大化しようとする。しかし経済の構造的変動によって、裂け目が口を開ける。スキルの高い人たちは重視するアイデンティティを国籍に基づくものから職業へと変更していく。『ニューヨーク・タイムズ』紙の外信部長だったスーザン・チラにインタビューしたイギリスのエコノミストのアリソン・ウルフは、このことを示す格好の言葉を引き出した。チラ氏は、自分の「仕事は充足感を与えてくれ、ものすごくアイデンティティと密接にからみ合っているんですよ」と言ったのである。(3) 一方、より教育程度が低く、職業もそれほど熱意を抱かせるようなものではない人たちは、威信の源泉として国籍にしがみついていたわけだが、次第に取り残されたように感じ始めたのである。

自分のスキルの高さに悦に入っている人たちは、取り残された人たちよりも多くの威信を得られる。だから自分たちがまさに自らのスキルというアイデンティティを重視していることを、熱心に他の人びとに対して明かそうとする。ではどんな風にするのか、ここでマイケル・スペンスの「シグナリング理論」の核心的な洞察が役に立つ〔シグナリング理論については第2章を参照〕。私がもはや国民というアイデンティティを重視しなくなったことをきっぱりと他人に示そうと思ったら、そうでない限りしないようなことをやってみせる必要がある。すなわち国民というアイデンティティを侮蔑してみせるのだ。社会のエリート層が自分の国を見くびることがあまりにも多いのも、これで説明がつく——そうした人たちは威信ほしさにそうするのである。国を見下すことで、社会的地位の低い連中と自分たちとを決定的に差別化することができるわけだ。この場合、エリートたちは国民という共有されたアイデンティティから離脱することで、取り残していく人たちの威信を低下させるのだから、反感を買ったとしても不思議ではない。思い当たる節があると、共感していただけただろうか。

スキルを持った高学歴者という新たな階級は、左右両方の人たちを包含していた。自分の才能を使って稼ぐ自由を主張する、リバタリアンのイデオロギーを信奉する右派。それに功利主義や、ロールズ主義的な権利を信奉する左派もいた。後者の集団に属する人たちは、自分たちが国民というアイデンティティを放棄しただけでなく、他の人たちにもそうするよう奨励した。そして犠牲者とみなせる何らかの特徴を持っているような人たちには、それを重要なアイデンティティとして奉じるよう勧めたのである。

共有されたアイデンティティの喪失の反動

このような共有されたアイデンティティの解体は、社会の動きに打撃を与えた。アイデンティティの根拠がスキル対国籍に二極化するにつれて、社会の最上層部の人たちに対する信頼が崩壊しだしたのである。[4] どうしてそんなことになったのだろうか？

第2章で見た主な論点を思い出してほしい。他人を進んで助けようとする意志は三つのナラティブを組み合わせることで生まれるのだった——何らかの集団に共に帰属しているということ、その集団内での相互的な義務感、そして個々人の行為が集団の福利に結びつくという目的意識を持たせること。このため、共有されたアイデンティティがばらばらになってしまうと、その社会の中でうまくやっている幸運な人たちの間で、より恵まれていない人たちを助ける責務を進んで受け入れる素地が失われていくのである。

たいてい寛容というものは相互性に基づいている。相互性があればこそ、純粋な利他主義や「救出の義務」といった脆弱な推進力から、大きく一歩進んで、相互性が持つ強力な推進力へと人びとを駆り立てることができる。それは高率の課税さえも人びとに受け入れさせるほどの力を持つのだ。しかし相互性には認識の一致が欠かせないという問題が伴う。もしあなたが「義務は相互的だ」ということを受け入れたのなら、私は喜んで「私もあなたに対して義務を負う」ことを認めるだろう。だがあなたが相互性を認めているかどうか、私はどうすれば知ることができるのか？ 逆にあなたも、私が相互性を受け入れているかどうか、どうすればわかるだろうか？ 義務を果たせと言われたとき、私たちをどうすればお互いを信用することができるのだろうか？

私たちは実験社会心理学の知見からすでに答えを知っている――「必要なのは共通の知識だ」と。「こちらが義務を受け入れていることを相手も知っている」ということをこちらも知っている必要がある――「お互いに知っているということをそれぞれが知っていて、そのこともお互いに知っている」という具合に何重かの認識が必要となる。人的ネットワークから成る集団内で流布される帰属、義務感、そして目的意識に関するナラティブは、まさにこうした共通認識を次第に構築していくのだ。共通の帰属意識がどこまで及ぶと考えているかによって、相互性の範囲が限定される。そしてお互いにナラティブを共有しているという自覚から、共通認識の及ぶ範囲も実質的に決まってきて、相互性の範囲がいっそう明確になる。また、ナラティブは主に言語によって表現されるため、ナラティブを共有する集団の規模には越えがたい自然な上限がある。つまり言語を共有している範囲だ[5]。しかし言語が原因の下限というものはない。ある言語集団の中で、アイデンティティはきわめて多くの小集団に分裂し得るのである。こうして共有されたアイデンティティがばらばらになると、相互性が発揮されるはずの集団が弱体化するだけでなく、アイデンティティの異なるグループの枠を越えて互いに義務を果たさせることがどこまで可能かという、実際的な問題も起きてくるのである。

私たちの社会がまさに二極化していることはほぼ間違いないだろう。平均所得以上を稼ぎ、アイデンティティとしては国籍に依拠することをやめて職業を選んだ人たちと、社会のより下層にいて、アイデンティティの拠り所として国籍にしがみついている人たちとである。しかもトランプやルペンが登場し、ブレグジットが選ばれるような時代になって以来、右の両グループが二極化を意識していることもほとんど疑う余地がない。

ここまで見てきたことをまとめると――人口の中でスキルと学歴に勝る一部の人たちは国民であることを中核的なアイデンティティとしなくなる傾向にあり、スキルや学歴に恵まれない人たちが威信の低下したその国民というアイデンティティにしがみつくに任せている。この結果、社会全体としてアイデンティティの共有という面が弱体化することになった。このため恵まれた人たちは、恵まれない人たちに対する義務感が薄れ、やがては一九四五年以降に構築されたナラティブが――すなわち「富裕層は貧困層を助けるために、所得再分配を進める高率の税を進んで納めるべきだ」というものが――衰退することになったのだ。この筋書きは少なくとも、一九七〇年以降に最高税率が大幅に低下したという事実と一致している。

さて、ではさらに話を一歩進めてみよう。人口の中で羽振りが良くない人びとは、羽振りがよい人びとの間で義務感が薄れていることに気づいている。実際、気づかないでいることのほうが難しいだろうし、貧困層にとっては深刻な問題なのである。さあ、そうなると、「上位の人たち」に対して一般の人たちが抱く信頼度に何らかの影響を及ぼすだろうか？ 答えは自明だろう――信頼は低下する。高学歴層が自分たちは低学歴層とは違うと自覚し、下位の人たちへの義務感が薄れているというときに、かつて誰もが同じアイデンティティを重視していた時代のように、低学歴層が高学歴者たちを信頼し続けるなんて、ばかげている。相手がどう振る舞うか自信を持って予測できる場合、私たちは人を信用できる。さらに、いわゆる「心の理論」〔他人の心の働きを推測し、理解する能力のこと〕のテクニックを安心して活用できれば、より信用しやすくなる──自分が相手の立場にいたらどう振る舞うかを想像することで、相手の出方を予測する。しかしこれは、お互いに同じ信念の体系を共有しているという確信がない限り、当てにならない。大きくかけ離れた信念の体系を持っているとしたら、私はあなたの立場に立って考えてみることなどできないだろう。なぜならあなたの振る舞いを決める心の世界を、私は共有していないからだ。それではあなたを信用することはできない。

功利主義を掲げる社会の先導者たちは、信頼の低下を予見する理論を開発し、その予防策まで提案した。ケンブリッジ大学の道徳哲学教授でベンサムの熱烈な信奉者だったヘンリー・シジウィック〔一八三八－一九〇〇年。英国の哲学者・倫理学者。〕は解決策として、支配的地位にある先導者たちが、その他の人びと全般のために自らの真意を隠すべきだと主張した。信頼度の低下は詐術で防げるというのだ。(*) もちろん、一九七〇年代以来の信頼の急激な失墜は、公共政策を決めてきた先導者たちが社会の新たな溝に対処してこなかった、という明白な事実によって悪化したことは確かだ。しかし、シジウィックの矛盾したばかげた主張からもわかるように、単に格差拡大を防げなかったという結果論では済ませられないほど、問題の根はずっと深いのである。

信頼の失墜は社会民主主義の崩壊の終着点ではない。衰退の次の段階は、信頼の失墜から、人びとが互いに協力し合う力に影響が及ぶことだ。複雑な社会では、無数の相互作用が信頼に基づいて行われている。だから信頼が損なわれれば、協力にも綻びが生じはじめるのだ。すると他人に望ましい振る舞いをさせるのに、人びとは信頼関係ではなくますます法的な機構に頼るようになる（これは法律家には朗報だろうが、私たちの多くには必ずしもそうではない）。また、スキルの高い人たちの間で、社会のその他の市民に対する義務感が薄れると、彼らの振る舞いはますます目先の利得を追い求める日和見主義になる。もはやその他の人びととは重きを置くアイデンティティを共有していないからだ。そうなると、スキルの高い層はその他大勢を「でくの坊」と見て、カモからぼったくる自らのスキルに誇りを感じるようにすらなるかもしれない。実際、電子メールの記録が明かしているように、金融危機以前の金融会社の上層部に広まっていたのはまさにそんな感覚だったようである。そうしたウォール街のビジネス・モデルをジョセフ・スティグリッツは巧みに表現してみせた――「カモを探せ」。こうしたことが、格差拡大を生んでいる社会の底流にある構造的・経済的な勢力を増大させていることは明らかだろう。

共有されたアイデンティティに嫌気が差してしまったわけ

多くの人が国籍を主たるアイデンティティにすることに嫌気がさしているのは無理もない。ナショナリズムは悲惨なことをたびたび引き起こしてきたのだから。どんなアイデンティティでも、排除すべき人びとの特徴を暗に規定している。だがその特徴が暗黙の了解にとどまらず、公然と敵対的に言い立てられると、アイデンティティは有害になる。「われわれ」は「あいつらではない」ことと規定され、「あ

――（＊）後世の同じケンブリッジ大学教授のバーナード・ウィリアムズ（一九二九－二〇〇三年）は、この主張をエリート主義の「総督府型功利主義」と呼んで徹底的に批判した。

いつら」は憎悪の対象となる——私たちはその人たちに悪意を抱くようになるのだ。そうしたアイデンティティは対立を生む。だが場合によっては、対立的なアイデンティティは実は健康的なことだってあり得る。たとえばスポーツチームなどは、明確なライバル意識を持つことでパフォーマンスが向上するのだ。多くの企業もそうだろう。メンバーをいっそうの努力へと駆り立てるこのような競争ならば、私たちは誰しも恩恵を得ることができる。これは資本主義の過小評価されている利点の一つである。しかし歴史的に見ると、民族、宗教、国籍といった大規模集団のアイデンティティがもっとも有害なタイプの対立的アイデンティティとなってきた。大虐殺、聖戦《ジハード》、世界大戦などを引き起こしてきたのだから。

ドイツ以上にそんな対立的アイデンティティに苦しめられてきた国は少ないだろう。十七世紀には、カトリック教徒とプロテスタント教徒の間の三〇年戦争によって、豊かだった社会が荒廃してしまった。やがてこの戦争はウェストファリア条約〔一六四八年〕によって終結したが、これは事実上、重きを置くアイデンティティを宗教に基づくものから国籍に依るものへと転換するものだった。これでたしかに平和が実現した。だがやがてこの新たなアイデンティティはドイツをナチスの国家社会主義、ホロコースト、世界大戦、そして敗戦へと導いてしまったのである。今や大部分のドイツ人がより幅広い人びとを包含するアイデンティティを望んでいること、そしてそのため熱烈な「ヨーロッパ人」であることも驚くには当たらない。

しかしヨーロッパは、単一の政体を簡単に当てがえるような単なる土地の塊ではない。これまで見てきたように、政治権力の単位と共有されたアイデンティティとが合致しているほど、政治体制はうまく機能しやすい。そうでなければ、アイデンティティが権力に合わせてやるか、権力がアイデンティティに合わせてやるしかない。近代社会ではどこでも、政治権力はきわめてささやかな強制力と、人びとの高度に自発的な規則の順守《コンプライアンス》に基づいて成り立っている。自発的なコンプライアンスは、権力を権威へと変えるあの義務感と結びついているのだ。だからもしこの義務感が欠けていれば、権力には三つのオプションしかない。第一は、実効性のある強制的手段によって人びとを無理やり従わせること――北朝鮮型のオプションだ。第二はこのやり方を試みるが、反動として国家に対して組織的暴力を惹起してしまうというかたち――シリア型のオプション。第三は権力が自らの限界を認め、芝居に甘んじることである――どうせ無視されるとわかっていながら権力側は命令を下し、命令された側はなるべく穏便なかたちでコンプライアンスを回避する方法を見つける、という具合。欧州委員会のこれまでの歩みがまさにこのパターンだ。財政規律の目標を順守するよう加盟各国に求めてきたが、一度も違反したことがないのはフィンランドだけなのである。

現代の豊かな社会に暮らす人びとは、すでに権力が権威に転換された状況で育ってきたため、当たり前のことだと思っている。しかし私はそうした転換の実現に苦しんでいる国々でずっと仕事をしてきて、それがいかに貴重で、困難で、潜在的に大きな危険を孕んでいるかを認識するようになった。単一の政体に統治されたヨーロッパを構築するには、幅広い人びとを包含する新たなアイデンティティを構築する必要がある。だがこれはとてつもなく難しい事業だ。これほど大規模な共同の企ては調整が難しい。さらにアイデンティティと義務感を根づかせるためのナラティブの伝達手段――言語――も、共通語がないヨーロッパでは、それ自体がひどく分化している。(*) ほとんどの人が自分のものと思えないような中枢組織に権威を移すということは、権威から権力を奪って骨抜きにする危険性を秘めている。それは断片化した地域ごとのアイデンティティを発生させかねず、個人主義に堕することを意味する。それこそ「経済人（エコノミック・マン）」から成る地獄のような社会ではないか。

実際、多くの人びとはより広い包括的なアイデンティティを構築するよりも、より小規模のアイデンティティへと後退しつつある。過去五〇〇年以上もスペイン人かつカタルニア人であった末に、今や多くのカタルニア人はただカタルニア人というアイデンティティに閉じ込もりたがっている。過去三〇〇年以上もイギリス人かつスコットランド人であった末に、今や多くのスコットランド人はただスコットランド人というアイデンティティへと引き下がりたがっている。「大きなわれわれ」よりもばらばらに割れた「小さなわれわれ」を望んでいるのだ。一五〇年以上もイタリア人であった末に、北部同盟の人たちは「北部人」へと引き下がりたがっている。五〇年以上もユーゴスラビア人であった末に、スロベニア人たちは実際に分離独立の夢を実現した。だがほかのユーゴスラビア人たちには壊滅的な結果をもたらした。本書執筆の時点では、カタルニア人の動きに触発されてブラジル南部の人びとが分離独立を求めている。そして中でも驚きを禁じ得ないのが、ビアフラの復活だ。五〇年前にナイジェリアで血で血を洗う内戦をもたらした分離独立運動が再燃しているのである〔一九六七年にナイジェリア東部のビアフラ州が分離独立を宣言し、内戦が勃発。七〇年に政府軍が制圧して終結したが、ビアフラ側に膨大な犠牲者を出した〕。一見それぞれに異なる分離独立運動のように見えるが、共通点が一つある——豊かな地域が国内のその他の地域に対する責務から離脱しようとしているのである。カタルニアはスペインの一七自治州の中でもっとも豊かで、貧しいほかの自治州のために税金を払うのに抵抗している。スコットランド民族党の政治運動のスローガンは長年「石油はスコットランドのものだ」である〔実際は油田は北海のはるかかなたにあるのだが〕。イタリア北部も国内でいちばん裕福な地域で、分離独立派のナラティブは貧しい諸地域への財政移転を腹立たしげに指摘する。ではユーゴスラビアでもっとも豊かな地域はどこだったか？ ブラジルで豊かな地域トップ・スリーはどこだろうか？ ナイジェリアの油田はどこにある？ 自決権という表向きのナラティブの裏に隠れているが、これらの政治運動は社会民主主義国家の破綻を示すさらなる事例なのである。大規模な共有されたアイデンティティを貫く相互的な義務感に対する反感の表れだ。資本主義に劣らず、これらの人びとにも強欲と身勝手という呼び名がふさわしい。これまでそう称されてこなかったのは、その意図に敬意を表してのことではなく、宣伝の賜物である。

私たちには大規模な共有されたアイデンティティが必要だ。だが民族主義《ナショナリズム》ではだめだ。今やそれは大衆迎合主義《ポピュリスト》の政治家たちに利用され、同じ国内に住む他民族に対する憎悪のナラティブを通じて支持基盤を築くのに使われている。要するに、社会のある部分との間に亀裂をつくり出すことで、自分たちが属する部分を結束させようという戦略である。その結果として構築される対立的なアイデンティティは、寛容、信頼、そして協力にとって致命的となる。これらは高学歴層が拒否するものであり、まさに正しい判断だ。だが目下のところ、その高学歴層も共有されたアイデンティティの基盤とすべき代替案を提示していない。それよりむしろ彼らは功利主義の原理を適用し、自国の低学歴層の市民たちと他国の人たちを同列に扱う。ところが強力な義務感――すなわち相互的な義務感――は、共有されたアイデンティティからしか生まれない。だから自国の非エリート層に対しても、どこにせよ他国の外国人に対するのと同じ程度の義務感しか感じない、ということになる。

新たな調査結果からも、このように義務感が薄れつつあることが読み取れる。イギリスでは、若年層は両親たちの世代よりも社会の中の貧困層に寛大な傾向にあると、おおかたのマスメディアは見ている。二〇一七年、回答者に相反する二つの選択肢を与えるある大規模な無作為調査が行われた。一つ目

（＊）ヨーロッパ学校（「ヨーロッパ市民」としての精神を醸成するために欧州連合加盟国が共同運営する公的初等・中等教育機関で、多文化・多言語教育を行う。二〇一九年現在、六カ国に一三校を開設）は、少なくともエリート層の生徒たちの間に、ヨーロッパ人としての新たなアイデンティティを育むはずだった。しかし最近の調査によれば、生徒たちはヨーロッパ人としてのアイデンティティはリベラルな世界市民《コスモポリタン》主義と同義だとのイデオロギーにすっかり洗脳されていて、異を唱える連中は真っ当なヨーロッパ人ではないと考えていることが窺える。共有のアイデンティティを構築するという理念からはほど遠く、これもまた、むしろ自分たちの社会の一般の人びとが抱くアイデンティティからエリート層が遊離していく様子を示す一例になってしまっている。

の選択肢は「納税の義務は個人の蓄財よりも重要である」。これに対して二つ目は「勤勉さは稼ぎのできるだけ多くを自分のものにできることで報われるべきである」。結果はマスコミが抱いている神話とは反対に——だが共有されたアイデンティティの価値は消耗性資産のように目減りしつつあるという主張とはまったく整合的に——三十五歳以上の年齢層は納税の義務を支持し、十八‐三十四歳の年齢層は稼いだ分を自分のものにできるという個人主義的な倫理観に惹かれていることを示していた⑹。

このように人びとのコンプライアンスが衰退すると、権利は十分に守られず、政府に対する信頼も低下する。これこそが欧米各国の社会を席捲している猛烈なトレンドだ。特定の社会の中の相互的な義務感から、相互性のないグローバルな義務感への構造的転換——言い換えれば、特定の国家の市民から「世界市民」への転換——は、実際的な面からは三つの根本的に異なる意味を持ち得る。みなさんも、自分はどれに当てはまるかちょっと考えてみてほしい。

第一の可能性はこうだ。一九四五‐七〇年にかけて、誰もが国民というアイデンティティを共有していることを前提に国家税制を構築した世代に劣らず、あなたは現在も貧困層に対して寛大だが、ただ今や貧困というものを一国内ではなくグローバルな視点で定義する点が違う、というもの。ここにはきわめて大きな意味合いが潜んでいる。今日の先進国では全般に、平均すると所得の四〇パーセントほどが税金として吸い上げられ、さまざまなかたちで再分配されている。貧困層に直接給付されたり、より貧困層を利する社会保障費となったり、ほぼ全国民を利するインフラ整備費などとして支出されるのである。さて、あなたの場合、国民の所得の四〇パーセントが税金で持っていかれるのを認めるわけだが、従来のように国内だけではなく全世界的に再分配してほしい、ということになる——あなたは同じ自国民に対して格別な義務感は抱いていないのだ、と。グローバルな格差の大きさを考えると、これは貧困国に流れ込む援助が激増するということだ。所得の四〇パーセント分に当たる税収のかなりの部分が世界の貧しい人びとへ送られるわけである。すると世界の貧困層に対するこうした税金の再分配によって、当然のことながら国内の貧困層の生活は格段に苦しくなるはずだ。そんなことは道徳的にはたいしたことはないと片づけることもできるだろう。世界の貧困層に比べれば、目の前の国内の貧しい人びとのニーズは小さいのだと。だがその国内の貧しい人たちとしては、不安を募らせて当然だろう。

第二の可能性は、あなたはかつての世代に劣らず自国民の貧困層に対して寛大だが、ただ今やその寛容の精神を同程度に世界へ広げたいと思っている、というもの。影響はさらに大きくなる――劇的な増税が必要になるはずだ。自国民への寛大な措置を維持しつつ、世界中の人びとにも同程度の寛大な支援の手を差し伸べるためには、スキルの高い人びとの税引き後の所得がきわめて大きく低下するのを容認しなければなるまい。これは特定の国が単独でできることではない。なぜならスキルの高い人たちの多くは海外へ移住してしまい、国内の貧困層はなおさら苦しくなるに違いないからだ。これは理知的な頭脳よりも心情を優先する「心だけで頭なし」という類の政策である。

第三の可能性は次のような場合だ。重きを置くアイデンティティが変わったというのは、あなたが世界中の人びとに対する義務感を大々的に増大させたということではなく、むしろ自国民に対する義務感を縮小させたという意味である、と。このケースでは、あなたは責務から自由な幸せな立場にいられる。あなたに寛容の精神を押しつけていた、あの（義務を果たす）「べきだ」という不都合な声は沈黙させられたのだから、税率も引き下げることができる――「稼いだ分は自分のものにできる」というわけである。一方で「あいつら」――自国民の貧困層――の暮らしぶりは悪化するだろう。これは心情よりも理知的な頭脳を優先する「頭だけで心なし」という類の政策である。

国民というアイデンティティを蔑視する高学歴層の考え方は、強引に道徳的な優位も主張するようになる――「われわれ」はあらゆる人のことを気にかけているのだ、それに比べて国籍にこだわる「君たち」は嘆かわしい限りだ、と。だが自分たちこそモラルが高いということの主張は理にかなっているだろうか？　一世代先の世界を思い描いてみてほしい。「世界市民」という新たなアイデンティティが十分に根づいて、公共政策もその精神を完全に反映していると想像してみよう。[7] そこでは国民であるというアイデンティティに基づく租税政策はもはや過去のものだ。では、「世界市民」ということの右の三とおりの解釈のうち、どれが主流となっている可能性がもっとも高いだろうか？　私は第一と第三の間の妥協的なものになるのではないかと思う――世界の貧困層に対する寛大な措置が多少は増大するだろうが、それ以上に国内の貧困層に対する寛大さが大幅に縮小するのではないだろうか。

私たちが直面している難題

今日の豊かな国々の社会は一つの難題に直面している。それは、公共政策というものは必然的に空間的であるという否定しようのない事実である。公共政策の正当性は一定の政治的な手続きによって決まるが、その手続きは空間的なのだ――国政選挙や地方選挙では一定の地域内ごとに、権限を持つ代議員が選ばれる。それに公共政策それ自体が最終的には空間的に適用される――教育政策や医療政策はそれぞれ区域ごとに実施されるのだ。インフラも空間的に限定される。徴税や手当の給付なども空間的に決まった地域ごとに行われる。私たちの政治体制は空間的なのである――この事実から逃れることはできない。それどころか、政体は主として国家ごとになっている。ところが私たちのアイデンティティは、そしてそれを下支えする社会的関係は、ますますそうでなくなりつつある。

一九四五－七〇年の社会民主主義の時代は、私たちが考える「コミュニティ」というものが一国丸ごとを含むほどに拡大したという、例外的な歴史の上に築かれていた。だが社会がどんどん複雑化するにつれ、スキルの格差が生まれ、その結果、私たちの空間的なアイデンティティと空間的な社会関係は衰微してしまった。そして今、私たちが経験しつつあるのは、共有された空間的なアイデンティティに対するさらなる攻撃であり、それはスマートフォンやソーシャルメディアが定着したことに伴う行動様式の変化によるものだ。スマホは個人主義の極致である――「いいね」が見栄えよくたくさん並ぶようにとの願いを込めて、自撮りの画像が「友だち」に無差別に送りつけられる。私たちは空間的なコミュニティの衰退を目にしている。いや、それどころか、カフェや電車内など公共の場に座っていながら、私たちはスマホの画面に見入り、すぐ近くにいる周りの人びとは透明人間同然だという具合に、まさに空間的なコミュニティの凋落を身をもって生きているのである。公共政策を通じて私たちを支配している空間は、もはや私たちの社会的関係を規定してはいない。このように空間的なコミュニティは二方面から攻撃にさらされている。すなわち空間的なコミュニティに代わる閉鎖的なデジタル空間というコミュニティからの攻勢と、第二に、顔と顔を突き合わせたコミュニケーションから離脱して、不安げで孤立的なナルシシズムへ向かおうとする急激な趨勢によるものだ。私の予想では、このような政治体制と社会的絆との間の広がりゆく分裂が逆転されない限り、私たちの社会は衰退し、より非寛容になり、信頼と協力はさらに減退する。そしてこうした傾向はすでに始まっているのである。

原理的には、私たちは政治体制の単位を非空間的なものにつくり変えることはできる。おそらくシリコンバレーのテクノロジー・マニアならばすでにそんなひらめきを持っているだろう――どこに住んでいようと、各個人が自由に参加や離脱を選べるような政治体制だ。政体ごとに独自の通貨――それぞれの「ビットコイン」――を持ってもいいだろう。それぞれ独自の税率、医療給付、医療制度もあっていい。どの国の法的権限も及ばない海域に島を浮かべるという計画すらある。魅力を感じるだろうか？

もしそう感じるなら、どのようなことになるか考えてみるといい。裕福な人たちは税率の低い人為的な政治機構に参加するに違いない。億万長者たちはすでにそうしている。自分たちの企業の法的立地を実際に利益を得ている国から切り離し、自分たち自身と一緒にモナコに移転しているのである。他方、病んでいる人たちは気前のいい医療制度がある政治機構に参加したがるだろうが、そんな政体は過大な負担に耐えられずに予想通り破綻するに違いない。

非空間的な政治的単位は絵空事だ。だから唯一の現実的なオプションは空間的な絆を回復することである。残念ながら、おおかたの政治体制は国家単位になっているという事実を考えると、私たちは国民としてのアイデンティティを共有しなければならないことになる。だが私たちは国民というアイデンティティが有害であり得ることも知っている。それでは、存立可能な政体を支えるのに十分であり、かつ危険ではない何らかの絆を築くことは可能だろうか？ これは社会科学が取り組まねばならない核心的な問題だ。私たちの社会の未来は、その答えにかかっているのである。

民族主義者《ナショナリスト》たちは、国民というアイデンティティを自分たち専用の知的財産として独占しようかという勢いである。実際、彼らは連綿と続いてきた国民というアイデンティティの伝統に自分たちが連なっていると考えていらしいのだが、それは間違いだ。かつては多くの国々で、伝統的な国民というアイデンティティはまさに社会の成員全員を含んでいた。たとえば第一次世界大戦中、イギリスに住んでいたオーストリア国籍のユダヤ人であるルードヴィヒ・ヴィトゲンシュタインが、オーストリアに戻って祖国のために戦うことが明白な義務だと認識したのが好例だ〔哲学者のヴィトゲンシュタイン（一八八九－一九五一年）はケンブリッジ大学に学び、第一次世界大戦では祖国オーストリアに戻り、志願兵として従軍した〕。このような伝統的なかたちの国家主義《ナショナリズム》とは対照的に、新しい民族主義者《ナショナリスト》たちは国民としてのアイデンティティを民族や宗教といった規準で定義したがっている。このような異形のナショナリズムは比較的新しいものだが、ファシズムの後継者であり、国民というアイデンティティのこの新たな定義は同じ社会の中で暮らす何百万という市民を除外することになる。この新たなナショナリストたちは社会を「われわれ」と「あいつら」に分けることをあからさまに意図しているだけでなく、自分たちが定義したその「われわれ」の内部にさえ、彼らのやり方に憤慨する人たちがいるから、さらなる内部分裂を引き起こしている。そうしたナショナリストたちの台頭は社会を激しく分裂させる。マリーヌ・ルペンはフランスを一つに団結させはしなかった。逆に二つに分裂させた上、支持者の二倍もの敵をつくり出した。ドナルド・トランプはアメリカの社会を真っ二つに二極化させた。したがって、このようなナショナリズムは共有されたアイデンティティの喪失を追い風としているのだが、その喪失を修復する現実的な手段などになるはずがない。逆に、修復の見込みも完全に粉砕してしまうだろう。そして信頼と、信頼が促進する協力とを切り崩し、協力が促進するはずの相互的な尊重と寛容をも切り崩してしまうだろう。

もう一方のグループである高学歴の「世界市民」たちは国民としてのアイデンティティを放棄しつつある。そのような人たちは自分たちの社会的優越を「信号《シグナル》」として見せびらかして悦に入り、同時にそんな自己中心的な振る舞いが自分たちを道徳的に向上させると思い込んでいるのだ。だからまったく明白な結論を言えば、新たに台頭してきたこのような二つの市民たちの集団はどちらも、多大な犠牲を払って築かれてきた共有されたアイデンティティを蝕んでしまう恐れがあるのだ。

私たちにはこの難題を切り抜ける方法が必要だ。人間が混乱した思考にとらわれてしまっていると見たヴィトゲンシュタインの強力なイメージを借りれば、私たちは「ハエをハエ取り瓶から逃す」必要があるのだ〔後期の著作『哲学探究』の一節〕。

そこで愛国心の登場となる。

帰属意識、場所、そして愛国心

誰もが繁栄できるように社会が機能するためには、確固としたアイデンティティの共有が必要だ。問題はもはやこれが正しいかどうかではない——団結を否定する連中は、地球温暖化の事実を否定する連中と同じく愚かだ。このことは世界でもっとも幸せな国々であるデンマーク、ノルウェー、フィンランド、それにアジアでもっとも幸せな国であるブータンの成功がすでに証明している。だが残念なことに、これらの五カ国が一体感をつくり出している戦略は、ほかのおおかたの国々が採用できるものではない。すなわち独特な共通の文化を核として、共有されたアイデンティティを構築してきたのだ。そうした文化の内容そのものはそれほど重要でないように私は思う——デンマークの「ヒュッゲ」〔ゆったりした心温まる空間や時間を共に過ごす習慣を指し、それを大切にする文化、生き方の象徴の意味もある〕とブータンに多くの仏教寺院があることの間にはほとんど共通点はないだろう。しかしほかの大部分の国々では、社会は以前から文化的に多様すぎて共通のアイデンティティの核に据えることができなかったか、あるいは多様化によって今やできなくなってしまったのである。私たちの社会のこうした現状を嘆いていても始まらない。現代社会にふさわしいかたちで共有されたアイデンティティを再構築するために、私たちは実現可能な戦略を生み出さねばならないのである。

共有されたアイデンティティを国家全体に浸透させた過去の方法論はもはや役に立たない。先史時代のイギリスでは、ストーンヘンジの建築〔紀元前十数世紀の直径一〇〇メートルを超える環状列石遺構。世界文化遺産〕という壮大な共通の企てによってアイデンティティが共有されたのかもしれない。これは「単一の島国文化というビジョンを反映した、人びとを統合する一つの事業」だったわけだ。[8] 十四世紀のイングランドでは、フランスに対する戦争によって共有されたアイデンティティが確立されたが、まったく思いもよらない人びとが結びついて一つに合体した——ノルマン人と、かつてそのノルマン人にリーダーたちを虐殺されたアングロサクソン人、そのアングロサクソン人らを虐殺したバイキング、そしてアングロサクソン人に征服されて文化を壊滅させられたブリトン人だ。十九世紀のヨーロッパ各地では、民族的な純粋性という神話が共有されたアイデンティティを構築した。二十世紀半ばにはそれは戦争を通じて確立され、各国の特異な文化によって維持された——アメリカ人なら野球、イギリス人は紅茶、ドイツ人はポーク料理とビールだ。だが私たちの社会が文化的に多様なものになるにつれて、野球や紅茶やポーク料理とビールでさえ、各国の特徴としては色あせつつある。以上のどれも、私たちにとって強力な戦略にはなり得そうもない。

いかにも魅力的に聞こえる戦略がある。それは共有された価値観を中心として共有されたアイデンティティを構築する、というものだ。誰だって自分が抱いている価値観こそアイデンティティを共有する土台とするにふさわしいと思っている。だからこのアプローチは人気がある。問題は、現代のどの社会を見ても、驚くほど多様で幅広い価値観が存在していることだ。むしろそれこそが現代の決定的な特徴だとも言える。もし価値観の共有を強制したとすれば、強烈に排他的な社会になってしまうだろう——「おれたちの価値観を共有しないのなら、出ていけ」という具合に。ドナルド・トランプとバーニー・サンダースは二人ともアメリカ人だが、二人はアメリカを他国と明確に区別するような価値観を一つでも共有しているだろうか。さあ、あるというのならば挙げてもらいたい。私から読者へのこのような挑戦は、（政治リーダーの名前を適宜入れ替えてやれば）おおかたの欧米諸国にも当てはまる。たとえある国の国民全体が共に抱いている価値観があるとしても、それはあまりにも小さなもので、その国を多くの国々から際立たせるほどではない。したがってそういう価値観では、相互的な義務感を構築する核にはなり得ないのである。

国民というアイデンティティが不人気になるにつれ、価値観に基づくアイデンティティが増大してきたが、その結果は見苦しい。しかも意見が合う人としか互いに社会的関係を持たないこと——いわゆる

「反響室現象《エコー・チャンバー》」〔この場合、とくにSNSなどで、人びとが自分と意見が合う限られた人たちとしかやりとりをしない現象や、それによって一定の見解や価値観が強化される現象を指す〕――もいっそう容易になっているから、なおさらその傾向が強まっている。価値観に基づくこのような「反響室現象」は、社会的な結束へと結びつくどころか、逆に欧米各国の社会をずたずたに引き裂いている。価値観に基づくネットワーク上に見られる侮辱、中傷、暴力をほのめかす脅し――すなわち憎悪――のレベルは、おそらく今や民族的および宗教的な非難中傷を上回っているのではないだろうか。

では、共有されたアイデンティティの基準として、価値観も民族性や宗教と同じ壁にぶつかるのだとすれば、ほかに何かあるだろうか？　国家を解体し、政治権力を国連に移すことで、例の「世界市民」という指針を実現できるように努力するべきなのだろうか？　実際は、国連の英語の名称である「ユナイテッド・ネイションズ（United Nations）」〔諸国連合。また、第二次世界大戦で枢軸国に対して結束した「連合国」を指す用語〕が含意しているように、この組織は政治的権威の構成単位としては個人ではなく、国家を前提としているのだ。それは多くの社会で、アイデンティティを共有する組織体としては国家こそが実現可能で実効性ある最大規模の存在だという、明々白々な理由によるのである。政治権力がグローバルなレベルで集権化されたとしたら、人びとはその決定に進んで従うことはないだろう――つまり権力は権威にならない。「世界政府」はソマリアのグローバル版同然になってしまうだろう。

実現可能で幅広い人びとを包含するアイデンティティを築くための答え、それは私たちの目の前にある。すなわちある場所に帰属しているという感覚だ。たとえば、なぜ私は自分をヨークシャー地方の人間だと思うのか？　たしかにヨークシャー人の価値観も私は好きだ――ずけずけものを言って、気取ったところがないのがいい。でも実はそこがポイントなのではない。最近、私はイギリスで初の女性イスラム教徒の閣僚となったバロネス・サイーダ・ワルシ〔キャメロン内閣で複数の閣僚ポストを歴任〕と朝のラジオ番組に出演した。初対面で、それぞれ新刊の自著について語るというトーク番組だったから、絆を深めるようなきっかけには普通ならなりにくい。それなのに私はあっという間に彼女と打ち解けた。彼女はヨークシャー地方のブラッドフォード育ちで、私が聞かされて育ったのと同じ派手なヨークシャー訛りで話した。ただし、私の場合は半世紀に及ぶオックスフォードでの暮らしで訛りが薄れてしまったから、おそらく彼女よりも私のほうが親しみを抱いたかもしれない。だが基本的には、ちょっとしたアクセントや言葉遣いのおかげで、私たちは同じ場所に属しているという感覚を共有した——私たちはBBCの担当者に紅茶を淹《い》れてもらうときに、二人とも「ブリュー（brew）してください」ではなく「マッシュ（mash）してください」と、方言を使ったことに気がついた。

　私たちはこのようなエピソードをかなり一般的に拡大することができる。根本的に人は帰属することを必要としている。この帰属するということの二つの要点は「誰に？」と「どこに？」である。どちらも子供時代に規定され、たいてい一生続く。私たちは何らかの集団と自己同一化することで「誰に？」という問いの答えを出す。これこそはこれまで「アイデンティティ経済学」が注目してきた点だ。そして私たちはどこかの場所を「故郷」としてそこと自己同一化することで「どこに？」という問いの答えを出す。自分にとって「故郷」とはどこかを考えてみてほしい。おおかたの人にとってそれは育った場所を意味するだろう。

　現代社会で「国民」という考え方を成り立たせるもっとも有効な方法、それは同じ場所に対する帰属意識によって、人びとを結束させることだ。この場所というものは玉ネギのように層状になっている。もっとも内側の中心部は故郷だ。だが私たちが故郷にアイデンティティを見出すという場合、故郷がある地域や都市が大きなウェイトを占めている。同様に、その都市が私たちにとって意味を持つのは、それが特定の国家に属しているからだ。ヨーロッパの場合、国家にではなくさらに規模の大きな欧州連合に対して帰属意識を抱く場合もある。ごく普通の国家の国民は一見多様であり、多様な価値観を抱いているように見える。だがその人たちはみな、自分の家庭がある場所という要素を共有している。ではこれだけで十分だろうか？

十分だ、と思わせる理由がある。場所に基づくアイデンティティというものは、生物の進化の過程で私たちの内面に深く組み込まれてきた固有の性向の一つだということだ。言語の発達よって後から文化的に付け加わった比較的新しい価値観ではないのだ。場所に基づくアイデンティティは根が深いだけでなく、強力なものでもある。紛争研究でよく言及されることの一つに、攻撃側と防御側の戦力の比率が何対何であれば攻撃側が勝利できるかという問題がある。もちろんこれは軍事技術に左右される。だが一般的に、人類の紛争の歴史を見ると攻撃側よりも防御側のほうが激しく戦うため、この比率はおよそ三対一だ。しかも驚くべきことに、この比率は多くの生物種に共通しているのである。進化の系統樹でそうした種をさかのぼってみると、縄張り意識は約四〇〇万年強も前から、それぞれの種に深く根を下ろしてきたようなのだ(9)。縄張りを守るという意識は実に根が深い――私たちは故郷という意識と抜き難く結びついているのである。

このように、遺伝的に継承されてきた「感情」という面で、私たちは特定の場所に強い帰属意識を抱く。しかし第2章で見たとおり、ナラティブによって生み出される文化的な価値観も無視できない。ナラティブは記憶の形成を促すから、私たちは今いる場所を現在の一瞬を切り取ったスナップショットのようなものとしてではなく、発展的な過程として把握する。つまり、現在の特定の場所に対して私たちが感じる愛着は、現状のようになるまでの何重もの変化の過程をわかっていることで、より深まるのだ。そしてそうした記憶は、その都市で育つ人たち全員に共通する知識であり、共通のアイデンティティを強化するのである。

それなのにこの何十年もの間、主要な政治家たちは帰属意識に関するナラティブを意識的に避けてきた。それどころか、あえて軽視してきたのだ。私たちにとって政治家たちは全国レベルの社会的ネットワークの要にいるのであり、私たちの「最高コミュニケーション責任者」なのだ。その政治家たちが率先して共有された帰属意識を切り崩してきたわけで、そのため私たちの福利が依存する相互的な義務感の衰退を加速させてきた。これまで政治家たちの倫理的なナラティブは、むしろ圧倒的に功利主義的またはロールズ主義的だったし、自分たちを「父権主義的な国家」の頂点にいると考えてきたのである。だから必然的に、国家への帰属に関するナラティブはもっぱら民族主義者《ナショナリスト》たちの思うがままで、そのナショナリストたちは社会を分断する自分たちの政策のために、帰属意識を語るナラティブを乗っ取ってしまった。そしてその過程で「倫理的な国家」は衰退してしまったのである。

二〇一七年、フランスのマクロン大統領はこうした帰属意識に関するナラティブの軽視という行動パターンを打ち砕いた。彼は全国規模のアイデンティティを二種類に区別する用語を生み出した——民族主義《ナショナリズム》と愛国主義《パトリオティズム》だ。彼は自分は愛国主義者だが民族主義者ではないと言う。愛国主義のナラティブは——それは共通の地域に帰属していることを語るものである——帰属意識に関するナラティブを民族主義者たちから取り返すためにも有効であるし、帰属意識を人びとのアイデンティティの中核に据え直すためにも有効だ。さらにイギリスの国民に対する最近の調査結果も、この戦略の有効性を示す証拠となる。調査では、「愛国主義」およびその他の多くの政治的概念から何を連想するか、国民全般に質問した。[10] そして大きな希望が持てる結果が出た。「愛国主義」から連想されるものの上位四つは「魅力的」「触発される」「満足を感じる」「心に響く」だった。この点、調査で問うたほかのすべてのイデオロギーと対照的だった。とりわけ驚くのは、全年齢層が、そしてその他の面では不安になるほどバラバラな政治的・社会的志向のグループに分かれた人びとが共通して、「愛国主義」にこのような好意的な反応を示したことだ。

愛国主義は国家が互いにどう振る舞うかという点でも、民族主義とは明確に区別される。自慢げに自国ファーストを掲げる民族主義者たちの論法では、国際関係はもっとも頑迷な国家が勝つゼロサム・ゲームだということになる。それに対してマクロンが掲げるような愛国主義は、相互の利益のために協力することを語る。マクロンはヨーロッパでは経済的な諸問題に関し、NATO内ではサヘル地域〔サハラ砂漠南縁部を指し、スーダン、マリ、ナイジェリアなど、武力紛争や過激派によるテロの問題がある〕の安全保障について、そして地球規模では気候変動に関して、新たな相互的なコミットメントの構築をかなりはっきりとした物言いで求めている。それでもマクロンはフランスの国益のためにやっているのだ。彼は功利主義者ではない。それはフランスでもっとも重要な造船所をイタリアの企業が買収しようとしたとき、フランスの国益をしっかりと守るためにマクロンが介入したことからもわかるだろう。だがいちばん大事なことは、民族主義とは異なり、愛国主義は攻撃的《アグレッシブ》ではないという点なのだ。

どんなナラティブでも言えることだが、特定の場所への帰属意識に関するナラティブも、行動と一致していなければ信頼されない。玉ネギの中心にあるのは故郷だ。その故郷に対する愛着が薄ければ、外側の各層も貧弱なものになる。若い人たちが帰属意識を失いつつある理由の一つは、家を買うことがきわめて難しくなってしまったことだ。人口に占める持ち家率は、帰属意識の中心部を知るための実用的な指標となる。そして後述するように、持ち家率を回復させるには賢明な公共政策が必要なのである。

特定の場所が共有された帰属意識の心理的な基盤となるとすれば、目的意識を持った行動はそれを補完することができる。公共政策の大部分はおのずから全国規模のものだから、そのような国民が相互の福利を促進する行動を下支えする共通の目的意識もまた、共有されたアイデンティティを生み出すことができる。相互性の範囲を規定する共有されたアイデンティティを受け入れて、互いに義務を果たし合えば、全員の暮らしぶりがいかにして徐々に向上するか、目的ある行動に関するナラティブはこのことを明かしてくれる。目的意識のある行動について政治家たちがどう言っているかに耳を傾け、共有されたアイデンティティを構築するものと、それを切り崩すものとに分類してみよう。戦時ならば、目的ある行動に関するナラティブはどう見ても相互の利益の促進を意味するから、当然ながら共有されたアイデンティティを強化する。一九四五－七〇年の奇跡の時代も、公的なナラティブは主として右と同じかたちのものだった。それが今、政治家たちが無思慮にも量産している目的ある行動に関するナラティブは、自分たちの利害は何らかの集団の利害と対立していると考える口実を与えるようなものばかりだ。政治家たちは人びとが対立的なアイデンティティを構築するよう盛んにそそのかしているが、そうしたアイデンティティは社会的に有害なのだ。利害の対立に関する個々のナラティブは、個別に見れば真実かもしれないが、それらが合わさると、集団的な福利をひどく蝕んで減退させてしまうのである。

政治家は何よりもまず、コミュニケーターだ。多様な文化と多様な価値観を抱えた社会では、相互の福利を増進するためには共有されたアイデンティティの構築が必要だ。それは容易なことではないが、リーダーたちの第一の義務でもある。場所に関するものにしろ、目的意識に関するものにしろ、共有された帰属意識に関するナラティブを避けて通ってきたことで、父権主義的国家が国家としての義務を果たす力を損われていくのを、政治家たちはいつの間にか促進してしまったのである。だが幸運なことに、私たちには未来がまだ十分残されている。

第4章 倫理的な企業

私が若かったころ、イギリスで全国一と評判の企業はインペリアル・ケミカル・インダストリーズ（ＩＣＩ）社だった。科学的な革新性を持つ巨大企業として大いなる名声を誇り、従業員は同社で働くことに誇りを感じた。このことは同社のミッション・ステートメントにも表れていた――「われわれは世界でもっとも優れた化学会社であることをめざす」。しかし一九九〇年代、ＩＣＩ社はこのミッション・ステートメントを変更した。「われわれは株主価値の最大化をめざす」となったのだ。いったい何が起きたのか、そしてどうしてこれが問題だったのか？

企業は資本主義の核心を成す。資本主義が（欲張りで、利己的で、腐敗しているとして）ひどく軽蔑されている原因は、主として企業の振る舞いの堕落にある。エコノミストたちもそれを助長してきた。ノーベル賞受賞者のミルトン・フリードマンも〔一九一二－二〇〇六年。米国の経済学者。一九七六年、ノーベル経済学賞受賞〕、企業の唯一の目的は利益を出すことだと、いんちきな叩き売りのように言い立てた（その主張の詳細は一九七〇年に『ニューヨーク・タイムズ』紙上で初めて明らかにされた）。フリードマンの考えが企業の経営者層に広まるにつれ、次第に彼の見解がビジネススクールのスタンダードになり、やがてＩＣＩのような大企業にも浸透したのだ。そして重大な結果をもたらした。

現代の資本主義の特徴の中で、人びとが不快に思う点を一つだけ挙げろと言われれば、それは先述のような利益追及への執着だろう。今日、「企業の第一の目的は利益を出すことだ」という意見と、「利益を出すことは多くの課題の中の一つであるべきだ」という選択肢を与えられたら、フリードマンに賛成する人びとは一対三の割合で少数派だ。この差はどの年齢層でも一定で、その他の問題については意見が割れている人たちの間でも変わらない(1)。

どちらが正しいのか――フリードマンか世論か？　ヒントはＩＣＩがどうなったかにある。フリードマンに触発された新たなミッション・ステートメントは社員たちにモチベーションを与え、同社を新たな高みへと飛翔させただろうか？　どんな会社のどんな社員だって、朝起きるなり「さあ、今日は株主価値を最大化してやるぞ！」などとは思わないのではないだろうか？　ＩＣＩのミッション・ステートメントの変更は、同社の役員たちの焦点が変わったことを反映していた。かつて同社は、世界トップクラスの化学会社になろうと努力し、それは従業員、顧客、そして自社の未来に注意を向けることを意味した。それが変更後は、配当で株主を満足させることに注力したのである。四〇代以下の読者のみなさんは、おそらくＩＣＩという社名を聞いたことがないだろう。なぜなら焦点の変更が壊滅的な結果を招いたからだ――同社の業績は下降し、買収されてしまったのである(＊)。

今や学界の意見も世論に賛同している。二〇一七年、英国学士院は旗艦プログラムとして「法人の未

（＊）このようなエピソードは大きなインパクトを持つことがある。二〇一八年一月、私はパキスタンの中央銀行で恒例の公開レクチャーをした。そこで目的意識を見失った企業の例としてＩＣＩを挙げた。講演を終えると、立派な風貌の男性が私に近づいてきた。その人はＩＣＩ社の幹部役員だったというのだ。私は浅学を詫びようと身構えたが、彼は抗議するどころか私に握手を求め、たしかに社内のどんな会議に出ても、経営陣はいつも株主価値ばかりにこだわっていたのだと言った。その男性も、真の目的を見失ったことが同社を破滅させたのだと思うと述べたのだった。

来」という研究計画を立ち上げた。オックスフォード大学の経営学教授で、同大学ビジネススクールの元学院長のコリン・メイヤーをリーダーとするこのプログラムは、「企業の目的は顧客と従業員に対する責務を果たすことだ」という提言を中心に据えている。収益性は目的ではない。収益性は、右の目的を持続可能なかたちで達成するために必要となる制約の一つなのである。なぜ企業はこんなにおかしくなってしまったのか？　そしてどうすれば公共政策でそれを是正することができるだろうか？

倫理的な企業か「吸血鬼イカ」か？

偉大な企業は人びとの生き血を吸う「吸血鬼イカ」のように振る舞う必要はない(*)。たとえばユニリーバやフォードやネスレのような大企業を思い浮かべてほしい。こうした企業の典型的な社員は会社の目的をどう語るだろうか？「株主のために稼ぐこと」なんて答えが返ってくるとみなさんは思うだろうか？　実際、本気でそんな哲学で運営されている企業は稀だ。ユニリーバの従業員たちならば、食品や石鹸を手頃な値段で――とくに貧困や疾病に苦しんでいる地域で――消費者に提供したいと思って働いていると答えるだろうし、そうした地域では、自己宣伝にばかり熱心なNGOなどより同社のような企業の貢献のほうが意味を持つのだ。フォードの従業員ならば、株主のことなどより、自分たちが製造している自動車の特徴について語るに違いない。私はインドネシアに出張したとき、ネスレの社員の一団に出会ったことがある。乳製品の製造所を運営している人たちで、それは農家の人たちに大きな可能性をもたらしたとのことだった。かつて地域の治安が悪化したとき、農家の人たちが町へやってきて製造所を取り囲んだ。製造所を守って略奪を防ごうとしてくれたのだという。こういう事業を目的にすれば、達成した従業員にとっても誇りとなる。企業というものは、このように従業員らが社会に貢献できるような雇用を生み出しているのである。

だがたしかに一部には、「金儲けこそが目的だ」と従業員たちが思っているような企業も存在するだろう。ある投資銀行は従業員に対してこれをあからさまに断言していた。入り口のロビーには、人を小ばかにしたこんなミッション・ステートメントが掲げられていたのである――「われわれが生むのはただ金《かね》のみ」。このろくでもない哲学に励まされ、頭脳明晰な行員たちはやがて当然のようにこれを「われわれが生むのはただ自分たちのための金のみ」と改変した。すると同行きっての才人らは、新たな戦略を編み出していった。フリードマン流の訓練を受けた経営陣でさえ、思いつくだけの才覚がなかったようなものだ。つまり従業員が自分のために金を生み出すのにきわめて効率的な方法があったのである。それは、従業員たちがたっぷり賞与をもらえるような取引を同行に積極的に行わせるというもので、実は銀行自体には将来的な損失のリスクを負わせるものだった。従業員らのこうした行動は、当然ながら同行を倒産させた。この銀行の名はベア・スターンズ。同行の破綻は二〇〇八‐〇九年の金融危機の引き金となり、両大戦以外に匹敵するものがないほどの損失を全世界にもたらしたのである。[十] アメリカにおける損失だけでも約一〇兆ドルと推定されている。

ＩＣＩとベア・スターンズの末路は重大な点を浮き彫りにする――企業には目的意識が必要だという

（＊）吸血鬼イカはゴールドマン・サックスを批判するのに使われた喩えだ。この戯画化が同社の姿を歪曲しているかどうかはともかくとして、少なくともイカについては当たっている。イカという生き物は知的で、非社会的で、利己的な悪賢さを持っている。だがエコノミストたちは人間がそうした性質を備えているという誤った見方をしている〔「吸血鬼イカ」（vampire squid）はコウモリダコの英語の俗称。一見グロテスクな姿だが、実際は主にプランクトンの遺骸などを食する比較的おとなしい性質の深海生物であり、「生き血を吸う企業」の喩えには本来はふさわしくない〕。

ことだ。ＣＥＯたちは自らの立場を活かし、従業員が共有できる目的意識をつくり出すことができる。実はこれこそが、経営上層部の中核的な責任であり、能力だろう。本書でもその生きた事例をすでに見てきた――ジョンソン・エンド・ジョンソンの「我が信条」を作り出したロバート・ウッド・ジョンソン・ジュニアだ。この「信条」は作られてから何十年ものちに、重要な役割を果たしたのである。

五〇年前、ゼネラルモーターズ（ＧＭ）は世界的にも歴史的にも類例のない成功を収めていた企業だった。収益性はきわめて高く、規模は巨大。それが二〇〇九年には破綻していた。手の施しようのないその衰退ぶりはあまりにも著しかっただけに、凋落の真っただ中でも（経営コンサルタントたちが繰り返し呼ばれ、何が起きているのかを分析させられた）、破綻後も、微に入り細を穿《うが》って分析されてきた。では何がＧＭの命取りになったのか？　それはトヨタである。[2]

　トヨタがアメリカの自動車市場に進出しつつあった頃、ＧＭの経営トップらは当初それを特定の地域の限定的な問題だと見ていた。トヨタ車を買っているのは沿岸部の消費者だけで、内陸の市場は安泰だ、と。このため、トヨタ車の伸びは簡単に説明できると彼らは考えていた――沿岸部の消費者たちはちょっと変わり者なのであって、次第に下火になるはずだ、と。だがＧＭにとっては不幸なことに、このご都合主義的な診断は間違いだと判明した。トヨタ車の人気は内陸部へと伝染していったのである。ＧＭは今度は新たに技術的な診断を下した――日本人の連中は産業用ロボットを使っている、と。この間もトヨタは驚くほど協力的で、日本の工場を視察するようＧＭを招いた。ＧＭのＣＥＯは日本へ向かう工場視察チームに「すべてを写真に撮れ。連中がロボットを使っているなら、われわれも使うのだ」と指示を飛ばした。だがＧＭがこの戦略を完全に軌道に乗せた頃、トヨタがどのように他社に差をつけていたにせよ、ロボットが原因でないことだけははっきりした。次の段階になると、トヨタはさらに寛大なことに、カリフォルニア州で合弁事業を立ち上げて、同じ車を造ろうとＧＭに持ちかけた。つまりまったく同じ車が製造ラインから続々と送り出されてきて、トヨタとGMのブランド名が交互につけられ、両社がそれぞれ販売したのだ。この段階では、トヨタはすでに信頼性という強固な定評を確立していた――トヨタ車はほとんど故障しない、と。実際、私たち夫婦は一九九八年に初めてアメリカへ移ったときにトヨタ車を一台購入したが、それから二〇年、私たちはまだその車に乗っている。こうした評判は市場でも威力を発揮した。カリフォルニアの製造ラインから送り出される寸分違わぬ両社の同型車は、トヨタ・ブランドのほうが三〇〇〇ドルも高く売れていたのである。結局、両社の違いは品質だということになったわけだが、何が差を生んでいたのだろうか？

　これより何十年も前に、トヨタは自社の従業員たちとの間に新たな関係を生み出していた。製造ラインの一般の工員たちは「QC（品質管理）サークル」という小グループに分けられ、品質管理を任されていた（皮肉なことに、品質管理という発想はアメリカ生まれだ。それを日本が熱心に採用した。日本の文化とうまく合致したのかもしれない）。品質管理の鍵を握るのは、自分のライン上の欠陥にいかに早く気づくかだ。経営陣は「異常は宝の山だ」という魔法の言葉を盛んに広めた。工員が何か異常に気づいたら、どうすべきか？　トヨタの経営陣が取ったもっとも大胆な方策は「アンドン・コード」と呼ばれる紐を導入したことだ〔ラインの頭上に張られた紐を引いてランプを点灯させ、製造ライン上の異常を知らせる仕組みを「あんどん（行灯）」と呼ぶ。これが「カイゼン（改善）」などトヨタ型生産方式とともに欧米で有名になり、英語でAndon cordとして知られる〕。この紐は製造ラインの全行程に張られている。ライン上で異常を発見した工員は誰でも手近な紐を引けば、ライン全体が停止するという仕組みだ。製造ラインを使った生産は高度に統合されている

（十）ベア・スターンズ自体は米国財務省の要請により、JPモルガンに買収されて救われた。だが実質的に破綻していたことは知れ渡っており、それが同行よりもはるかに大規模な銀行に対する取りつけ騒ぎのきっかけになった――リーマン・ブラザーズだ。この銀行は救済するには巨大すぎたが、その破綻が壊滅的な影響を残さずにはいられないほど巨大すぎたとも言える。

から、その性質上、ラインを止めるととてつもないコストが発生する。トヨタの工場では、ラインを止めるとその損害は一分当たり一万ドル。つまり工員が無駄にラインをストップさせると、わずか数分で本人の一年分の生産額をはるかに超える損失を会社にもたらすことになる。したがってこの方策は、従業員が会社のために働いてくれるはずであって、その逆はあり得ないと、経営陣が工員たちを真に信頼していることを示していた。別の言い方をすれば、従業員たちの目的意識が会社のそれと合致しているかどうかにかかっているのだ。私としては、トヨタの従業員たちが「私は株主価値を最大化するのだ」と考えていたとは、とても思えないのである。

　これはＧＭの品質管理に対する姿勢とまるで違っていた。ＧＭは完成車からサンプルを抽出してチェックするという従来型のやり方を採用していた。やがてＧＭに新たに着任したＣＥＯが問題の本質を理解した。企業文化を変えねばならなかったのだ。ＧＭの経営陣と全米自動車労働組合との対立も、相互に信頼し合って乗り越える必要があった。「日本の連中がロボットを使っているなら、われわれも使うのだ」という方針は、「日本の連中にアンドン・コードがあるのなら、われわれにもアンドン・コードが必要だ」というものに変わった。ＣＥＯの指示により、ＧＭの全製造ラインにアンドン・コードが導入された。ところがＣＥＯが企業文化の刷新を唱えるだけなら簡単だが、製造ラインを担当しているきまじめな管理職たちは、工員たちの実情をより深く理解していた。だから実際はどんなことになるかをよくわかっていた。現場には何十年にもわたって不満が蓄積し、それを一夜にして解消することなどできなかったのだ。だから会社に大損をさせるチャンスがあるとなれば、一部の工員たちはそれに乗じるに違いなかった。つまり工員たちは問題があったと偽ってアンドン・コードを引き、生産性は急落し、ライン管理者たちが責任を問われることになる。こうした現実を無視できず、ＧＭはアンドン・コードをむやみに引けないように天井近くに設置した。[*] 企業文化を変えようとのＣＥＯの試みは、かえって経営陣が従業員らを信用していないことをあからさまに示すことになってしまったのである。こうして相互に対立するアイデンティティはなおさら強固になってしまったのだった。

企業とサプライヤーたちの間も同様だった。トヨタは何年もかけて部品の仕入れ先と協力的な関係を築き上げた。トヨタもサプライヤーたちも、よりよい最終製品を造るために、より高品質な部品を造るという共通の課題を抱えていたからだ。この課題を乗り越えるには長期的な視野が必要だ。市場の状況によって、トヨタが支配的な立場になることもあれば、サプライヤー側が力を持つこともある。もし両者がそのときどきの優位性に乗じたとしたら、長期的には共倒れになるだろう。こうして両者は次第に互いを信頼するようになっていった。これに比べてＧＭは常に厳しいタフ・ガイを演じることを誇りとし、可能とあればいつだってサプライヤーたちから限界まで搾り取った。そして変わらねばと気づいたときには手遅れだった。従業員たちとの関係と同様、ＧＭでは社内の根深い思考方法が足かせとなったのである。

ドイツのウォルフスブルクを拠点とするフォルクスワーゲン社でも、従業員たちに聞けば、自社の目的は本当にいい車を造ることだと答えるに違いない。何年も前からそうだった。それに対してイギリスのウォルフスブルクと言うべきは、ブリティッシュ・モーター・コーポレーション（ＢＭＣ）の拠点があったオックスフォードだろう。この両社の企業文化の違いは、トヨタとＧＭの場合によく似ている。あるとき、私はドイツのスタジアムでサッカーの国際試合を観戦していて愕然とした。フォルクスワーゲンの社員らしいドイツ人の観客たちが「ＶＷ」〔フォルクスワーゲン社のイニシャル〕という文字が入った旗を、テレビカ

（＊）ＧＭの現場管理職のこうしたやり方について、タイレノール問題の危機に直面したときのジョンソン・エンド・ジョンソンの現場管理職らの態度と、そしてその背後にある考え方を比べてみてほしい。

メラの前で誇らしげに振っていたのだ。イギリスのＢＭＣの社員では考えられないことで、実際、ＢＭＣはやがて相次ぐストライキのために倒産してしまった。だがフォルクスワーゲンも二〇〇六年に大きなスキャンダルに見舞われた。アメリカの排ガス規制検査で虚偽の数値が出る装置が同社のディーゼル車に搭載されていたのだ。従業員たちがこんな装置を開発したモチベーションはいったい何だったのだろうか？ 単に自分のボーナスのことを考えていたのか？ 私はそうではないと思う。むしろ従業員たちの思いは同社の目的意識と完全に一致していたが、検査を導入したアメリカの法規制のねらいには同調しなかった、という可能性が高い。おそらく従業員たちは、この法規制はドイツ社の輸入を制限するためのアメリカの姑息な手段だと考えていたのではないか。あるいはこの検査は単に形式的なものだと思っていたのかもしれない。もちろん、こんな装置を搭載したことはまったくの過ちだった——同社は公害という要素を加味して「いい車」のビジョンを刷新することを怠ったのだから。この装置を搭載するという同社の選択は、ビジョンにとどまらず、業績面でも壊滅的な打撃をもたらした。しかしだからと言って、民間企業の労働者たちは欲と不安に駆られてばかりいるのだと憶断することは、私を含め、公的部門でぬくぬくと仕事をしている人たちの多くが抱く侮蔑的な錯覚である。実はデータによれば、仕事の満足度は民間企業のほうがかなり高いようなのだ。たとえば、体調不良を言い訳に仕事をサボる人は民間企業のほうがはるかに少ないのである。

　要するに、資本主義には本質的に汚いところがあるわけではないのだ。収益は企業の目的を規定するものではなく、企業に規律を保たせるための制約なのである。しかし現実には、ベア・スターンズやＩＣＩやＧＭの事例は、何かがひどくおかしくなってしまっていることを示している。それはいったい何だろうか？

企業の手綱を握っているのは誰か？

答えは、企業を支配する力が間違った人びとに握られている、ということにある。資本主義という名称のとおり、企業の所有権は企業に資本を提供してくれる人びとに付与される。その理論的な根拠は、リスクを負って投資する人たちこそ、その企業を支配すべき理由がいちばん大きいし、経営陣に目を光らせておくインセンティブももっとも強いということだ。だがこうした理論的な根拠は、現実からどんどん遊離してきてしまったのである。

企業が破綻すると多くの人びとが苦しむことになる。そのリスクを負うのは資本を投資した人たちにとどまらず、はるかに多くの人びとに及ぶ。もっとも多くを失うのは、おそらくその企業に長年勤めてきた従業員たちだろう。ベテラン社員はその会社でしか通用しないスキルや評価を蓄積してきたはずだから。さらに、その企業が地域に多くの雇用を生んでいる場合、そこに持ち家がある人たちにも大きな資本損失が発生するだろう。

顧客も苦しむことになる。細かい話としては、二〇一七年にモナーク航空が倒産した際、一〇万人が旅の足を失って立ち往生した事例が挙げられる〔英国の大手LCCだったモナーク航空は突然破綻を発表して運行を停止したため、発表時点で国外にいた一〇万人余りが帰国の手段を失う事態となった〕。より深刻な面では、サプライ・チェーンは複数の業者間に相互依存性を生み出すため、供給先の企業の破綻はウイルスのようにグローバル経済全体に感染していく。だからリーマン・ブラザーズのような中堅投資銀行の破綻が、二〇〇八年の世界的な金融危機ほどの惨状をもたらしたのである〔いわゆるリーマン・ショック〕。

株主と同時に、融資のかたちで資本を提供した人たちも損害を被るが、所有権に基づく権利を行使できるのは株主だけだ。一方、その株主たちはまったく損害を被らずに済むこともある。私は大学教授として、全英の大学をカバーする年金基金から年金をもらえることになっている。その基金はさまざまな企業への株式投資で運営されているわけだが、その中の一社が潰れたら私の年金は影響を被るだろうか？ ありがたいことに、大丈夫なのだ。なぜなら株主としての責任は大学制度が全体として負うことになっているからだ。契約によれば、何校かの大学そのものが破綻したとしても、負債は生き残った全大学に移管されることになっている。では各大学はその損失分にどう対処するか？ 最終的には、私に年金を払うための負担は代々の学生たちに負ってもらうことになるはずだ。本書を読んでいるイギリスの学生諸君に私は心から謝意を表する。だがそんなリスクを負ってもらっているというのに、私の年金基金が株主となっている企業に対して、学生諸君は何らかの権利を行使できるだろうか？

　企業が責任を果たすべき相手は、その企業の長期的な業績を真剣に考えるモチベーションがあって、経営上の過ちを発見できるだけの見識を持った人たちであるべきだ。しかし株式が多くの人びとに分散して保有されていると、いわゆる「タダ乗り」の問題が生じる――経営陣の長期的戦略が妥当かどうか、株主たちには気にするだけの当事者意識がなくなってしまうのだ。ドイツでは、銀行が企業のお目付役を果たしている。株主の代理で株を保有し、企業経営に積極的に参画しているのである。アメリカやその他の大部分の国々では、成功した企業ではその創業者たちがブロック株主となって、企業経営に目を光らせている〔ブロック株主とはある企業の一定以上の割合の株を保有する大株主で、ここでは企業経営に関与するインセンティブのある大株主を指している〕。これに対してフリードマン流のビジョンを全面的に実現している国は、世界中でたった一国、イギリスだけだ。この国では企業は何百万人という株主のために収益性に束縛され、株主たちはその企業の収益が伸び続けない限り、保有する株を市場で売り飛ばして企業に責任を取らせようとするのである。こうしてイギリスは経済的なイデオロギーの有効性を試す実験用のモルモットにされてきたのだ。イギリスでは、銀行は企業経営からはるかに離れて、かかわらないようにしてきた。創業者一族も税制の都合で株式を手放してきた。だから企業の法的支配権はもっぱら株主たちの手の中にある。その株主の八〇パーセントは年金基金と保険会社であり、彼らの魔法の呪文は「その企業が気に入らなければ、株を売ってしまえ」である。今や彼らの判断は主としてコンピュータ内のアルゴリズムに基づいており、最近の株価の変動から今後の推移について精緻な推論を導き出す。事実、株式市場の取引の約六〇パーセントが自動化されているのだ。そんな世界におけるスーパースターと言えば、社会の中の抜きん出た数学的な頭脳の持ち主たちであり、彼らは株価の変動パターンを見抜くための天才的なアルゴリズムを考案し続けているのである。そこには当該の企業自体について、またその経営陣、従業員、将来の見通しといった、長期にわたって企業経営に関与して初めて獲得できる直接的な知識がまるで欠落しているのだ。

では企業の経営陣としては、年金基金に自社の株を売却されてしまうとどんな問題があるのだろうか？　イギリスでは、経営陣にとって最大の脅威はライバル企業に乗っ取られることである。それは企業の株価が低いほど危ない。企業の所有権のあり方の違いがどんな結果をもたらすか、二つのチョコレート会社の事例を見るとよくわかる。アメリカのハーシー社とイギリスのキャドバリー社だ。ハーシー家はブロック株主であり続けてきたが、一方、キャドバリー家はクエーカー教徒の慈善活動のお手本とばかりに、株を市場で売却してしまった。するとチョコレート業界への進出を図った食品大手のクラフト・フーズ社がキャドバリーをねらい撃ちし、株主だった各種年金基金もあっさり株を売り払ってしまった。こうして株を握られたキャドバリーは独立した企業ではなくなってしまったのである。こうしたわけで各企業では、キャドバリーのような運命を避けるために役員会が事実上の権力を握っている。役員会は四半期ごとの利益に目を光らせ、ＣＥＯを解任すべきかどうかを判断するのだ。このため今や一般にＣＥＯの在任期間はわずか四年になっている。

次第に、ＣＥＯの報酬は短期的な業績の指標とますます連動するようになってきた。中でも問題が先鋭化しているのがイギリスとアメリカだ。どちらも金融市場が世界でもっとも「発達している」国であり、CEOの在任期間がもっとも短い国でもある。そしてこの傾向は徐々に金融系以外の企業のCEOの報酬にも伝染してきた。負うべきリスクが増大していることを反映して、CEOの報酬は社内の平均給与の伸びをはるかに上回るペースで伸びている。イギリスのCEOの報酬は、三〇年前は一般従業員の報酬の三〇倍だったが、今日では一五〇倍へと上昇。それでもアメリカに比べれば報酬抑制のお手本と言うべきだ。アメリカでは三〇年前に二〇倍だった報酬の差は、今や二三一倍だ。しかしながら、客観的な指標で測ってみると、この同じ期間で企業の業績全般はほとんど伸びていないのである。CEOの報酬の高額化が業績向上によるものでないことは明らかだろう。しかしだからと言って、高額報酬は単にCEOが負うべきリクスの増大を埋め合わせているだけでもないのだ。大企業で社員の給与を決めている報酬委員会のメンバーたちは、人脈で結びついたネットワーク型のグループを形成している。同類の諸集団と同様に、ここでもナラティブが次第にある一定の信念の体系を構築していくのだ。前章で述べたように、私たちの社会におけるアイデンティティは時代とともに、国籍に基づくものから種々のスキルに基づくものへと分裂してきた。この壮大なプロセスの一つの縮図として、CEOたちにとっての仲間集団《ピア・グループ》の変化を挙げることができる。すなわちそれは社内の同僚たちから、他社のCEO仲間へと変化してきたのである。その結果、報酬委員会のメンバーたちの仲間内で、「公正」な報酬の基準が徐々に高額になってきたのだ。ある重役によると、「あの会社のあいつが五〇〇万ドルもらって、おれは四〇〇万ドル。こんなの不公平だ」と同僚が言っているのを聞いたことがあるそうだ。この問題の核心にあるのは欲なんかではない。CEOの多くは快楽主義者などではなく、やる気に溢れた仕事人間《ワーカホリック》なのだ。右のような不満の原因は、アイデンティティのあり方が変わったために、仲間から得られる威信の出どころも変わったことにある。あの年俸四〇〇万ドルのCEOは、あと一〇〇万ドルあったら何が買えるだろうか、などということを考えていたわけではないだろう。次回のダボス会議（世界経済フォーラム）で顔を合わせたとき、年俸五〇〇万ドルのＣＥＯに嫌味な同情を示されるのを想像して悔しがっていたのではないだろうか。

金融業界は喧伝した通りのことを実行してきた。気前のいい報酬をインセンティブにして、企業に短期的利益を追求させるべきだ、と金融業界は言ってきたのだが、その手前、自分たちも同じモデルを採用すべきだというわけなのだ――それももったいをつけずに。金融業界は従業員の給与の伸びを大きく上回るＣＥＯの報酬の高額化を先導してきた。その比率は銀行では今や五〇〇対一だ。金融危機などどこ吹く風。おかげで頂点へと上り詰める人材の倫理的な考え方も変化した。ドイツ銀行ではエドソン・ミッチェルが重役に就任したが、この人物はきまじめさが特徴だった同行の企業文化を、野放図な浪費の文化へと変貌させてしまったのである。ミッチェルについては「金だけが目当ての連中を雇い上げた……連中は倫理など眼中になかった」との証言もある[3]。倫理的にぽっかり穴が開いていたのだ――金曜の晩になると、ドイツ銀行のトレーディング・チームは勤務後にいかがわしい店で踊り子たちに色目を使い、クリスマス・パーティでは売春婦を雇って幹部社員らを接待させた。それにミッチェルは家族に対する義務というものを公然と軽蔑していた。世界最大の銀行へと急激に膨張したこの銀行は、むしろ売春宿にふさわしいような倫理観を持った人物らによって運営されていたのである。やがてミッチェルは飛行機事故で墜落死した。そしてドイツ銀行も同じ運命をたどったのだった〔ミッチェルは二〇〇〇年一二月に小型機の墜落事故で死亡した〕。

ヒエラルキーの下のほうでは、ファンド・マネジャーたちは運用を任されている株式の四半期ごとの株価で業績を判定される。こんなやり方が可能なのは、資産管理という分野では、業績を単一の基準でいとも簡単に測定できるからだ。しかし本当に必要なものに報いる報酬制度を設計するのはとても難しい。資産運用担当者《アセット・マネジャー》たちは短期的な業績でたっぷり報酬をもらっている。だから自分たちが投資する企業も同じ基準で評価しているのである。

株主支配がもたらしたもの

これは年金基金にとって結局のところ賢明な戦略なのだろうか？ CEOとして企業の手綱を握ることとは、四半期ごとの利益を伸ばし続けるための死闘になってきている。それはCEOにとって、ストックオプションを行使できるようになり、黄金のパラシュートでこの戦場から離脱できるまで続く。そうなると、CEOにとって賢い戦略とは何だろうか？ それは四半期ごとの利益をできるだけ大きく、それもできるだけ早く、急伸させることに決まっている。こんな現実を英国産業連盟（CBI）のキャロリン・フェアバーン事務局長はこう評価している――「企業目的を犠牲にして、株主価値に執着しすぎだ」[4]。CBIはイギリスの大企業のロビー団体だ。つまりこれはその事務局長の発言であって、夢想家の急進主義者の発言などではない。

四半期ごとの利益を急伸させるには、CEOはどうすべきか？ 三つの選択肢を検討してみよう。オプション1――ジョンソン・エンド・ジョンソンのような、企業自体と、従業員、サプライヤー、顧客の間に良好な信頼関係がある会社を築くこと。これは最終的には大きな成果を得られるが、問題はそれまでに長い時間がかかることだ。オプション2――生産に不可欠でない経費をすべてカットすること。これは企業自体にとっては痛みを伴ったとしても、社会にも価値があるかたちで企業の効率性を高めてくれそうに聞こえる。しかし実際は歴代のCEOたちがすでに企業の贅肉は落としてしまっているだろうから、生産に即座に影響することなくもっとも容易にカットできる出費は投資ということになる。当然ながら、投資をカットすると、時期が来れば生産高に悪影響が出るはずだ。だが時期が来た頃には、どうせそのCEOは交代してしまっているだろう。オプション3――生産や投資に関する重要な経営判断なんかに時間を浪費せず、会社の経理をいじること。経理の素人である私たちとしては、会計士たちは帳簿のつけ方に明確なルールを設定しているはずだと思っている。だが実際には利益を増やしたり減らしたり、ある子会社から別の子会社につけ替えたりできる多くのグレーゾーンが存在するのである。(5)

自分がCEOだったとしたら、みなさんはどのオプションを選ぶだろうか? 私たちは二番目のオプションがアメリカとイギリスのビジネス界で現実なっているのを目にしている。企業は高収益を誇っていながら投資をしようとしないのだ。このような態度に関する驚くべき証拠がある。それは株式が市場で取引される公開会社と、株式が市場で売買できない非公開会社との間の、投資率の対照的な数値だ。公開会社の投資率が二・七パーセントなのに対し、非公開会社は九パーセント。イギリスは自国の経済規模に対する金融業界の規模が主要先進国の中で最大だが、研究開発への企業の投資率は先進諸国の平均値を大きく下回っている。(6)

当たり前のことだが、長期的な視野を持っている企業に比べて、四半期ごとの利益ばかりを追い求めている企業は――収益性という物差しで比べても――長期的な業績が悪い。しかし前任のCEOが投資を削れるだけ削ってしまっているとしたら、オプション3を選ばざるを得ないかもしれない。その性質上、あまりに極端にやってごまかしが露見でもしないかぎり、この選択肢を選んだかどうかは見分けにくいものである。だが現実にはたびたび露見しているのだ。アメリカの伝説的な事例がエンロン社のケースだ。イギリスで同等な事例と言えば新聞大手ミラー・グループのロバート・マクスウェルCEOと百貨店チェーンのブリティッシュ・ホーム・ストアーズ（BHS）のフィリップ・グリーンCEOだろう。前者はかつて議員らから調査を受けて「公開会社を経営するのにふさわしくない」と断定されたことがあり、後者は実はナイトの爵位を授与されている。二人はそれぞれ自社の年金基金の資金を枯渇させ、何千人もの従業員を困窮させた。マクスウェルは不正が露見しようかというときに自身の豪華ヨットから海に入り死亡。BHSのグリーンも豪華ヨットを持っているが、批判者たちは「BHSデストロイヤー号」と呼んでいる。今後は豪華ヨットの所有を「創造的会計処理」〔粉飾決算のこと〕の可能性を示す先行指標としてはどうだろう？〔米国総合エネルギー会社のエンロンは巨額の粉飾決算などで二〇〇一年に破綻。マクスウェルは巨大複合メディア企業を築いたが、一九九一年に海上で急死した後（自殺も疑われたが、心臓発作と言われている）、ミラー・グループの年金基金の資産不正使用などの疑惑が明らかになり、同グループは九二年に倒産した。グリーン卿はBHS本体や同社年金基金に巨額の負債をもたらしたにもかかわらず、自身は莫大な資産を築き、現在も富豪の実業家として知られている〕

オプション2と3は結果的に社会に深刻な損害を与える。大企業が長期的展望に適切な注意を払わずに運営されてしまうからだ。それにそうした企業が公表する決算も信頼できなくなってしまう。

しかし、ことはこれだけでは済まないのだ。これまで私たちは、多くのCEOが優良企業を築く長期的なプロセスではなく、短期的な小手先の技にますます精力を傾けるようになっていることを見てきた。しかしCEOと従業員の報酬格差が拡大するにつれ、長期的アプローチを採ろうとしているCEOや役員たちにとっても、困難が増しているのである。ジョンソン・エンド・ジョンソン、インペリアル・ケミカル・インダストリーズ（ICI）、フォルクスワーゲン、そしてトヨタのエピソードからもわかるように、長期的戦略を成功させる鍵は、企業と自己同一化するよう従業員を説得することにある。そしてそのためのナラティブは、上層部の行動がそれと矛盾していては魔法の力を発揮できないのだ。自分は従業員の平均の五〇〇倍もの報酬をもらいながら、「私たちは運命共同体だ」などと社員たちに言ってみても、そうとう辛辣な冷笑が返ってくるだけだろう。製造ラインで働く労働者はこう考えるようになるかもしれない――「あんたは権力を利用して会社からぼったくっているんだから、おれもちょっと休憩したくなったらアンドン・コードを引っ張ってやるさ」と。トップが言行不一致では、うまくはいかないのだ。

さて、では現在の年金基金の戦略は賢明なのだろうか？　はっきり言って、そうではない。年金基金は支給期間が来た人たちにまともな年金を支給できなければならないという、明白な責務を負っている。そしてこれを果たせるかどうかはたった一つの要因にかかっている――保有資産が生み出す長期的利益だ。これは各年金基金が株式を保有する一群の企業の長期的業績に依存する。総体的に、年金基金は市場がもたらす利益を上回ることはできないから、年金を支給するという責務を果たせるかどうかは、経済活動をしている諸企業の長期的業績に左右されるわけである。長期的利益を出すという課題から諸企業の経営陣の関心を逸らしてしまったことで、年金基金は自らの責務を果たすための能力を低下させてしまったのである。

打つ手はあるか？

気が滅入るような失敗の数々から、今や実際的な解決策へと転換すべき時である。幸運なことに、これまで見てきたさまざまな問題は資本主義の不可避の特徴ではなく、公共政策の誤りの結果であり、修復可能なのだ。公共政策がおかしくなってしまったのは、時代遅れのイデオロギー同士の執拗な抗争が本質を見失わせたからなのだ。右派のイデオロギーは「市場」への信念を主張し、あらゆる政策介入を蔑視している。彼らの言う解決策はこうだ――「政府にビジネスの邪魔をさせるな。規制を撤廃しろ！」。一方、左派のイデオロギーは資本主義を蔑視し、企業や基金の経営者たちを強欲だと糾弾する。彼らが言う解決策は、企業の国家管理と、経済の管制高地の、つまり戦略的な中枢部門の国有化だ。こうした原理主義的なイデオロギーはどちらも根拠薄弱だが、それでも両者は世の議論のさまざまな前提条件を規定してきたのであり、生産的な思考を阻害してきたのである。

新たなアプローチの出発点は、社会における大規模な組織の役割が今まできちんと考え抜かれてこなかった、という事実を認めることだ。大企業を経営する取締役会は、社会にとってもきわめて重要な判断を下しているのである。それなのに現在の大企業の構造は一貫性のない個々の判断によってかたち作られてきたもので、その判断の一つひとつはさらなる予想外の判断へとつながってきたのだ。合衆国憲法とそれに基づくアメリカの統治制度を生んだ真剣かつ洞察に富んだ公的な議論は、論文集『ザ・フェデラリスト』に体現されているが〔合衆国憲法批准を推進するために書かれた一連の論文を集めたもので、連邦制や公権力のあり方をはじめ、統治の原理や哲学的根拠などを詳細に論じた〕、今日のコーポレート・ガバナンスのシステムが構築されてきた過程には、そんな議論のかけらも見られなかったのである。企業に対する公共政策はことあるごとに付け足されてきたものだから、企業の管理という根本的な問題にこれまで一度もきっちりと取り組んでこなかった。だから実現可能な解決策があるとすれば、その出発点はまず、企業を管理する法的権限にかかわる利害関係のバランスを回復することだろう。

企業内の権力構造を変えること

現在、英米系の経済圏では、企業の重役らは自社の所有者たちの利益のために会社を経営することを法的に求められている——たとえば、これがイギリスの会社法の一般的な解釈だ（実はもっと広い意味合いにも取れるのだが）(*)。そして企業の所有者とはもっぱら株主のことを指す。このような仕組みは資本主義に初めから備わっているものではない。こうした考え方が出てきたのはなぜかと言えば、企業というものが勃興し始めたばかりの十八世紀には、ある程度の規模を必要とするリスクの高い投資が必要で、そのために十分な資金を集められるかどうかが企業の成長を左右する制約要因だったからなのだ。だがそんなことはもはや乗り越えられている。今や株主が経済的損失を被るリスクは、多様化、情報、それにコーポレート・ガバナンスに対する監視などによって、常に対処できるようになっている。リスクの高い投資に乗り気な資本にもこと欠かない（それはITバブルやそれに続く抵当証券ブームが証明している）〔一九九〇年代末に米国を中心にIT関連企業に対する投資が加熱し、二〇〇一年には株価が急落してバブルが崩壊した。二〇〇〇年代初頭には米国の信用度の低い住宅ローン（サブプライム・ローン）とそれを証券化した金融商品が世界的なブームとなった。〇七年ごろから焦げつきが相次ぎ、金融危機につながった〕。今では議決権のない株式を進んで買う人も多い――ほかの株主たちと同様のリスクを負うが、企業に対する支配権は持たないというものだ。おそらく今や分散化されていない最大のリスクは、一つには勤続年数の長い従業員らが負うリスクだろう。自分自身という人的資本をたった一つの会社に投資してきたのだから。もう一つは長期的かつ構造的に供給を特定の会社に依存するかたちになってしまった顧客が負うリスクだ。そうした顧客はリスクを負うわりには、普通は取締役会に代表を送り込んではいない。右の両者のいずれかの代表を取締役会に入れることはまったく可能なことであり、実際にそうなることもある。そうした会社は「相互会社」と呼ばれる。

イギリスでもっとも評判の良い企業はもはやICIではない――今やそれはジョン・ルイス・パートナーシップだ〔十九世紀創業の百貨店「ジョン・ルイス」などを展開するイギリスの大手百貨店チェーン〕。見事な成功を収めてきたこの老舗の企業は、きわめて特異な権力構造をしている。従業員らの利害を代表する財団がこの会社を所有しているのだ。こうし

（＊）会社法の文言を詳細に読むと、もっと広い視野をもつよう経営陣に奨励しているのだと、エコノミストのジョン・ケイ氏が私に教えてくれた。だがこのことを私がある大企業の会長に指摘すると、彼は首を横に振り、自分は株主の利益のみに注意を払うことを法的に要請されているのだ、と請け合った。文言の解釈は文化によって異なるのである。

た関係を反映し、従業員たちは同社の利益の相当程度を年次ボーナスとして受け取っている。そればかりか、CEOにとってうま味があることは、現場の店員にとってもうま味がある。CEOと店舗の店員とは同じ割合で利益の分配を受け取るのである。すべての従業員は地方、地域、全国の各レベルの委員会を通じて経営のあり方に意見を言うことができ、同社の運営審議会委員の八〇パーセントを選挙で選んでいる。ジョン・ルイス社を一例とする相互会社は、株主ではなく、従業員や顧客など直接的に利害関係を持つ人びとによって集団的に所有されている。会社が新たに雇用した従業員や、新たに獲得した顧客らは徐々に権利を蓄積していき、退社したり関係を絶った人びとと入れ替わっていく。会社の所有権と支配権は意図的に、会社の操業に参画する人びとに、したがってその業績に直接的な利害関係を持つ人びとに与えられているのである。

かつては多くの企業がこうした経営構造をしていたが、これには一つだけ致命的な誘惑が付きものだ。それは企業の所有権と支配権を持つ人びとが、自社を相互会社という形態から、株式を金融市場で売却できるかたちの企業に転換させる法的な権利を持っていることである。そうなった場合、現在「オーナー」となっている人びとは、これから先のすべての世代の利害関係者を犠牲にして、自社の資産価値のすべてを手にすることになってしまう。イギリスでは、一九八六年の法改正によって相互会社を株式会社へ変更する余地が生まれた。それまでの法律は、そうした変更は非倫理的だと考える社会的規範に基づいていた。しかし一九八〇年代の金融業界の新たな文化は、義務感という規範を弱体化させてしまったのだ。そして時として、この誘惑の力はあまりにも大きかったのである。

こうした新たな倫理観が生んだチャンスを見逃さなかったのが、アメリカのゴールドマン・サックスの一部の共同経営者《パートナー》たちだ。おかげで彼らは歴代のパートナーたちが味わってきた窮乏から逃れることができた。その一団は人並み外れた品位よりも、人並み外れた金銭感覚で有名だった〔同社は一九九〇年代半ばに業績が一時的に悪化して一部のパートナーたちも危機に瀕したが、一九九九年に株式を公開し、重役たちが莫大な富を手にしたと言われている〕。イギリスでは、おおかたの住宅金融組合（アメリカ式に言えば貯蓄貸付組合）が株式会社に転換した。その最大手だったハリファックス住宅金融組合は長き歴史を誇る大会社だった。イングランド北部の小さな町のささやかな組織から、一五〇年をかけて金融大手に成長し、何百万人という人びとに住宅ローンを、そしてさらに何百万人もの小額預金者に保証を効率的に提供した。やがて株式会社化することで所有権の構造が変わり、このすばらしい会社の経営陣は素人の組合員による支配という足かせから自由になった。そしてイギリス最大の銀行に成長したこの企業は、四半期ごとの利益を注視するファンド・マネジャーらの専門的な監視に委ねられることになったのだった。当時、エコノミストのジョン・ケイは重役会に名を連ねており、株式会社化の結果を見つめていた。[7] ケイによると、自由を手に入れた経営陣は、小額預金者から集めた預金を住宅購入者に貸し付けるという従来の退屈な商売にとどまらず、ビジネスを多角化すれば四半期ごとの利益を増やせると判断した。そして大儲けの鍵は金融派生商品《デリバティブ》の市場で勝負することにあると見た。こうした市場でのギャンブルは、ほかのプレイヤーたちが損をしない限り自分は得をしないのだと、ケイは経営陣に指摘した。そしてどうしてハリファックス銀行が勝ち組になれると思うのかと問いただした。するとＣＥＯは、格別に優秀なチームを雇い上げたからだと答えたという。ケイは実際にそのチームの面々に会ってみた結果、ＣＥＯの自慢話はあまりあてにならないと感じた、と簡潔に評した。ところが同行の利益はこの新たな戦略に乗って急伸し、ＣＥＯの正しさが立証されたかに見えた。そしてすぐに躓いた。ハリファックス銀行は別の銀行に救済されるはめになり、巨額の損失が次第に明らかになっていったのだ〔二〇〇七年にスコットランド銀行に吸収されたのち、二〇〇九年にロイズ・バンキング・グループに買収された〕。専門家のファンド・マネジャーたちは経営上の著しい愚行を指揮した結果、零細な組織から一五〇年をかけて世界的な企業になった銀行を、わずか一代で破綻させてしまったのである。でも、私は個人的には文句を言える立場にはない。ずいぶん昔、母が私の小遣い用にと、ハリファックス住宅金融組合に口座を開設した。私は長年、その口座を廃止せずに放っておいた。だから株式会社化によって私の利子分は株式に転換され、私はそれを売り払って思いがけない臨時収入を得たことがあるのだ。

そんなわけで、事実が示しているのは、従業員の利益代表者を取締役会に加えて法的権限を与えるべきだということだ。そしてそうした変化は決して現実的でないわけではない――ドイツでは以前から、企業は従業員の利益を代表するような法的構造になっていなければならない。しかもそれでひどい目に遭うどころか、ドイツの企業はずば抜けた成功を収めてきたのだ。しかし、まだ問題はある。企業の従業員やオーナーたちが共謀し、代表されていない人たちの利益を搾取するようなことは、どうしたら防げるだろうか？　つまりユーザーたちの利益はどうしたら守れるのだろうか？

企業の「生息地」――生存競争を勝ち抜くために

企業は一定の「生息地」の中で、それぞれに「隙間《ニッチ》」を見つけて生きている。その生息地内の生存競争こそが規律をもたらし、企業を顧客の利益に奉仕させるのだ。生物学の用語を経済学の用語に翻訳すれば、生息地は市場に、生存競争は企業間競争となる。生物は進化の力によって環境にうまく適応していくわけだが、経済の世界では資本主義の良い意味での動態力学《ダイナミクス》がそれに相当する。生き残りをかけて互いに競争することで、企業は自社の製品をより良く、より安くしようとし、私たちみながその恩恵を受けるのである。

競争の敵は既得権益だ。利権というものはその力によって広範な戦略を用いて競争の阻害要因をつくり上げる。振れ幅で言えば、合法的なものとしてはロビー活動がある。これは特権を追い求めて貴重な資源を浪費する巨大な分野に育ってしまった。振れ幅の真ん中あたりに来るのが汚職だ。許認可や判決を「売る」という職権乱用や、市場の独占を認めてやるといったことだ。これまでに明らかになった事例として、南アフリカのジェイコブ・ズマ元大統領が自らの事務所を通じ、インドの富豪、グプタ一族のビジネス帝国から受けた恩恵の見返りに利益供与をしたことなどがある。最後に、もっとも極端なやり口は国家をまるごと乗っ取ることである。

共産主義に付きものの中央集権化は説明責任《アカウンタビリティ》を排除してしまったため、既得権益がはびこることになった。おおかたの人はこのことを理解している。たとえば資本主義が汚職まみれであることを示す複数の調査は、その一方で、共産主義のほうがさらに汚職と密接なつながりがあることを示している。北朝鮮のキム王朝三代のグロテスクなライフスタイルを見ればわかるとおり、全権を握る国家は既得権益を防止するどころか、それに究極的な勝利をもたらすのだ。共産主義社会は市場という生息地を排除してしまった結果、あまりにもひどい機能不全をきたした。だから厳しい政治的弾圧にもかかわらず、人びとは直接行動に出て異を唱えた。「壁を作れ！」と主張したのは、外国人の流入を防ごうとするドナルド・トランプが初めてではなかった。市民の流出を防ぐための共産主義政権による必死の策が最初だったのである。私は壁をよじ登って出国しようとする人たちの映像を見ながら育ったが、最近の若い人たちにはそんな記憶はなくなってしまった。今でも本で学ぶことはできるだろうが、書物はたいてい歴史のほかの部分を優先する。私の十歳の息子はハドリアヌスの長城ならば知っているが、ベルリンの壁は知らないのだ〔ハドリアヌスの長城とは、ローマ皇帝ハドリアヌスが二世紀初頭、イギリス北部の支配域の北限に築いた長大な防壁。ユネスコ世界遺産〕。読者のみなさんもお子さんに聞いてみてはいかがだろうか。

市場というものが登場して以来、有力者たちは自分に有利なように競争を制限しようとしてきた。既得権益者は、お役人たちが及びもつかないほど、利権のうま味を知り尽くしている。既得権益を握っているのは限られた範囲の集団であり、自分たちの利益のために容易に協調して行動することができる。彼らの利益は、彼らが反対する社会共同の利益のように広く拡散していないからだ。だが競争があれば、このような障害も乗り越えることができる。同じ業種の企業は似たような情報を持っているから、一旦競争が始まれば、お役人が知っていようといまいと既存の利権はその優位性を失うのである。共同の利益を求める人たちが競争を維持する原理を一旦わかってしまえば、その原理によって利権による強奪の事例を一つひとつ排除していくことができるはずだ。これに反対する連中は、競争というものは不公平で、破壊的で、現政権が付与してくれた（と都合よく想像する）権益の一部を無視するものだと訴えるだろう。こうした主張の背景には私利私欲がうごめいているのだ――まさに自分の価値観に基づいて理屈をこねる「動機づけられた論法」である〔第2章参照〕。

GMやベア・スターンズに規律を回復させたのは政治介入ではなく、市場だった。だがそれでもなお、競争だけでは不十分なこともある。そんな厳しい状況に対処するには、積極的な公共政策が必要となるのだ。

既得権益者らは競争に対して人工的な障害をつくり出そうとするわけだが、経済の分野によっては、異例に強力な「規模の経済」がはたらくため、構造的な障害が存在する場合がある。規模の経済は経済活動がネットワークに依存するときにもっとも顕著になる。電力の供給には電線のネットワーク、つまり送電網が必要だし、水の供給には水道管のネットワークが必要で、列車を運行するには鉄道網が必要だ。サービスをネットワークから分離できる場合もないわけではない――鉄道会社は共通の線路網を使って競争することもできるだろうし、電力会社も共通の送電網を使って競い合うこともできる。だがネットワークそのものはおのずから独占的な事業となる。電子経済《イー・エコノミー》の勃興によって、世界的な独占事業にまでなりかねない新たなネットワーク型産業も生まれてきた。そこでは企業は、従来の意味の資本を——設備や建物などの有形資産——ほんのわずかしか必要としない。企業価値は無形資産にある。つまり電子的なネットワークだ。[8] 有形資産と異なり、競合他社が同じものを作ることはきわめて困難だ。しかも物理的な資産ではないため、公共政策の対象となるような固定した立地も必要ない。フェイスブック、グーグル、アマゾン、ｅＢａｙ、ウーバーはどれも、それぞれに特有の「ニッチ」の中でグローバルな自然独占的な事業体〔自然独占とは、人為的な行為によらずに、規模の経済や技術的、自然的な条件などで必然的に独占状態が生まれること〕へ向かいつつあるネットワーク企業の好例だ。規制を受けていない、民間企業の自然独占的な事業体として、きわめて危険な存在なのである。

これほど劇的ではないものの、経済のほかの分野でも同様のプロセスが進行中だ。他の産業でも、生産性の向上に伴って複雑性が徐々に増していく中、ネットワーク的な特徴が導入され始めているのである。[9] このため各分野のトップ企業がより支配的になりつつあるのだ。小売業では、ウォルマートが物流管理《ロジスティクス》の新たなネットワーク的な特徴を大いに活用している。最大手クラスの銀行は金融業界で新たなかたちで規模の経済の恩恵に浴している。全般的な生産性の向上と企業利益は、こうしたトップ企業に集中しつつある。[10] 先述した自然独占的な事業体となった企業ほどではないものの、こうしたトップ企業は規模の経済によって、中小のライバル企業に比べて高い資本利益率を得ることができるわけだ。そしてこれらの企業の株式を保有しようと競争が起こる結果、株価が上がり、もともとの株式保有者たちも規模の経済の恩恵を棚からぼた餅式に手にできるのである。

巨大であることが技術的な要因によって超高収益をもたらすような状況では——おのずから極端な独占事業体となる場合でも、あるいは支配的な企業が異例に高い資本利益率を実現するという、それほど劇的でない場合でも——競争の力は失われてしまう。だから私たちには、より標的を絞ったかたちの公共政策を実現する手段が必要となる。従来の選択肢は「規制」と「公営化」である。だがどちらにも特有の限界がある。

規制はうまくいくのか？

取締役会がどれほど良心的であったとしても、ときには規制が不可欠だ。規則があれば確実にすべての企業を同じ政策に従わせることができるが、判断を各社の取締役会に委ねてしまうと結果にばらつきが出る。たとえば一部の企業だけが他社よりも二酸化炭素排出の抑制に努めたとしたら、全体で見れば非効率的で、不公平だろう。

　ところが収奪的な企業に対処するための諸規則には大きな限界がある。規制は自然独占的な事業体を解体することをめざすか、独占企業が消費者に課す価格を管理しようとするかのどちらかだ。独占企業を解体すればその産業に必然的に競争をもたらすことができる。しかし技術的な諸条件がもたらす規模の経済は依然として独占企業を生み出す方向へとはたらくから、ずっと政策介入を維持しなければならない。それができたとしても、規模の経済を阻害することで、この政策は経済活動を非効率的なものにしてしまう。一方、価格統制は利益を消費者に還元させることにより、企業が自社の利益のために規模の経済を悪用することを抑制しようとする。この場合に限界をもたらすのは、私たちがすでに違うかたちで見てきたものである――「非対称情報」だ〔企業同士や企業と消費者など、取引を行う当事者の一方が他方より多くの情報を持っている場合、情報に格差が生じる。それを「非対称」と言う〕。その情報の非対称性は、企業の経営陣が知っていることと、投資をするファンド・マネジャーたちが知り得ることとの間のギャップを意味した。それがここでは、企業の経営陣が知っていることと、規制当局が知っていることのギャップという意味だ。これまでのところ、非対称性がもっとも顕著なのは金融市場、つまり規制当局と銀行の間の情報格差だが、問題はもっと広範囲に及ぶ。企業は自社のコストや市場について知悉しており、規制当局がどうあがいても集められないほどの情報を持っている。だから問題を完全に解決することは不可能なのだ。

おそらくこの問題に対する最善の政策は、独占権を競り売りすることを通じて、価格統制と人為的に制限された競争を組み合わせた妥当な線を探ることだろう。利権を競売にかけることの利点は、イギリス政府が携帯電話の3G通信ネットワークの権利を競売にかけた事例にもっともよく表れている。当初大蔵省は、知り得た情報に基づいてこのネットワークの収益性を予測し、合理的な価格をはじき出そうとした。そして二〇億ポンドをめどに売却することにした。だが幸運なことに、経済学者らが大蔵省に対し、情報の非対称性があまりにも大きいために想定価格が間違っている可能性があることを説いて聞かせた。このためネットワークの使用権を競売にかけることにしたのである。その結果、落札価格は二〇〇億ポンドになった。落札企業が二〇億ポンドを支払おうと、二〇〇億ポンドを支払おうと、いずれにしてもその独占企業は許される範囲でネットワークの利用者たちを最大限搾取したに違いない。だがオークション方式を採ったことで、少なくともこのような独占権の行使によって消費者たちが被ったであろう損失は、政府への思いがけない多額の歳入というかたちで還元されたことになる。

このような競売方式の難点は、政府の約束がどこまで信頼できるかどうかだ。企業は契約を勝ち取ろうとして入札するが、どうしても判断ミスは付きものだ（ただし、企業はより精度の高い情報を持っているから、規制当局が犯す間違いほど大々的なミスにはならないが）。入札価格を高くしすぎれば利益が圧迫され、最悪の場合は倒産して契約をまっとうできなくなってしまう。つまり企業は儲かる見込みという利点があればこそ、入札価格を誤るという危ういリスクも敢えて負おうとするものだ。そしてまた、もしすべての入札企業が潜在的な利益を過小評価した場合、入札価格は適正価格よりも低くなるだろう(*)。だが政治家たちは次の選挙という制約のために短期的な視野しか持てないから、独占的な公益事業の契約を勝ち取った企業が高収益を上げているのを見ると、規制当局の判断を覆したいという誘惑に駆られる。だから企業はそうした介入を恐れれば恐れるほど、入札価格は低くなり、したがって落札者が得る利益も大きくなり、政治的介入の可能性はさらに高くなるわけで……と、当局の約束に対する信頼度が低いと悪循環に陥るのである。

　もしこれが唯一の問題だとすれば、選挙期間に合わせて契約期間を短くすれば解決できる。選挙が迫ってくることによる影響を最小限にするために、契約を議員の任期の半ばから次の任期の半ばまでとすればいいわけだ。だが問題となる企業の行動は、消費者を搾取するような価格設定という面だけではない。水道や電力の供給といった公益事業が持続可能であるためには、企業は利益の多くを再投資の資金に回さなければならない。だが契約が短ければ短いほど、企業は社会的には望ましいはずの投資の決断を避けがちになるだろう。可能性としては、企業に投資をさせるよう規制をかけることはできる。だがそれには売却価格の設定以上に、さらに多くの情報が必要になる。現実には、規制当局はどのような投資が望ましく、それにどれほどのコストがかかるか、ほとんど判断がつかないだろう。規制にも限界があるのだ。

　規制に関する諸問題は、グローバルな電子《イー》公益事業に関してははるかに厄介だ。多くの場合、グローバルな規制が必要だろうが、規制を実施できる範囲はいまだに圧倒的に国家単位に限られているのである。しかも電子《イー》企業は圧倒的にアメリカの企業が多いため、アメリカ政府の態度はよくても曖昧ということになり、国際協調による規制はさらに難しくなっている。反トラスト法の専門家であるゲアリー・リーバック弁護士の見立てはこうだ――「ＥＵは反トラスト法を活用して、いずれアメリカの支配的な

ＩＴ企業の力を抑えられるだろうか？　答えはノーだ。……ＥＵの連中は反トラスト法の適用に弱腰だから、実質的な結果など決して出せないだろう」。さらに、もし何らかの規制が効果を上げられたとしても、対象となった企業らは容易にそれを反アメリカ的だと言い立てることができるだろう。規則《ルール》が支配《ルール》することはできないのである。

そんなわけで、規制にはこうした諸問題がつきまとうため、目下のところ流行中の選択肢は「公営化」ということになる。

公営化の問題点

現在イギリスでは、規制下で運営されている民間公益事業に対する不満はそうとうなもので、鉄道、水道、電力会社の国有化を大多数の人びとが支持している。これは皮肉なことだ。なぜならこれらはすべて元は公営独占事業だったのであり、その運営に対する世間の不満が誘因となって民営化されたのだから。ところが公営事業の欠陥に対する世間の記憶は、ベルリンの壁の記憶よりもさらに一〇年も古い。公有だった頃の公営事業は、ストライキの頻発に見られるように従業員らに牛耳られ、そして政治的な思惑による低すぎる料金設定が過小投資をもたらしたのだった。現状の議論はイデオロギー的に両極化している。皮肉なことに、左派は産業国有化を求めていながら、国家意識の高揚は望まず、右派は

（＊）いわゆる「勝者の呪い」（競売で、勝者の落札価格が実際の市場価格よりも高くなりがちな現象）によって、入札価格が低すぎる事例はそれほど多くはならないと思われるが。

国家意識の高揚を求めていながら、産業国有化は望まないのである。

現実には、規制下の民間企業のほうがうまくいく産業と、そうでない産業があり、それは情報の非対称性の程度の大きなばらつきと一致している。合理的な尺度で言えば、鉄道は民営で比較的うまくいっているが、水道はよくない。鉄道は民営のほうが良いという証拠は、その利用度にもっともはっきりと表れている――どれだけ不平を漏らそうと、利用者の現実の行動が示しているのだ。一九九八年に民営化されるまでの数十年間、国営鉄道の利用度は毎年低下していたが、民営化以来、毎年、しかも大幅に、利用度は伸びているのである。水道がだめだという証拠は主として、高額の利益が配当に回されていることである。

つまり、何が効果的なのか？

規制も公営化も大きな限界があるとすれば、これまで検討されてこなかったほかのアプローチはないものだろうか？　以下の三つがある。

課税

大企業であることがおのずからより高い生産性と収益率に結びつく産業分野では、巨大な規模に由来する異例の収益は「経済的レント」となる。このような超過利潤は、本書でのちに大都市と破綻した地方都市との格差に注目する際に重要な概念となる。エコノミストたちが言う「経済的レント」とは、特定の経済活動に必要な労働者、資金、企業を誘引するのに必要な利益を超える利益のことだ。こうした超過利潤が消えてなくなったとしても、それを享受していた連中は儲けは減るだろうが、当初の経済活動そのものは影響を被らない。民間の独占企業も経済的レントを享受しているし、それほど露骨には見えないものの、業界一の規模であることが群を抜く生産性に結びつくような分野のトップ企業も同様だ。だからこれからの課税政策は、こうした超過利潤にもっとうまく課税していくことに活路がある。ほかの課税とは異なり、当然ながらこれは生産活動を阻害するようなことはない。この施策はむしろ、労働や地道な貯蓄やリスクを冒す勇気といった努力によって報いられたのではない儲けを、税として取り込むものなのだ。

業界一であることがすなわちもっとも生産性が高いことを意味するようになった産業分野では、企業規模によって税率を変えることは妥当であるはずだ。業界によっては巨大企業であるほど収益性が高いことを示すデータは、これまで研究者たちが使ってきたものがあり、その同じデータを差別税率の設計にも使えるだろう。その目的は規模の経済を抑制することではなく、その利潤の一部を社会のために税金として取り込むことだ。皮肉なことに、私たちはすでに差別税率を事実上導入している、ただし右とはまるで逆の意味で――アマゾンのようなネットワーク型の新興独占企業は、特定の土地に根を下ろしている独占企業が受ける課税をまぬがれており、税金逃れで大々的に儲けているのである。いずれにしろ、課税の効果はあらかじめ完全に見極めることはできないから、賢いやり方は一歩ずつ進めることだろう。まず企業規模に対する控えめな新税率の導入から始め、その結果を評価するのだ。ただし、一つだけ予測可能なことがある――大企業が反対して激しいロビー活動を繰り広げることである。

取締役会に公的な利益を代表させる

企業の取締役会が下す判断の多くは、企業自体を超えて社会にも影響を及ぼす。だがそれらは規制にはあまり馴染まない。規制はすぐに大きなダメージを与えてしまいかねない粗っぽいハンマーの一撃のようなものだからだ。一例を挙げれば、CEOは概して投資に消極的になりすぎるという傾向がある。だが規制によって企業に利益の一定部分を強制的に投資に回させるとすれば、ソ連による計画経済の最悪の側面を再現するだけである。賢明な投資の決断には、二、三の規制では済ませられないほど、緻密なデータと判断とを豊富に必要とするのである。

このような制約を乗り越える最善の方策は、規制の強化ではなく、決断が下される機関室そのものに公共の利益を持ち込むことである——つまり取締役会に直接的に公益を代表させるのだ。とはいえこれは、「公益」の代表者が持ち出すあらゆる主張のために企業の利害を犠牲にし、企業は慈善団体同然に運営されるべきだ、という意味ではない。大枠で見れば、企業の目的は社会に長期的な利益をもたらすことと一致しているべきではあるが、企業がそれを実現できる第一の方法は、自社の中核的能力《コア・コンピタンス》に集中することなのだ。ただ取締役会は、自社のわずかな利益のために、明白かつ重要な公共の利益を犠牲にするような判断はしてはならないということである。

では公共の利益をもっともうまく取締役会に組み込むにはどうすればよいだろうか？　法律を改正して、公益に適切な配慮をすることをすべての取締役に義務づけることもできるだろう。法的な責任があれば、公益の重要な側面を無視しようとする取締役がいれば、その当人たちは民事または刑事裁判にかけられる可能性があることになる。法をうまく設計して、わずかな公益の実現のために企業が大きな損失を被らないようにすると同時に、逆に企業のわずかな利益のために大きな公的損失がもたらされていると合理的に推定される場合には、裁判にかけることができるようにするのだ。そうと知っていれば、公益にかかわる決断に関して議論をしなかったり、議論の要旨を議事録に残さないような取締役会は、いかにも軽率だということになろう。こうして法改正後の初期の段階の判決からやがて判例法が構築されてくるだろうが、その結果が公益か企業利益のどちらか一方に極端に偏っているようであれば、法を修正すればよいだろう。

これにはすでにアメリカにおいて先例がある。「公的利益会社」という新しい企業のタイプだ。これらの企業には二つの果たすべき要請がある──商業的利益と公的利益であり、取締役会はそのどちらも考慮しなければならないのである。これは考え方としては正しいが、現状のままでは、公的利益企業はいつまでたっても企業のほんのわずかな部分を占めるにすぎないだろう。実際、公的利益企業というものがあること自体、ほかのすべての企業は公益のために経営されて**いない**ことを図らずも浮き彫りにするばかりだ。現状の公的利益企業群は、まさに先駆的事例と見るべきなのだ。これらの企業の振る舞いを研究することによって、企業に対する要請をうまく修正した上で、公的利益会社という考え方を企業全般に適用できるところまで十分に洗練させていくべきなのである。

公益を監視する

規制は巧妙な書類上の工夫でかいくぐることができるし、どんな税金も巧妙な会計処理で節税でき、どんな企業の責務も「動機づけられた論法」によってはぐらかすことができる。こうした行動に対する唯一の防御手段は八方に目を光らせる取り締まり部隊である。ただし詮索をこととする「父権主義的国家」のことではない。市民として役割を果たす普通の人びとのことだ。

企業の正しい目的を理解し、それを規範として受け入れた人びとが社会の中に十分な数だけ存在するようになれば、私たち自身が優良な企業行動を繋ぎ止める「錨」なることができる。良いまたは悪い企業行動に対する私たちの反応が、企業の威信や羞恥へのやんわりとしたプレッシャーとして作用するのだ。それは相互的な責務の広大なネットワークを維持するシステムであり、繁栄しているあらゆる社会の特徴となっているものでもある。この穏当な取り締りの役割は市民の全員が請け負う必要はない。社会的なリスクが大きすぎて企業が不正行為をはたらけなくなるような、最小限必要な規模の監視者がいればよいのだ。どんな大企業の中でも、会社の重要な決断については必然的に大勢の関係者が知っているだろう。その中のひと握りの人が道徳的に振る舞いさえすれば、会社全体にまともな行動を取らせることができる。公共の利益が犠牲になる恐れがある場合、そのことを数人の人が指摘すれば、公益なんて関係ないと公言して自らを窮地に立たせるような人はいなくなるだろう。稀には、正しい指摘をする勇敢な人間が一人でもいれば十分なこともある──内部告発者だ。どんな大企業にも、既存のアイデンティティに加えて新たなアイデンティティを進んで受け入れようというまともな人材のプールはあるものだ。そうした人たちは公益の守護者となることに誇りを感じるに違いない。金融ブームの絶頂期に、ある最大手の投資銀行が社会事業を推進するための少人数の部署を設置することにした。その一員になることは、熱血的な企業文化を焚きつけているはずの賞与を諦めることを意味したから、そんなところへ喜んで異動してくれる職員はいるだろうかと経営陣は疑った。定員四人の新しいポストの募集が社内の各部門に正式に回された。すると応募したのは一〇〇〇人。大企業でも善良な動機に基づいて目的意識を持って働いている人びとにはこと欠かないのである。

自分の会社にまっとうな目的意識を持たせようとすることは、社会に貢献することでもある。しかし目的意識に欠ける会社で働き続けることはまったく気が滅入ってしまう。次章で見るように、幸福を生むのは経済的な成功ではない。もしみなさんが社会的な目的意識に欠ける企業で働いていて、それを変える具体的な見込みがないとしたら──もし現実的に可能ならば、私は転職をお勧めする。私には嬉しいことにとびきり優秀な甥っ子たちがいるのだが、その中でも今私がもっとも感心している一人はかつて自動車セールスマンをしていた。彼の会社はおきまりの商売の手口を使うことを社員に期待していて、それにはゴールドマン・サックス社からリークされた電子メールが顧客を「でくの坊」呼ばわりしていたのに通じるようなものがあった。鋭い倫理観を持つ青年だった彼は退職し、稼ぎは前よりも少いが、もっと顧客のために働く機会を与えてくれる仕事に転職した。今のほうが幸せだと、彼は言っている。

このような新たなアイデンティティ、規範、そしてナラティブは私たちの社会をより良くし、私たちの生活にも一層の満足感を与えてくれるが、いずれもまず構築しなければならない。それはどんな企業でも単独ではできないことだ。つまらない例としては、もし企業が社員に対して「わが社が公益にフォーカスし続けるようにしてほしい」と要望したとしたら、おそらくは単なる新しい宣伝キャンペーンの一環とでも受け取られてしまうだろう。実はより深い真実は、一企業で普及している企業文化は往々にして他社でも普及している文化をも反映している、ということである。これまでに優れた企業行動の文化を築くことに成功してきた社会もある。トヨタは組み立てラインの従業員らを信用し、自社の自動車の品質を自己監視させるというアメリカ式の品質管理の文化を採用することに成功したが、それは従業員と企業が協力するという文化がアメリカよりも日本の社会のほうが強かったからかもしれない。同様に、戦後のドイツにおける労使関係の政策は英国労働組合会議（ＴＵＣ）の提案に大きく影響されていた。それはイギリスの労組が戦前の制度の失敗から学んで提起したもので、戦前の対立的な労使関係よりも望ましいとされていた。それをドイツが採用したのである。敗戦の影響でそれまでの既得権益がなくなったおかげで、ドイツは労使政策をリセットすることができたのだ。一方でイギリスでは、戦争に勝ったおかげで凝り固まった既得権益がそのまま残ることになったのだった。[11]

企業行動において相互的な義務感を立て直すことは莫大な公益をもたらすものであり、それは政府が達成すべきものだ。第2章では、新たな義務感を構築する方法の概要を述べた。私たちは必要数の倫理的な市民を築き上げなければならない。倫理的な市民とは、企業の目的と、企業が成し得る貴重な社会的貢献について理解している人たちである——その人たちは企業の目的達成に必要な規範が何かを認識しているし、尊敬と非難という両様のプレッシャーによって、責務を果たすことを企業に促すのだ。

市民は政府から耳当たりのよい言葉を常日頃から散々聞かされているため、無視する癖がついてしまっている。だからまず必要なのは政府が信頼を取り戻すことだ。疑念を抱いている聴衆をどう説得するか、その難題に対する解決策はすでに第2章で見た——「シグナリング理論」である。おさらいすると、疑念を抱いている聞き手に対して、シグナルは自分が本当は何者であるかを明かすものである。ではどのような仕組みなのか？ ノーベル経済学賞受賞者のマイケル・スペンスによれば、聞き手が疑っているような人物だったら損害が大きすぎてとうていできないような行動を取ること、それしかない。本人は聞き手が疑っているような悪党ではないわけだが、それでもシグナルとなる行動を取れば、本人にとっては厳しい犠牲を伴うことはほぼ間違いない。つまり信頼を勝ち得るためにとるべき行動は犠牲を伴うが、それはまともな人間ならば我慢できる程度だが、本当のならず者だったら耐えることができないような犠牲である。このような洞察を武器に、さて政府は現状で何ができるだろうか？

市民は目下、企業を軽蔑していることを思い出してほしい。企業というものは全般的に欲張りで、腐敗していて、搾取的だと人びとは見ているのだ。流布しているこのようなナラティブは変えなければならない。だが政府が開口一番「企業もけっこう社会の役に立つものなんですよ」などと言おうものなら、多くの人はとたんにそっぽを向くだろう。それよりも劇的に効果的な方法がある。金融危機をもたらした振る舞いによって監獄行きとなった銀行幹部は皆無だったが、そのことに多くの人は当然ながら憤慨している。なぜ誰も罪に問われなかったかというと、危機を引き起こした当人たちの行為は銀行を意図的に破綻させようとしたものではなく、ただ無謀だっただけだからだ。いい加減な運転で人を死なせてしまった場合、それは「過失致死《マンスローター》」と分類される。意図的に殺害する「殺人罪」とは区別されているのだ。今求められているのは、社会システム上重要なあらゆる企業に対して同様の罪を設けることだ――いわば「銀行過失致死《バンクスローター》」を導入するのだ。黄金のパラシュートでビジネスの戦場から離脱して隠居した元CEOであっても、ゴルフ場から引っ立てられて過去の誤りの責任を問われることになる。それを知っていれば、責任ある立場の人たちもさすがに職務に集中するのではないだろうか。

政府はいったん骨のあるところを見せつければ、あとは簡潔な言葉で国家戦略を提示することができるようになる。まず企業の目的を示してはどうだろうか――それは持続可能な方法で社会に利益をもたらし、かつてのように生活水準が向上していくようにすること。次に、なぜ多くの企業がこの目的から逸れてしまったかを説明する。続いて、こうした現状を是正するための政府の政策を説明する。最後に、もっとも重要なこととして、政策の限界も説明する。そして社会全体の人びとに対して、この「倫理的な市民」という新たな役割を引き受けるよう誘いかけるのだ。成功するどんなナラティブでもそうだが、変化は一夜にして達成できるものではない。政府のさまざまな機関を通じて持続的かつ一貫してメッセージを伝え続けなければならないし、やはり成功するどんなナラティブでもそうだが、言葉に反する行動を取れば致命的な打撃を受けてしまう。それでも一九四五‐七〇年の間にはおおかたの西側諸国で、政府を率いた政界のリーダーたちは多くの新しい相互的な義務感を構築することに成功したのである。それらのナラティブは直接的に企業にかかわるものではなかったが、「倫理的な企業」が主流となる一助になったと思われる。よく覚えておいてほしい――当時のCEOたちは従業員の給料のわずか二〇倍の報酬しか受け取っていなかった。それが今や従業員の二三一倍だ。「倫理的な企業」は「吸血鬼イカ」に取って代わられてしまった。時代は変わったのだ。だがふたたび変わらなければならない。

第5章 倫理的な家族

家族はあらゆる存在の中でも、私たちを単なる個人以上のものにしてくれるもっとも力強いものだ。夫と妻は公に相互的な義務感の絆で結ばれている。両親も心情によって子供たちに絆を感じる。両親は子供たちの世話をし、多くの場合、何年ものちには子供たちが両親の世話をするものだが、こうした相互的な責務を果たす可能性が「権利」として主張されることは稀である。また老年に子供たちに世話をしてもらうことはありがたいものだが、一方、親は無条件に子供を世話するものであって、この関係が「取引」と考えられることもない。しかし逆に子供はこのように互いに世話をすることをしばしば「義務」と見る。こうした「義務」と「権利」のちょっとしたギャップに目をつけたヨークシャー地方のおもしろいジョークがある。このジョークでは子供の倫理的な欠陥が露《あら》わになるのだが、ある息子が母親にこう言うのだ――「お母さん、ぼくを育てるために長年ずっと苦労してくれたよね。そろそろ働きにでも出て、自分のために苦労してもらって構わないよ」。さて、義務感の網の目は夫婦や親子よりもずっと広範囲に広がることがある。古代社会では家族の義務感は、またいとこのまたいとこのような、今ではひどく遠い親戚と思える人たちにまで及んでいた。

家族だってある種のネットワークだ。典型的な三世代型の核家族では、真ん中の世代の両親がネットワークの要《ハブ》となる。ただしその両親もずっと前の世代から受け継がれてきたナラティブを改めて伝えることも多い。ナラティブから道徳的な規範を生み出すための基本的な方法は、国家や企業といったレベルよりも家族のレベルのほうがずっと明確だ。私たちは人生の最初期から家族の中で育てられるのだから、家族こそは帰属意識をつくり出す自然な単位となる。物理的な近さに、帰属意識を育てるようなストーリーが加わり、それらのストーリーによって新しく加わった世代も家族に結びつけ、「私たち」という意識を生み出していくのである。家族の中で語られる義務感にまつわるストーリーが義務を明示し、さらにほかのストーリーはどのような行動がどのような結果を招くかを教える。どんな家族とも同じように、私の家族の間でもヒーローや厄介者たちが登場するそうしたストーリーは豊富にある。そんなストーリーを思い出しながら、それぞれが果たす役割ごとに分類してみるのもおもしろい――帰属意識を生むもの、義務感を語るもの、それに「啓発された利己心」〔第2章参照〕を生み出すものなど。

あらゆるネットワーク型の集団におけるのと同様に、こうしたナラティブは何度も語られている内に一定の互換性のある考え方のまとまりを形成していく、すなわち信念の体系だ。家族というものの生物学的な土台は多様であり、拮抗する信念体系が並行して存在する余地は大いにある。だが一九四五年の時点では、ある特定の信念体系が西洋の国々の社会でほぼ普遍的に見られた。それをここでは「倫理的な家族」と呼んでおく。もちろん当時のその信念体系が唯一の倫理的な体系だと言うつもりはない。実際、それは今日の多くの家族の価値観とは驚くほど異なっている。私は単にきわめて長い期間にわたってきわめて広く普及していた倫理的な構造に、いわば「倫理的な家族」というレッテルを貼ってみせているだけだ。

一九四五年の「倫理的な家族」では、真ん中の世代に当たる既婚のカップルはほかの二つの世代の両方に対する相互的な責務を受け入れていた――つまり親と子供に対してだ。それはしばしばかなりの重荷を背負うことを意味したが、家族の誰もがそれぞれその家族内で三つの世代を経験していくわけだから、責任の一つのフェーズとして受け入れられていたのである。こうした家族は構造的に強固に安定した信念体系を体現していた。家族内の立場によって、規範が持つ相互性のあり方は異なるが、「共有されたアイデンティティ」がそうした規範の及ぶ範囲を規定し、さらに「啓発された利己心」もそれを支えていたのである。その家族に属しているという共有されたアイデンティティを確立するのは容易だった。毎日生きている現実そのものであり、それは「お互いに尊重し合う」領域だったからだ。そして相互的な献身という規範も、家族愛という心情の延長線上に自然に生まれるものだった。しかもこうした規範は目的意識によって強化されることもあった——みながそれに従えば、全員が長期的に物理的な利益を得ることができる、ということだ。すなわち「啓発された利己心」が生まれるのである。

一九四五年時点では、ほぼ誰もがそんな家族に属していた。しかしその後の数十年間をかけて、状況は大きく変わっていった。欧米諸国のどんな社会でも人びとは家族に対する義務感を打ち捨てるようになっていったのである。離婚率は爆発的に上昇し、ピークに達するのはアメリカでは一九八〇年頃、イギリスではもう少しあとになる。ただし、高学歴層と低学歴層の間の新たな分裂が拡大するにつれ、両者における家族のあり方の違いはますます顕著になっていった。

さまざまな打撃を受けつつ、長年にわたり強力であった「倫理的な家族」という信念の体系が揺らいでいった。そして「倫理的な家族」の影が薄くなるにつれ、社会的な差異も拡大していった。しかもその差異は醜悪な結果ももたらすことになったのである。

最上層における打撃

「倫理的な家族」の規範が受けた最初の打撃は技術的なものだった。避妊用ピルが若い女性たちに自分の人生を自分で管理する手段を与えたのだ。セックスはもはや妊娠という結果とは切り離して考えることができるようになった。これによって、相性の良い相手を探すプロセスが楽になった――一時的な肉体関係を持つことは以前よりもリスクが小さくなったし、「結婚指輪をめぐるいざこざ」はなくなり、代わりに結婚前の同棲という、はるかに信頼度の高いパートナー探しのプロセスが可能になったのだった。ラーキン〔英国の詩人、一九二二－八五年。このあとの引用は詩集『高窓』所収の「驚異的な年（アヌス・ミラビリス）」より〕の巧みな詩節が言うとおり「性交が始まったのは一九六三年のことだった」。

人びとの解放の先鞭をつけたのは、当初は技術によって可能になったセックスだったが、すぐに解放ははるかに広範囲に及んでいった。「倫理的な家族」は知的レベルの上昇によっても著しい衝撃に見舞われ、人びとは抑圧的な規範の数々から自由になっていった。これによって家族に対する多くの義務よりも、自分自身に対する新たな義務が優先されるようになる――すなわち個人として成功することで自己実現を果たすという、自分に対する義務である。さらに法改正によって離婚も以前より容易になった。離婚の簡易化の背景にどんな変化があったかと言えば、たとえば離婚が非難されるべきものではなくなったことが挙げられる。もはやどちらかが罪悪感を抱く必要はなくなったわけである。

当然と言えば当然だが、知的な面からの衝撃の発信源は大学のキャンパスだったから、第一に影響を受けたのは新興の高学歴層だった。そうした人たちは「倫理的な家族」という思想の根幹に矛先を向けた――すなわち威信とは責務を果たすことから得られるという点である。新たな倫理観では自己が家族に取って代わった。それまで家族への責務を果たすことで得られていた威信は、新たな倫理観では自己実現によって得られる威信に変わったのである。この主張の一形態の中で女性を魅了したのがフェミニズムだった。一方で男性を魅了したのは『プレイボーイ』誌だ。かつては退けるべき誘惑と考えられていたものが、逃すべからざる自己実現の瞬間と考えられるようになった。そしてこの新興階級の多くの家族内で、夫婦のどちらかが自己実現のためには離婚が必要だと感じたのだった。

男も女もこのような新たな規範に適応しつつあった中で、エリート層の結婚観も変化していった。それを後押ししたのがさらなる衝撃だった――大学の急増だ。これにより高等教育を受けた男女の数が均衡し、お相手探しはますますもって容易になった。女も男も相性の良い相手を探す方法を身につけていったのである（この現象は最近のオンライン・デートによるハイテクな結婚相手探しというかたちで今も続いていると言えるかもしれない）。これに間もなく中絶の合法化が加わり、望まぬ妊娠に対して避妊薬に次ぐ第二の防御線となった。三世代家族の中間世代の夫婦の規範、すなわちかつての男性優位という性差による階層性《ヒエラルキー》に基づく規範や、前後の二世代に対する相互的な義務感といった規範は後退した。そしてそれに代わって高等教育を受けた家庭の大半では、個人的な達成によって自己実現をすべく互いに励まし合うという、新たな規範が見られるようになったのである[1]。

同棲と「同類交配」によって、高学歴層の人びとの多くが好相性の夫婦となり、このため離婚率は低下した。そして成功を勝ち得た夫婦はその成功を子供にも受け継がせようとし、男女間の教育レベルの差を反映したかつての男性優位という性差によるヒエラルキーに代わり、夫婦が相互に力を合わせて親として子供に英才教育をするようになっていった。

私は子供の頃に宿題を手伝ってもらったことなどない――当時はまだ親が勉強を見てくれたり、監視したりすることはなかった。私の両親は学力的にも経済的にもそんなことをできる立場にもなかった。だが幸運なことに、私が学校に通っていた時代にはまだエリート家庭の子供たちも学校外で特別な勉強をすることもなかったから、私のような者でも競うことができた。ところが私自身がエリート層の親となった今、私は十一歳の息子のアレックスに科学を教え、妻がラテン語を教え、さらに家庭教師まで雇っている。息子の同級生たちもみな同じように両親に面倒を見てもらっている。規範は劇的に変わったのだ。かつての教育システムはさらなる衝撃に見舞われさえしなければ、おそらく存続していたと思われる。その衝撃とは、中間層の大幅な増加と、それに伴って起きたトップレベルの大学に入るための競争の激化である。私が勤めているオックスフォード大学では、一九六〇年代に比べて、学部レベルではイギリス人の入学者の割合が大幅に減っている。入学許可者のグローバル化を進めたからであり、それはつまりはたいてい海外のエリート層の子供たちを多く取るということだ。それなのにイギリスの中間層の拡大によって、子供たちをオックスフォード大学に進学させたいという家庭も格段に増加しているのである。英才教育によって自分の子供の進学を有利にしようとする家庭がいったん現れると、ほかの家庭でもそうしない限り自分たちの子供のチャンスは小さくなるばかりだ。こうして古い規範は打撃を被り、安定して存続できるような状況ではなくなり、自ら崩壊してしまったのだった。その結果、高学歴層の家庭では子育ては以前より時間を食うようになり、おかげで両親は子供の数を減らし、家族のサイズが縮小した[2]。かつては男にとっての「自慢の美人妻」がもてはやされたが、今では「自慢の子供」だ——読者よ、私はそんな子供を育てたのです[*]。

新たに自己実現を達成した高学歴層の当人たちにとって、多くの場合それは純粋に生活の質の向上を意味した。ただし、離婚の蔓延が傷を残したのも事実だ。それは誰もが知っている。ほかの女性と自己

（＊）ユーモアのセンスに欠けるごくわずかな読者のために注記すれば、シャーロット・ブロンテのパロディであるこの一行はジョークのつもりだ（ブロンテの『ジェーン・エア』に「読者よ、私は彼と結婚したのです」という有名な一文がある）。わが家の長男はたしかに外から見れば「自慢の息子」的な面もあるが、彼が実力で勝ち取ってきたことを少しでも親のおかげだなどと私が言おうものなら、彼は当然ながらそんな意見には疑念を抱いて怒ってしまうに違いない。

実現を果たそうと考えた夫に捨てられ、息子と会えなくなった妻や、ほかの男性と自己実現を果たそうと考えた妻に捨てられ、娘と会えなくなった夫たちのことを、私もすぐに思いつく。自分自身の充足を最優先した本人たちは、もちろん言い訳のナラティブを作り出した。それでも離婚率が低下したあとでさえ、社会的な諸規範への影響は消えなかった。理由はどうであれ、独身のままでいることを選んだ高学歴層の人びとにとって、「安定した男女関係を確立してからでないと子供はつくらない」という「倫理的な家族」の規範はもはや無効となった。自己実現のために子供が必要なら、つくればいい。少なくとも欧米の社会ではそうだった。この点、ほかの先進諸国と袂を分かったのは日本だ。日本では「自慢の子供」を育てねばというプレッシャーは欧米諸国よりはるかに激しかった。その結果、子育ては一人親では二人親に対抗できず、だから高学歴の独身女性は誇りを持てない可能性のある子供を育てるよりも、往往にしてペットを飼うことを選んだのである。(3)

若い世代に対するこのような新たな過保護ぶりは、旧世代に対しては見られなかった。「倫理的な家族」では、高齢者は一般的に中間世代の家庭内で、またはそばで、世話をしてもらっていた。私の祖母は夫を亡くしてからは、子供たちの一人の隣家に住んでいた。私の祖父は妻の死後、子供のうちの二人と一緒に暮らした。私も、自分の部屋の隣の寝室で高齢のおじが寝起きしている環境で育った。こうした家庭の構造は今でも一部のコミュニティでは見られるが、もはや一般的ではない。高学歴の夫婦は今やその子供夫婦と同居していることが少ないだけでなく、昔なら子供夫婦から経済的支援を受けていたかもしれないが、今ではむしろ逆に支援をしてやっている可能性のほうがずっと高い。これは一面では、高学歴層が退職後もかつて以上に裕福になっていることを反映している。だがこの現象はそればかりでなく、三世代目の子供たちを成功に導こうという共通の目的に向けて、祖父母と両親が新たに世代間で協力することによって加速されてきたのである。この結果、かつては目的意識のある「啓発された利己心」というナラティブが「倫理的な家族」の相互的な義務感という規範を強化していたわけだが、そのナラティブは真実ではなくなってしまったのだ。つまり子供たちに対する義務を果たすこと と、一方では年老いた両親の世話をしてやるという義務感とは、セットではなくなってしまったのである。

同様に、相互的な義務感は核家族の枠を超えてさらに蝕まれていった。小家族化の流れと、スキルの高い人材は地理的に移動性が高いという傾向に押されて大家族は縮小した。ここでも私自身、極端な一例を体現している。私は自宅の八キロ以内に一二人のおじ・おばがいる環境で育った。それに比べて私の子供たちには近所に親戚など一人もいない。「倫理的な大家族」は退場し、「王朝的な核家族」に取って代わられたのである。

高学歴層が一つの社会階級を形成するようになると、その人たちは新たなかたちの家族をつくり出した。そこでは相互的な義務感の一部が復活し、中にはさらに強化されたものすらある。これはデータに表れている。高学歴層における婚外出産は一九六五年時点では稀だった——わずかに五パーセント。そして今もわずかに五パーセントなのだ[4]。離婚も最初は急増したが、その後は減少した。二〇一〇年の数値では六組に一組にまで下がっている。婚外出産が少なく、離婚も少ないこともあり、一人親のもとで育つ高学歴層の子供の割合もきわめて低く推移している——今や一〇人に一人以下というかつてのレベルに戻っているのである。

個人的な達成による自己実現という新たな倫理観には、たしかにマイナス面もあった。だがそれらは低学歴の社会階級を襲った衝撃の結果と比べれば、どうでもないと言っていい。

最底辺における打撃

新たな社会的な接続性《コネクティビティ》は憎悪を減らすだろうとシリコンバレーのテクノクラートたちが予測したのと同様に、避妊ピルと中絶は望まれない妊娠を減らすと予測された。結果は低学歴層の十代の少女たちの性行為の激増であることをデータが示している。十六歳になる前に性交を経験した少女たちは一九六〇年代にはわずか五パーセントだった。それが二〇〇〇年には二三パーセントに達していた。それとは対照的に、やがて大学まで卒業することになった女性たちの場合、未成年者の性交は二〇〇〇年でもわずかに一一パーセントだった。(5)

ところが避妊ピルを使うにしても、賢明なる用心があって初めて避妊できる。そしてこれは高学歴層に有利に働いた。また、胎児を堕胎するという決断は、自己実現という新たな倫理的な信念体系の中では問題がなかったが、家族の義務感という旧来の倫理的信念体系の中では問題を孕んでいた。つまりここでもまた、高学歴層が有利だった。この結果、低学歴層では、長続きさせるつもりもなかった男女関係による十代の妊娠が激増することになった。そんな十代の母親には四つの選択肢があった。第一は父親である相手の男と結婚するという旧式の方法――できちゃった婚には長い伝統があるのだ。第二のやはり旧式の方法は、母親と赤ちゃんが母親の両親と暮らし続けるというもの。私の曾祖母はこの方法を取ったが、村の中でひどいことにはならずに済んだ。第三の選択肢は、一部の高学歴層の女性に見られる自己実現の新たなパターンを真似て、シングルマザーとしてやっていくことだ――そのために父権主義《パターナリズム》的国家は経済的支援や公営住宅を提供した。最後の選択肢は、新たな同棲のかたちを切り開くことだった――妊娠させた父親たちは結婚という公的な責任に比べて、同棲をそれほど嫌がらなかった。もちろん、結婚しなくても安定した男女関係は可能だ。だが大部分の同棲カップルでは関係は長続きしない。

平均値はわずか一四カ月なのだ(6)。

最底辺層における最後の衝撃は経済的なものだった。製造業の衰退によって、中年男性らが失業したのである。多くの低学歴層の家庭では、自己実現という新たな倫理を結局のところ受け入れず、夫が家庭の頭《かしら》であるという「倫理的な家族」の規範を多くの夫婦が固守していた。そこでは夫の権威は稼ぎ手としての役割が根拠となる。だがこの役割は大変なことを含意していた――職場で用なしになってしまうと、家庭でも用なしになるのである。そんな家庭では、相互に敬意を抱き合うという夫婦の固い結びつきがほころび、非対称的な関係性へと移行した。妻は威信を保ったままだったが、彼女の存在は夫の威信の失墜を増幅させてしまった。夫は暴力によって威信を取り戻そうとすることもあれば、ふさぎ込んでしまうこともある。いずれも離婚の源泉である(7)。

これについてもデータがある。高学歴層と同様に、低学歴層でも離婚が激増した。だが高学歴層とは異なり、離婚率は上がり続けた。二〇一〇年時点では、夫婦の三組に一組にまで達した。高学歴層の二倍である。

「倫理的な家族」では子供たちに対する親の責務があったが、今やそれに代わり、父権主義的国家が「子供の権利」を掲げて介入した。この新しい権利は、「遺伝上の両親によって誕生から成人するまで育ててもらう権利」というところまではいかなかった。むしろ反対に、児童虐待が疑われる場合は、「子供の権利」は子供を生物学上の両親から引き離して保護することを国家に義務づけている。両親による虐待死のいくつかの事例が大きく取り上げられた結果、この国家の義務は段階的に厳格化されていった。たとえばアメリカでは、医師が負傷している子供を診断した場合、それが両親によるものでないと合理的な疑いの余地なく納得できない限り、医師は当局に通報する義務がある。そして当局は子供を両親から引き離して保護する義務がある。ただし、これと同時に、両親から引き離された子供たちが別の家庭の養子になることに対して、「子供の権利」は最大限に厳しい基準を満たすことを要請した。そしてこれに見合うように、当局によるいかなる養子縁組も世間から批判されることがないよう、徹底的な官僚的な精査が求められた。こうして、両親から引き離される子供たちの割合の高さと、新たな家庭に引き取られる割合の低さによって、ますます多くの子供たちが宙ぶらりんになってしまったのである――イギリスには今や七万人いる。実際は、宙ぶらりんというのは、国家が金を払って一時的にある夫婦に子供を養育してもらうということを意味する。そこでは、ある養父母から別の養父母へとたらい回しにされることも多い。このような養育方法は、子育てのあらゆる重要な基準に満たないことはまったく明白だろう。子供たちは明確な愛情を必要としているのに、臨時の養父母との関係は半商業ベースだ。子供たちは永続的な関係を必要としているのに、これは一時的だ。そして、これでは子供たちに帰属意識を喚起することはできない。

社会的格差がもたらしたもの

家族内の義務感の崩壊はこのように社会階層によって様相が異なるが、もっとも深刻な影響を受けたのは子供たちである。その結果がもっとも顕著に見られるアメリカでは――そしてそれはヨーロッパの文化的状況の未来を示しているのかもしれないが――今や過半数の子供が十八歳になるまでに一人親世帯で育つことを体験する可能性が高い(8)。これまで見てきた分析からも予測されるとおり、この現象は社会階層の差ときわめて密接に関連している。高学歴層、すなわちアメリカの全世帯の豊かな上位半分では、家族内における子供たちに対する義務感はおおかた回復され、さらには強化されている。それに比べて、学歴の低い残りの半分の世帯では、一人親――あるいは「親なし」――の子供たちが当たり前になり、この階層の全児童の三分の二を占めているのである。

　これは重大なことだろうか？　残念ながら、そうなのだ。一人親世帯に対する偏見は当然ながらきわめて重大なタブーとされてきた。しかしそれにもかかわらず、子供たちは誕生から成人するまで遺伝上の両親二人に育てられたほうが優秀であるということが、すでに厳密な因果関係をもって社会科学的に示されているのである。[9]　多くの子供たちにとって、今や一人親世帯で育つことさえできなくなっている。そして子育ての責任はますます両親から国家へとシフトしている。だが社会的父権主義のこれまでの実績は芳しくない。当然と言えば当然だが、政府が提供できるものは、「金では買えないものがある」という難点に直面するからだ。それは家庭に対する支援にせよ、養護制度にせよ変わらない。文脈は異なるが、マイケル・サンデルが指摘しているとおりなのだ（サンデルは著書『それをお金で買いますか？』（鬼澤忍訳、早川ノンフィクション文庫）で、スポーツイベントで豪華サービスの高額座席を販売するといった利便性や移民権などの社会的権利を金で売買してもよいかなどの問題を分析し、市場経済と道徳の問題を論じている）。人に金を払って子供の面倒を見てもらうことは、両親の子育てを補完こそすれ、両親そのものの代わりにはならないのである。

　社会の下半分である低学歴層では、多くの家族が崩壊して抜け殻のようになってしまっている。それに対して、高学歴層のほうの半分では、「王朝《ダイナスティ》」一家とでも呼ぶべきエリート家族が増えつつある。高学歴世帯が採用する新たな英才教育モデルでは、子供に対する親からのインプットが劇的に増えている。高学歴層の家庭では、子供たちは高学歴の両親たちとの集中的かつ意図的な相互作用《インタラクション》をかつてないほど体験しているのだ。

　英才教育の影響は累積的で、大きな差を生む。しかもそれは低年齢層から始まる。実際、今では就学前の経験が子供に決定的な意味を持つことは公知の事実だ――六歳の時点で、一〇年後に表れる能力の違いがすでに予測できるのだ。要するに、就学前の数年間で家族が子供に何をしてやるかのほうが、学校が責任を持って行うその後の一二年間の教育よりも重要だというわけである。

差異はまず「目的」の違いから始まり、それが「手法」によって具体化される。独り身かつ貧困な一人親はさまざまなストレスを受けている可能性がきわめて高い――そうした一人親たちの最優先事項は英才教育ではなく、手に負えない混乱状態を回避したいという、はるかに世俗的なことにある。学校を中退した親たちは、四対一の割合で自立の精神よりも従順さを重視する。これが大学院を出た親では逆転する。このように生活にかかるストレスが原因の親の態度は、子供たちの非認知的な発育を損なうことがわかっている。そして私たちは、非認知的なスキルは認知的なものと少なくとも同等に重要だということも知っている[10]。だが認知的能力もまた、低年齢のうちから差が出てしまうのだ。もっとも早く差が出るのが言語能力だ――英才教育をするには、幼い子供に話しかける必要がある。有名なある研究では、幼稚園児の時点までに社会階層によって子供に話しかけた言葉の数に一三〇〇万語の違いがあることがわかった。話す言葉そのものも異なる――親が専門職に就いている子供は、落胆させるような言葉に比べて、励ますような言葉を八倍も多く耳にする。一方、生活保護を受けている家庭の子供は、落胆させる言葉の半分しか励ましの言葉をかけてもらえないという。次は読む能力だ。親による読み聞かせは子供の発育を促し、就学時に必要な能力を備えているかどうかの差を生む最大の要因となる。そしてもちろん、お金の差がある。英才教育が重視されるようになってから、費用は格段に増加した。ところが一九八〇年代と比べて、アメリカでは所得が上位一〇分の一の世帯では英才教育にかける費用が六六〇〇ドルと倍増したのに対して、所得の下位一〇分の一の世帯では七五〇ドルにまで低下した。しかも、もっとも差が大きいのは就学前という決定的な年齢層においてなのだ。

このような大きな、そしてさらに拡大しつつある格差は就学中も続く。アメリカでは二〇〇一年の時点で、高所得者層と低所得者層の子供たちの算数と読む能力の格差は、ひと世代前よりも約三分の一大きくなっていた。ここでも同じような格差拡大のパターンが継続しているだけでなく、そうした格差は同じプロセスによって促進されているのだ——家族の間の根底的な差異によってである。

　高学歴層と低学歴層の階層間の格差のもっとも大きな影響は、ロバート・パットナムがアメリカの子供たちについて最近発見した事実だろう。近年重要な研究を発表してきたパットナムは、子供たちを認知的能力別のグループに分類し、大学進学率を分析した。もちろん、高学歴層の子供たちのほうが進学率が高いだろうと、私たちは予測する。その子たちのほうがより高い認知的能力を遺伝的に受け継ぐ可能性が高いからだ。だがパットナムの研究によれば、認知的能力が全米でもっとも低いグループに属する高学歴層の子供たちのほうが、認知能力が全米でもっとも高いグループに属する低学歴層の子供たちよりも大学に進学できる確率が高いことがわかったのである。今日の新たな英才教育は「自慢の子供」を育てるだけでなく、見てくれの良いおバカさんたちも育てていることになる。

　最近の傾向として、社会的な不平等の拡大と社会的流動性の停滞もしくは低下が挙げられよう。そして数値の変化を見ると、私と同世代から次の世代にかけての世代の移り変わりに事実上一致している。しかしもっとも懸念すべき事実は何かと言えば、このような観察結果は、社会的不平等がいかに持続的で執拗なものであるかという真実を、本来よりも——しかも大幅に——軽く見せがちだということである。『息子《ザ・サン》はまた昇る』というしゃれた題名の注目すべき近著〔原題は*The Son Also Rises*。ヘミングウェイの名作*The Sun Also Rises*（『陽はまた昇る』）をもじったもの〕[11]で、グレゴリー・クラークは家族間の不平等が何世代にもわたって受け継がれていく様子を研究した。普通、社会的流動性はある世代と次の世代だけを比較して測定される。しかしクラークは珍しい苗字をたどるという巧妙なテクニックを思いついた。珍しい苗字ならばほかよりも簡単に何世紀も追跡することができる。彼が追跡したのはだいたいにおいて男系であったことはもちろんだが、歴史の大部分においてそれは世帯の「家長」の動向をたどっていたことになる。クラークが発見したのは、社会的な成功がきわめて持続的だということであり、それは何世紀も続くことも多い。二世代間だけの変化に基づく社会的流動性の従来の推定値は、右のような不平等の持続性と激しく矛盾していることをクラークは示し、このような認識のずれに関して説得力のある説明を提示している。それは消耗することなく世代から世代へと受け継がれていく資産があり得るということだ。それは何だろうか？　金銭的な富がずっと伝わっていく可能性は小さい――ならず者が一人でもいれば莫大な財産も消えてなくなるし、「三代目が身代を潰す」という俗説もこれと同じ理屈だ。では何かと言うと、クラークは消耗せずに伝わる資産を二つだけ挙げる。一つは遺伝的なものだ。だが遺伝的に受け継がれるものも重要だとはいえ、並外れて役に立つ遺伝子があったとしても、数世代の交配を経ればその特徴は薄まってしまうだろう。二つ目の可能性は、クラークが「一族の文化《ファミリー・カルチャー》」と呼ぶものである。これは要するに、人的ネットワークから成る集団である家族内で、その成員の態度をかたち作る信念体系の規範やナラティブのことである。そしてその人的ネットワークの要《ハブ》である家長こそ、持続性をもたらすのに絶好の位置にいることになる。エリート層の両親が自分たちのカルチャーを次世代に伝えるのに、かなりの力を注ぐことを私たちは知っている[12]。そしてその個々の特徴は時代によって変わっていくとはいえ、とくに社会的な成功に結びつくような特徴を次世代へ伝えようとする傾向が強いのではないだろうか。

　珍しい名字をたどるというテクニックは、社会階層の反対側の人たちの状況を測定するのにも使える。世代から世代へと、いつまでも社会の底辺近くに落ち込んだままになってしまう家族である。クラークはそこでも何世代にもわたる同じ持続性のパターンを発見した――社会的な不成功も世代間で継承されていくのだ。負債は相続されないから、「いつまでも成功できないのは金銭的な財産が足りないためだ」という説は説得力がない。歴史の大半を通じて、おおかたの人たちは誰だってたいした財産は持っていなかった。だからおおかたの人が相続してきた金銭的な富も誰とも同じだ――つまりゼロなのだ。

二世代間の比較ではなぜ社会的流動性が高く出てしまいがちなのか、クラークは説明している。要点を浮き彫りにするために、各世代における社会的成功の原因はファミリー・カルチャーと幸運だけだと仮定しよう。どの世代も一族のカルチャーを継承すると同時に、「運命のくじ引き箱」から一枚くじを引く。もしファミリー・カルチャーがそっくりそのまま世代間で継承されていくとすれば、社会的流動性の唯一の源泉は「運」ということになる。ところが「運」が変わる確率は、次の世代と比較しても、さらに先の世代と比べても、次世代以降のどの世代でも変わらない。このように意図的に誇張した例では、第一世代と次の世代における社会的流動性と、第一世代と第二世代の間に観察される流動性は同じである。だが第一世代と第二世代の間の流動性だけを測定した場合、その社会は流動性が高いと錯覚してしまう可能性があるのだ。

「倫理的な家族」を復活させるべきか？

「倫理的な家族」には、権力と暴虐に満ちた人間関係をうわべだけ取り繕う不愉快な側面もあった。だがそれはもう過去のことだ。一方で、「倫理的な家族」からの「解放」は、利己心をごまかすために「自己発見」という仮面をかぶっているにすぎない側面もあった。同様にそれは、「世界の貧しい人たち」への功利主義的な関心と自分の家族に対する責任の否定とが並存していたという事実からわかるように、道徳的覚醒などではなく、道徳的な気取りという安易な自己満足だった。ディケンズが『荒涼館』の登場人物、ジェリビー夫人の姿を通じて痛烈に批判したとおりである〔ジェリビー夫人は家庭など身近な問題をそっちのけでアフリカでの慈善活動に夢中になる人物として描かれている〕。

より本質的なことで言えば、家族に対する義務を果たすことよりも個人的達成を通じた自己実現が勝るという考え方は、最近では心理的に欠陥があると見られるようになりつつある。常識を根底から覆す著書『人格への道（*The Road to Character*）』〔邦訳『あなたの人生の意味』夏目大訳、早川書房〕の中で、著者デイヴィッド・ブルックスは、最初は「自己目標の達成による充足感」を賛美するというおなじみの立場を描いてみせる。だがすぐに批判に転じる。未来のトレンドとしては、他人に対する責務を果たすことで充足感を得るという考え方が復活していく、というのだ。[13]「自分を見つめることによって自分自身を発見する」という魅惑的な見解に対しては、ある強力なナラティブを対置することができる。それはナチスの手で処刑されるのを前にディートリヒ・ボンヘッファーが記した証言録『ボンヘッファー獄中書簡集』〔村上伸訳、新教出版社〕にもっともよく表現されているのではないだろうか〔ボンヘッファー（一九〇六－四五年）はドイツ人の神学者、牧師。ヒトラー暗殺計画未遂で逮捕され、獄中で刑死した〕。私たちは日常の中で出会う人たちの苦闘の中で「自分をなくす」ことによって自分を見出すのだ、と。自由とは自己への奉仕の中にではなく、自己からの脱出を通じて発見できるのである。社会心理学の最新成果もボンヘッファーとブルックスを支持している。私たちは個人的達成が不十分だったときよりも、十分に他人に対する責務を果たせなかったときのほうが、はるかに大きな後悔を感じるのだ。著名な心理学者のマーティン・セリグマンは、幸せの実現に関する長期的な調査を実施してきた。セリグマンの結論は明確だ――「幸せを望むなら、達成ばかりを気にしていても手に入らない。……親密な人間関係は人生のすべてではないが、中核的ではあるのだ[14]」。「倫理的な家族」に「特権的な個人」が取って代わったことは、勝利ではなく、むしろ悲劇であることが明らかにされたと言えるだろう。

以上のこととは一見まったく関係ないように見えるが、経済学の分野ではある画期的な発見によって「弱者」のほうがより「強者」であり得ることが証明された。他人に信頼されるような約束《コミットメント》をすることで自分が望む結果を引き出すためには、ときには人は権限をいくらか放棄する必要がある。人に約束をするというのは、「啓発された利己心」の一例だったのを思い出して欲しい。しゃれた言い方をすれば「約束を守る技術（コミットメント・テクノロジー）」が「時間不整合性」を解決する、ということになる。この事実の発見者たちはノーベル賞を受賞した〔二〇〇四年に経済学賞を受賞したノルウェーのフィン・エルリング・キドランドと英国のエドワード・プレスコットのこと。本文に言う時間不整合性とはごく単純化すれば、ある約束をした人（政策立案者など）が後に判断を変えて約束を違える（政策を変更するなど）場合を指す〕。たとえばインフレを解決するためのコミットメント・テクノロジーは、中央銀行に政治から独立した自律性を与えることであり、子育ての問題を解決するためのそれは結婚だという具合だ。ところが皮肉な矛盾と言うべきだが、欧米の社会ではインフレを抑えるためのコミットメント・テクノロジーを確立しようとしていたその同じ時期に、子供たちが生みの親によって育てられる権利を守っていたコミットメント・テクノロジーを台無しにしていたのだ。中央銀行は政治色を強めると初めは貨幣を過剰に発行するものだが、それと同様に、欧米社会では結婚という絆を断ち切ることで過剰な解放をもたらした。そして欧米の多くの社会では結婚には宗教色がつきまとうため、結婚に代わる純粋に世俗的な何かが必要だとされた。だがこれは何も革命的な話ではない――すべての欧米諸国で結婚はキリスト教以前からあったし、公的な約束は宗教的なものと世俗的なものが容易に共存し得る。どちらの場合も、約束を守り続けるためのコミットメント・テクノロジーは、公然かつ明白に相互的義務感を受け入れることで効力を発揮できる。すなわち威信と恥の意識こそがその推進力である。コミットメント・テクノロジーはそれを利用する人自身の役に立つものであることを思い起こしたい。これまで述べてきた事例と同様、それは「啓発された利己心」に基づいている――つまり約束を守ることに目的を持たせるものなのだ。望ましい結果へと至る真の因果関係を理解できさえすれば、相互的な約束履行は合理的なものになる。「啓発された利己心」はさまざまな場面で相互の義務感を補完し、強化する。それと同様に、公的な約束の価値を見抜く経済学の洞察も、公的な約束を守ることの価値に対する心理学的な洞察を補完してくれるのだ。

経済学と心理学におけるこれらの知見は、「個人的達成による自己充足」という食傷気味な主張に対する強力な反論となり得るだろう。しかしこれらは、家族という衰退してしまった領域が直面している新たな現実を解決することはできない——すなわち大家族型の「倫理的な家族」から核家族型の「王朝《ダイナスティ》的な家族」への変容という事態である。このような傾向にはどのように対抗することができるだろうか？　幸運なことに、技術的進展がもたらしたある結果のおかげで、こうした変容を埋め合わせることが可能だ。それはますます伸びつつある寿命である。(*)家族は人数という水平方向では縮小したものの、寿命という垂直方向では伸びている。このため今や多くの家族が三世代ではなく四世代になっている。その中では、最高齢の世代の影響力が及ぶ範囲は拡大している。各世代が子供を二人ずつ産むとすれば、存命中の第一世代は合計四つの三世代から成る核家族の、すなわち下の三世代の家族二〇人の上に立つことになる。そうした最年長者の男女は目的を失った化石のような存在になる必要はない。役割を与えてあげればよいのだ——威信というものが持つ力を復興させる役割だ。威信は大家族型の「倫理的家族」の成員相互の義務感を担保してくれるだろう。

個人的な追記

一〇年前、妻と私はある道徳的な選択を迫られた。社会的格差の拡大という運命のスパイラル現象のいたずらによって、私のいとこの幼い孫たちが父権主義的国家の「保護下」（これはオーウェル顔負けの婉曲表現だが）に置かれたのだ。新時代のイギリスのエリート高学歴層の昨今の規範からして、私たちは周囲から「その子たちを引き取るべきだ」という社会的なプレッシャーは受けなかった。そして私の家族のみんなも同様に、私たち夫婦の責務に対してはおおらかな見方をしていた。私たちに迷いはなかった、と言いたいところだがそうではない。当時の思考の細部を思い出すのは容易ではない。だが私たちに重大な影響を及ぼしたことが一つあった。それは私の親の世代だったら、私たちにどのようなことを期待しただろうか、ということだった。すでに亡くなっているのに、両親は私たちに自尊心というものについて強烈な道徳的プレッシャーを与え続けていた。また、長年にわたってアフリカの文化に親しんできたこともあり、もう一つ私たちに大きな影響を与えたのは、アフリカの大家族型の「倫理的な家族」が持つ規範に対する尊敬の念だった。偶然ながら、国家が私たちを助けてくれた。新たな法律によって、親戚は他人と異なり、養子縁組の面倒この上ない手続きを回避できるという道を用意してくれたのだった。お役所も家族も完全に同意してくれたおかげで、困難な最初の時期に、わずか八カ月で書類や審査や支払いやらの慌ただしい手続きを一気に終えることができた。人口六五〇〇万人というイギリスで、丸一年の間に標準的な方法で養子として引き取られた子供はわずかに六〇人しかいなかった。このため一時的な里親制度という宙ぶらりんの状態に置かれたままの子供たちが七万人にのぼるという統計数値があるわけである。しかもその数は毎年増加しているのだ。

二人の幼子たちがわが家にやってきたとき、私たちのアフリカ人の友人たちは「あんたも私たちの仲間入りだね」とでも言うように肩をすくめて見せた。イギリス人の友人たちは私たちを「勇気がある」と評したが、人気コメディ番組『イエス・ミニスター』〔一九八〇年代に英国BBCで放送されたコメディ・シリーズ。主人公の大臣と部下の事務次官の葛藤を軸に政界を風刺した〕の用法では、これは「きっと後悔するぞ」という意味だ。あれから一〇年、私たちは後悔からはほど遠

（＊）年齢的に私もこの進展には大いに関心を抱くようになっている。

く、家族の義務感について以前よりも明確な考えを持つようになっている。私たちが遭遇したこうした経験は、アフリカ同様、私たちの社会でも当たり前であるべきだ。だが本来、豊かで倫理的な社会では、私たちがしたようなことはそもそも必要ないはずである。

第6章 倫理的な世界

「倫理的な世界」とはどのような世界だろうか？ イデオローグたちにはそれぞれのやり方がある。功利主義のイデオロギーは父権主義的な全地球型《グローバル》政府を樹立することを要請するだろう。それは「最大多数の最大幸福」を実現するために財政移転を調整するという課題を担う政府だ。ロールズ主義者の法律家たちは、国連による「人権」重視の主張にますます大きな影響力を持ちつつある。そこへセレブのポピュリストたちも喧騒に負けじと感情をぶちまける――ポピュリズムには心ばかりで頭がないが、そのスポークスパーソン、アンジェリーナ・ジョリーは「全地球型の平和《グローバル・ピース》」を要求している。

もしこれらに代わって第2章で見てきた中核的な指針を適用してみれば、私たちは「倫理的な国家」「倫理的な企業」そして「倫理的な家族」に類した「倫理的な世界」を構想できるはずだ。

第一の指針――ほかの国々の社会に対する、相互性に依存しない責務を認めること。すなわち「救済の義務」だ。これは難民などの集団や、大量の困窮者を出している社会、あるいは初歩的な公正さすら欠いている社会に対する責務も包含する。

第二の指針――さらに意欲のある国々の間では、もっとずっと広範囲に及ぶ「相互的な責務」

を構築すること。

第三の指針――この第三の相互性は、ある集団の共同成員であるという認識に支えられている。その認識は各人の「啓発された利己心」を増強するような、目的意識を持った共通の行動に基づくものだ。

一九四五年時点の世界は、右のような倫理的世界からは想像を絶するほど遠くかけ離れていた。そこには四つの長年の悪夢があった。まず、私の両親の世代は、もの心がついてからの人生の三分の一を世界大戦の中で生きていた。さらに、生まれたときにあった繁栄著しいグローバル経済が崩壊するのを体験した。世界は保護主義という、他国の繁栄を犠牲にする「近隣窮乏化政策」を競って採用する日和見主義へと走り、互いに窮乏を招いたのだ。そして第三に、両親の世代は帝国の時代を生き抜いた――イギリス、フランス、ロシア、日本、オーストリア、ポルトガル、ベルギー、ドイツ、それにイタリア。それらの帝国はいずれも、目にも明らかなばかげた倫理観の重圧のもとで崩壊しつつあった。そして最後に、ドイツ、ロシア、スペイン、イタリアを席捲したファシズムとマルクス主義の両イデオロギーが強いた恐怖を生きねばならなかった。このような前世代から受け継いだ災難に加え、第二次世界大戦の終結は新たに二つの災厄をもたらした。まず、世界のほぼ三分の一を支配下に入れた好戦的な新興共産主義諸政権が、残りの世界も乗っ取ろうとするだろうという観測。さらに中欧の混乱による膨大な数の難民の発生という、目の前の現実である。

当時の政治指導者たちが「できるわけがない」という思いに押し潰されたとしても無理はなかっただろう。しかしそうはならず、リーダーたちは先述の三つの中核的なコンセプトを活用し、「倫理的な世界」を構築しにかかったのだった。見返りがあろうとなかろうと、他国の社会に対する責務が――すなわち「救済の義務」が――発生し得ることを認識し、その責務を果たし始めた。さらに特定の目的に特化した諸国仲間集団《クラブ》を国家間で構築することで、「相互的な責務」という未開拓の膨大な潜在的可能を活用し始めた。そして日和見主義的に目の前の自己の利益ばかりを追い求めるのではなく、ものごとの因果関係を明確にして「啓発された利己心」を育て、この諸国クラブを強化した。驚異的な成功だった。そしてやった甲斐もあった――世界は徐々に良い方向へと変容していったのだから。

しかしこの成功を受け継いだ幸運な世代のリーダーたちは、成功を生んだプロセスを理解していなかった。大惨事の灰の中から成功をつくり上げた巧みなプラグマティズムは後退し、功利主義やロールズ主義のイデオローグたちの蠱惑《こわく》的なナラティブに取って替わられた。そしてそのイデオローグたちは前世代からの遺産を次第に切り崩してきたのである。今日の世界は一九四五年の世界の非倫理性とは比べようもないほど良くなっているが、それでもまだまだやるべきことは多い。かつての目を見張る成功、その衰退、そして来るべき時代の課題……本章はこの三本柱で構成される。

「倫理的な世界」はこのように構築された

個々の国家は日和見主義的な振る舞いをやめ、仲間の国々からの圧力《ピア・プレッシャー》によって共通の責務を果たすべきだ、というのが一九四五年の各国首脳の根本的な見識だった。だがピア・プレッシャーはアイデンティティを共有しているかどうかに左右され、それは一九三〇年代には欠けていた。それが一九四五年時点では、相互的な責務を受け入れる意欲のある国々が新たな諸国クラブを次第に構築しつつあった。明確な目的のある行動を設定して、それを軸に帰属意識を共有し始めていたのである。

もっとも差し迫った最優先事項は国際的な安全保障だった。ソヴィエト連邦がつくり出していた恐怖の空気に対抗するため、新たな諸国クラブが一九四九年に発足した——北大西洋条約機構（NATO）だ。それはメンバー国家間の相互的な安全保障を中心的な原理としていた。そして「共通の脅威に直面している民主主義諸国」というアイデンティティを共有していた。タダ乗り組も何カ国かあったが、基本的には「啓発された利己心」を生む明白この上ないナラティブで固めた新たな義務感があった。そのナラティブとは「団結か、死滅か」。言行も一致した。代表的な事例は一九六二年のキューバ危機〔キューバに核ミサイルを配備しようとしたソ連に対し、アメリカが海上封鎖を行い、米ソ対立が一触即発の危機に見舞われた事件〕と、一九八〇年代初頭に巡航ミサイルが初めて配備されたときである。各国内で共産主義の脅威によるさまざまな緊張が積み重なっていく中、この新たな相互的責務のおかげで平和を保つことができたのだった。

ソ連が新たな脅威だったとすれば、ヨーロッパ内では依然としてドイツが古き恐怖の対象であり続けた。フランスはわずか七〇年の間にドイツと三度も血みどろの戦争を戦ったのだ。「啓発された利己心」の利点は火を見るより明らかだったが、過去の戦争が生んだ憎悪がそれを邪魔していた。そこで取られた解決策は、共通の企てをささやかなかたちで、しかし繰り返し、現実に即して慎重に実施していくことだった。それは一九五一年に開始され、やがて欧州経済共同体（EEC）にまで発展した。NATOの場合と同様に、この諸国クラブの中心的な原理は相互的な責務を受け入れることだった。

自国の利益のために近隣諸国を犠牲にした一九三〇年代の保護主義を解消するためにも、新たな諸国クラブが設立された——関税および貿易に関する一般協定（GATT）である。一九四七年から六七年の間に、六ラウンドにわたって相互的な貿易自由化に関する交渉が行われた。ここでも主たる推進力は「啓発された利己心」だった。どの国も保護主義がもたらしたものをよくわかっていたのだ。

一九三〇年代の世界恐慌への対応策として、さらにもう一つ諸国クラブが設立された。それは公的銀行の国際通貨基金（ＩＭＦ）で、定められたメンバー国が出資し、一定のルールと監視に従うことを約束し、その代わりに危機に際しては融資を受けることができるというものだった。事実上これは巨大な相互保険制度だ。

こうした諸国クラブを支えた相互性という共通の原理は、経済協力開発機構（ＯＥＣＤ）によって強化された。この機構の目的はピア・プレッシャーをつくり出すことだった。成績ランキング表（たとえば国際的な学習達成度ランキングのＰＩＳＡ）〔「ＯＥＣＤ生徒の学習到達度調査」と呼ばれ、三年に一度、加盟国の生徒の十五歳段階での教育到達度を測定するもの〕などで比較を促し、さらには国家政策の他国による評価も行うのだ。

それぞれ特定の限られたメンバーから成り、メンバーが相互に責務を担い、信頼に足る「啓発された利己心」を持つという、目的を特化したこれらの諸国クラブは次第に世界を変容させていった。各組織はそれぞれのペースで確立されていったが、すべてを合わせるとその成果には目を見張らせるものがあった。

ＮＡＴＯは一九八九年、ソ連の崩壊と冷戦の終結という劇的な成果をもたらした。ヨーロッパ内ではＥＥＣがスペイン、ギリシャ、ポルトガルといった諸国に民主主義を根づかせると同時に、貿易の域内統合を深化させた。おかげで貧しいメンバー国が豊かな国々に追いつくことができた。ＧＡＴＴは一九八六年の最終ラウンドの交渉〔ウルグアイ・ラウンドを指す〕を終える頃には、その後のグローバルな貿易拡大のための土台を築き上げていた。それは各国に莫大な経済的利益をもたらすことになった。ＩＭＦはさまざまな危機を防止したが、この期間を通じて最大の救済措置は、一九七六年にイギリスの政治的危機に際してのものだろう。当時、『ニューヨーク・タイムズ』紙は「さらばイギリス、どうぞお達者で」とのヘッドラインを掲げて危機を予想したのだった〔財政赤字により莫大な負債を抱えたイギリスはＩＭＦの緊急支援を受け入れた〕。イギリスが救われたのは、ケインズをはじめとする前世代のイギリスの当局者たちが、まさにこのような場合に備えてＩＭＦを設立してくれていたからにほかならない。国民的英雄と言うべきだろう。

以上のような相互的な責務で結ばれた諸国クラブと並び、世界の首脳らは「救済の義務」を果たすための新たな組織も構築していった。そこでも手腕が発揮された。「救済の義務」を豊かな個々の国々に任せきりにするのではなく、豊かな国々が互いに義務を果たすという原理に則った世界規模の組織をつくっていった。それにより、豊かな国々以外に対して責務を果たすための新たな規範を導入したのである。国連難民高等弁務官事務所（UNHCR）は難民救済のために立ち上げられた。世界食糧計画（WFP）は飢饉に際して食糧援助を提供するために、世界保健機関（WHO）は最貧国に暮らす人びとの健康状態を改善するために発足した。そうした中で要となった組織は世界銀行だ。加盟国は二つのグループに分かれていた――互いに規律を要求して世銀に貢献する豊かな国々と、プールされた出資金から融資を受ける貧しい国々である。

当時としては、いずれも「救済の義務」に対する前例のない集団的な対応策だった。相互的な義務感の拡大を補完する賢明なる行動だった。いずれの「救済の義務」に対しても、それを果たすべきことに――しかも集団的に果たすことに――どの国も疑問を差し挟まなかった。今から振り返ってみると、賛否の論争が巻き起こらなかったのは驚くべきことである。

種々の新しい諸国クラブや「救済の義務」のための諸組織と並行して、一九四五年当時の各国首脳らは世界政府の原型となるようなものを復活させた――諸国の集合体だ。第一次世界大戦後に創設され、失敗に終わって潰えた国際連盟に代わり、国際連合が登場したのだ。その安全保障理事会は世界の秩序を守ることを意図していた。だが国際連盟と同様に、そして大いなる善意があるにもかかわらず、これまでのところ効果的だったことは稀である。五カ国の安保理常任理事国は相互性を発揮するには十分に限られたサイズではあった。しかし米ソの間で二極化したイデオロギー対立により、「啓発された利己心」を生むのに必要な信頼を醸成することは不可能だった。逆説的だが、国連の最大の成果は自らを「排除された国々」の諸国クラブにつくり変えたことだと言えるだろう。すなわちほかの諸国クラブ的な組織内で十分な発言力を持たない国々が結成した「七七カ国グループ」である〔G77とも呼ばれ、一九六四年の国連貿易開発会議（UNCTAD）の会合で発展途上国七七カ国が結成。二〇一九年現在一三四カ国が加盟〕。

蝕まれる「倫理的な世界」

諸国クラブは相互性によって機能していた。それは忠誠と公平性の規範を基盤としていた。だがプラグマティズムがイデオロギーに取って代わられていくにつれ、西洋的で学があり、産業志向で裕福で、先進的な例の「WEIRD」の連中〔第1章参照〕が好む気遣《ケア》いと平等という規範によって、そしてそれに付随する「ニーズに応じて万人を包摂せよ」との要求によって、相互性や従来の規範は排除されていった。諸国クラブは「WEIRD」が求める気高い大志に応ずるべく、メンバーも野心も拡大させていった。

一二カ国で結成されたNATOは現在は二九カ国となり、ヨーロッパ東部へと拡大。発足当初の加盟国間には、それなりに真の相互性の要素が見られたが、規模の拡大は事実上、アメリカによる安全の保障を軍事力のない国々に広げてやることを意味した。最初は六カ国のクラブだったEECは二八カ国から成る欧州連合（EU）へと拡大した。加盟国が遵守すべき諸規則の領域は、当初の貿易と民主主義から、公共政策の大部分をカバーするほどに大々的に拡張された。GATTは世界貿易機関（WTO）へと発展的に解消したが、加盟国はほぼ全地球規模となった。それに伴い、規制の対象も農業やサービスから知的財産まで、広大な領域に及ぶことになった。ＩＭＦも同様に全地球規模の加盟国を有するまでに拡大し、その権限も拡大した。

特定の規則に縛られていた組織が拡大していくにつれ、相互的な責務を守らせていた接着剤が効かなくなっていった。(*)その結果、各組織は実効性が低下することに甘んじるか、一部の内輪のメンバー国によって運営される擬似帝国に変貌するしかなかった。後者ではひと握りのコアな国々が支配下のメンバー諸国に対し、罰則によって規則を守らせることになる。こうして各組織はいずれかの道を歩んでいった。

第一は組織の実効性が低下する道だ。ＮＡＴＯでは、相互関係は発足メンバー国間でさえ弱体化した。国内総生産（ＧＤＰ）の二パーセントを防衛費にあてるという公約を守っているのは、二九カ国中わずかに五カ国にすぎない。このためアメリカの主体的な関与は後退し始めている。だがＮＡＴＯ以上に、効果的な諸国クラブから、ほぼすべての国々を包含する非効果的な組織に変質してしまった最たる事例、それはＷＴＯである。ＧＡＴＴは最初の一七年間で相互的な貿易交渉を六ラウンド成功させた。それに対してＷＴＯは発足以来の二三年間で一ラウンドとして協議を妥結させたことがない。

次に帝国への道だ。これのほうが議論の余地が多いが。ＥＥＣからＥＵへの拡大、それに加盟国のための相互銀行から貧困諸国のためのグローバル基金へと拡大したＩＭＦ。これらの変化は両組織を擬似帝国に変貌させた。両組織を通して、一部の国の政府がほかの諸国の政府に指図しているのだ。ＥＵでは、かつては「啓発された利己心」がルールの遵守に目的意識を与えていた。だが今やそれは内輪の一部の国々が設定し、遵守を要求する幅広い規定の規範に取って代わられた。その中枢国のグループは現在、三つの「嘆願諸国」のグループと対立している――東部の加盟国、南部の加盟国、そしてイギリスとだ。私は問題となっている規範を批判したり、問題を誇張するつもりはない。これ以外の面ではＥＵは依然として計り知れない価値を有する諸国クラブであり続けているし、さらに多くの成果をあげる可能性を秘めている。だがEUが疑問の余地なく相互支援的な組織かと言うと、もはやそうではない。EUはますます強国がほかの諸国に指図をするような組織になってきているのである。

ＩＭＦは世界銀行のようなグローバル基金に変貌した。その世銀の設立の根拠は「救済の義務」を果たすことにあった。その本質から言って、「救済の義務」は相互的でもないし、条件付きでもない。それなのに両組織とも、出資国の内輪の中枢諸国によって支配されるようになり、その国々は義務を権力に変えてしまった。出資国らはまず、特定の経済政策を採用することを資金援助の条件とした。しかしこの発想は――それ自体ひどい考え方だが――強力な政治力を持つＮＧＯらにあっという間に乗っ取られてしまった。現在、欧米諸国からの資金援助を得るためには、地球環境と人権に関する要件を満たすことが条件となっている。だがそれらの条件は厳しすぎて、豊かな国ですら達成されていない水準のものも多い。たとえば、世銀のあらゆるプロジェクトには「環境アセスメント」が必須である。このため水力発電の開発プロジェクトに融資することは不可能になった。人権を侵害するとＮＧＯらが考えているからだ。都市部の道路拡張計画さえ、欧米の人権擁護活動家らによって阻止されたことがある[†]。貧困諸国における世銀のプロジェクトには、高所得諸国で適用されているものよりも大幅に厳しい二酸化炭素排出基準の遵守が強要された。アフリカでは電力不足が深刻なだけに、激しい反発を生んでいる[‡]。ここでも私は事態を誇張したくはない。両組織とも良いことを山ほど行っているし、これから私たちがさらに多くの善を為そうとする際に、第一の手段であることは変わらない。だがどちらも本来とは異なる

（＊）だからこそ英国政府はＥＵ拡大に熱心だったのだ。
（†）世銀のジム・ヨン・キム総裁（二〇一二－一九年在任。韓国出身の米国人医師）は自身が体験したフラストレーションを私に語ってくれた。道路拡張が決まった土地に移り住んだ不法占拠者らにまでかなりの額の補償金を支払ったというのに、人権擁護を掲げる圧力団体の強大な力によって計画は阻止されてしまったという。

意図のために乗っ取られてしまっているのである。

「倫理的な世界」を復活させるには

私たちには諸国クラブと「救済の義務」の両方に機能してもらわないと困る。諸国クラブが必要なのは、父権主義的な世界政府は実現不可能であるだけでなく、望ましくないからだ。そのような世界政府が世界中の人びとを支配しようとしても、違反が続出して機能しないだろう。だが旧来の諸国クラブを復興するよりも、新たなものをつくるほうが容易かもしれない。現今の経済的、軍事的な力関係の現実を反映した多目的型の諸国クラブだ。そんな諸国クラブならば、世界を利するような相互的な責務を果たす多くのチャンスを見出すことができるだろう。G20は十分な広がりを持った組織だが、実際上は規模が大きすぎ、異質な要素が多く集まり、活動も断続的だからあまり効果的ではない。それに応分の負担をせずに利だけを得ようとする「タダ乗り」の国々が多すぎる。G7はより小規模で関係も緊密だが、今日の情勢から見てメンバーが不適切だ――中国とインドが除かれているからだ。むしろ中国、インド、アメリカ、EU、ロシア、そして日本で構成するより小さなグループのほうが、グローバルな経済的、軍事的な力を包含できるだろう。そしてグループ全体としての集団的な関心は、タダ乗りしようとする非加盟国があったとしても、グローバルな諸問題を解決することに向けられるはずだ。そしてそれぞれのメンバー国は、自国がタダ乗りしようとしたら、ほかの国々もそうするだろうとわかっている。そもそもこれらのどの国もタダ乗りするには大国すぎる。

このような諸国クラブを構築するには、二つの課題を乗り越えなければならない。第一は、右の六カ国は共通点がまったくなく、その一方で個々の地政学的な利害関係が衝突することだ。しかしながら、気候変動、感染症などのパンデミック、脆弱国家の扱い〔政府が機能せず、法治・公共サービスなど国民の基本的な安全と生活を保障する国家的機能が崩壊している国家を指す〕など、急迫するグローバルな諸問題に対しては、ますます共通の関心を持つに違いない。さらにこの六カ国の国々は、自分たちに共通の明確な特徴があることにも気づくだろう――この国々こそ、そしてこの国々のみが、これらの問題を集団として共に解決できるだけの大国であるということである。そしてまた、他の五カ国にお任せで自国だけタダ乗りするにも、どの国も大国すぎるということを。第二の課題は、「心だけで頭のない」の理想主義者たちがおそらく予想通り反対するだろうということだ――「グループから排除された国々はどうするつもりなのか?」と。だが「集合行為問題」〔とくに大きな集団で、成員個々の利害の不一致などから成員が共同行動をとらず、望ましい共通の目的へ向けた集合的行為が阻害されるという問題〕を克服できるくらい小規模な集団を構成することは、実は集団に参加していない国々にとってきわめて有益なことなのである。他国も同じ目的に向けてコミットしても構わないが、まずは右の六カ国がその国々もそれぞれ行動すべきであることを非公式に合意していることが前提となる。六カ国は異質な国同士だから、次のことはほぼ確実だ――六カ国すべてが賛同していて、なおかつそれ以外のすべての国々に不利益をもたらすような議案というものは、あり得ないということである。今必要なのは、このような諸国クラブだ。構築するには何年もかかるだろう。だが喫緊のグローバルな諸問題には効果的な行動が不可欠だ。この基本的な論理によって、私たちは次第に実現に近づいていくことができるかもしれない。

（‡）アフリカのある国の大いに尊敬を集めている元大統領は私にこう語ってくれた――「世銀やIMFには決してノーと言ってはいけないと、私は閣僚たちに指示しました。危険が大きすぎるからです。でも閣僚らには、連中にやれと言われたことも決して実際にやってはならないぞ、とも指示しました。連中を信用などできなかったからです」。

このような諸国クラブと並行して、「救済の義務」をこれまで以上に効果的に果たせる組織も必要だ。これこそ実は私の守備範囲だ。私たちには他者に対するそうした義務があるのだということを豊かな国々の人たちに認識してもらおうと、私は職業人となってから生涯一貫して働きかけてきた。私たちはこれまで、その義務をほとんどまともに果たしてこなかった。スタンドプレーの誘惑が、実際的な有効な行動を阻害してきたのである。それは以下の例を見ればわかるだろう。

難民問題(*)

まず難民に対する「救済の義務」を見よう。恐怖や飢餓のために故郷を捨てて逃げなければならなかった人びとの数は、全世界で六五〇〇万人。その三分の一が難民になる。その難民たちは平穏な暮らしを取り戻そうと奮闘する――どこか馴染みのある場所に生活の場を求めたり、家族を支えるために職を探したり、同じコミュニティの出身者たちと集まって暮らしたりしようとする。いずれも合理的なニーズだが、隣国の政府がそのニーズを満たすのは容易ではないだろう。実はその隣国の市民たちも貧しく、自分たちのニーズを満たすのに汲々としている可能性が高いのだ。

人間の社会は、近隣の社会の人びとに対して責務を負っている。それはおのずから相互的なものであり、相互的でない「救済の義務」よりも重いとも言える。だが難民たちが集団で自国を脱出するほど劇的な大規模な惨事の場合、グローバル社会による「救済の義務」も存在するのである。先進国に暮らすみなさんがそっぽを向いて、難民の避難場所となる隣国を孤立無援のまま苦闘させておくとしたら、その隣国は当然のごとく不満を抱くだろう。隣国は難民が国境を超えて自国領内に入るのを許すべきだが、みなさんのほうが裕福なのだ。豊かな国のみなさんが彼らと協力すれば、隣国が近隣国への義務を果たし、世界も救済の義務を果たせるはずだ。ここで私たちは「心の原理」と「頭の原理」の両方を指針とすることができる。前者は紛争状態に隣接する社会との「連帯」を私たちに要請する。後者は私たちに「相対的な優位性」に基づいて責任を分担することを要請するのである。

「頭」が私たちに与えるアドバイスは複雑なものではない。隣接する社会は避難場所を提供するのに最適な立地である。難民の出身地に近く、たどり着くのも帰国するも容易であり、おそらく馴染みのある生活の場にできるくらい出身国と似ているに違いない。私がこう書いている現在、最新の動きはベネズエラから隣国のコロンビアへの難民流出だ。一方、豊かな国々には難民に雇用を提供できる国際的な企業があるだろうし、自活できるまでの移行期間に難民世帯を支援すると同時に、隣国に対しても難民受け入れによって発生するコストを補塡してやるだけの金があるはずだ。混乱の極みにある近年の難民政策よりも、これこそが未来の戦略である。

HIV感染者の問題(†)

一般に、ある社会内では相互的な関係が持つ力によって、世界全般に対するよりも、同じ社会内の市民たちに対する強い義務感が醸成される。しかし時として、別の国々の市民に対し、仲間の市民たちに対するよりも強い義務感を持つべきことがある。貧困諸国でＨＩＶに感染して苦しんでいる人たちに対する義務感はその一つだ。最新の抗レトロウィルス薬を使えば、ＨＩＶの感染者たちも何年も普通に生活することができる。そのコストは年に一〇〇〇ドルに満たない。フランスのシラク大統領とアメリカのジョージ・Ｗ・ブッシュ大統領は在任中、ＨＩＶ感染者たちに対してこそ、まさに「救済の義務」が

（＊）本節はBetts and Collier, 2017に基づいている。
（†）本節はCollier and Sterck, 2018に基づいている。

あると認識していた。これは道徳的に評価すべきだ〔シラク大統領は後天性免疫不全症候群の問題に対する国際的取り組みの必要性を説き、一九九七年に「国際治療連帯基金（ＦＳＴＩ）」設立などを主導。ブッシュ大統領は二〇〇三年、国家計画「エイズ救済大統領緊急計画（ＰＥＰＦＡＲ）」を立ち上げ、その後歴代政権でも継承されて、現在までに八五〇億ドルを投入している〕。資金がなければ、対象となるアフリカの何千人もの貧しい人たちが差し迫る確実な死へと追いやられる——二人は自分たちの国は十分に豊かであり、国民はこの命を救う出費を喜んで集団的に負担するだろうと見抜いていたのだ。

それではＷＥＩＲＤの連中はどう反応しただろうか？　功利主義のイデオロギーに染まった健康エコノミストたちは、このような資金の使い方に反対した。「救済の義務」の道徳的な重要性をまったく見逃して、ほかの幅広い疾病を防ぐための「予防介入」で死亡リスクをわずかながら下げるほうが、全体として同じ金額でもっと多くの寿命を稼ぐことができる、と主張したのだ。ＨＩＶ感染者は死んでもらったほうが費用対効果が高いというのである。一方、「心だけで頭のない」ポピュリストたちは、明らかに命が救えるはずの別の方法に対して異論を述べ立てた。ＨＩＶは通常は性交によって感染する。もし人びとに複数の相手と性行為をしないようにさせることができれば、同時に感染率は劇的に低下するだろう。ウガンダのムセベニ大統領はこれを全国民へのラジオ放送を通じて実現した。しかし性行為に対する態度を改めさせるキャンペーンは、ＨＩＶ感染者たちは道徳的に自業自得だという偏見を図らずも植え付ける恐れがあるとして、ポピュリストたちは批判したのである。だが犠牲者になってしまっては道徳的行為者になることもできないというのに。

大規模な集団的絶望状態に対する「救済の義務」

現在、多くのアフリカの若者が抱く希望のビジョンがある——ヨーロッパへの脱出だ。これは悲劇である。大規模な集団的絶望の解決策として、明らかに現実的ではないからだ。しかももっとも優秀な人材の国外流出は貧困社会の諸問題をいっそう悪化させることが多い。「倫理的な世界」では、どの国の社会も自国の若者たちに信頼できる希望を与えてやれるようでなければいけない。豊かな社会の役割は、貧困国のひと握りの優秀な若者を誘惑して、私たちが住む豊かな社会で疎外された暮らしをさせることなどではない。そうではなく、国に残っている多くの優秀な人材に自分たちの国の社会で活躍するチャンスを提供してやることである。

あらゆる「救済の義務」は救済すべき人たちに対する尊重の念を出発点とする。救済とは自律性を回復し、増強することであり、誰かに対して権威を振りかざすことではない。国際的な支援がめざすものは偽善的な社会的、政治的状況ではなく、「倫理的な企業」を、それを絶望的に欠いている社会へ誘引することであり、同時に腐敗した企業の活動を抑えることである。脆弱国家には現代的な企業が提供できる雇用がどうしても必要だというのに、そうした国々をめざす優良企業は稀だ――市場の小ささとリスクの高さが企業に二の足を踏ませている。これを変えるには、雇用創出によって公益をもたらしてくれる企業に対する補償として、公的資金が必要だ。世界銀行とイギリス政府は二〇一七年、民間企業と連携する関連組織――世銀の国際金融公社（ＩＦＣ）とイギリス政府のＣＤＣグループ（旧英連邦開発公社）――を支援するために国際援助を使うスキームを開発した。これに対して「心だけで頭のない」ポピュリストたちは激しい不快感を表した――自分たちの見栄えばかりが良い優先事業から国際援助がほかへ回されてしまうのだから。

結論

頭と心を組み合わせれば、切迫する地球規模の不安に対処できるような、そして救済を必要としている人びとに効果的な救いを提供できるような、相互性を持つ新たな諸国クラブをプラグマティックな方法で生み出していくことができる。ひと世代前の世界の政治リーダーたちは、今よりもはるかに危惧すべき状況を前代から受け継いだにもかかわらず、右の課題を両方とも成し遂げた。彼らは次の世代に以前よりもずっと良い世界を――まだまだ完璧にはほど遠いが、少なくとも変容された世界を――残してくれた。その遺産のおかげで心地よくなった相続人たちは、イデオロギーとポピュリズムに耽ることになってしまった。その結果は諸国クラブの弱体化と「救済の義務」の堕落であり、私たちは今その代償を支払わされている。だが私たちはプラグマティックなアプローチを取り戻せば、「倫理的な世界」を復興できるだけでなく、かつてなく優れたものにしていくことができるはずである。

第3部

包摂的な社会を回復するには

第7章 地理的格差
——繁栄する大都市と破綻した都市

ロンドン、ニューヨーク、東京、パリ、ミラノ——世界中の先進国で首都圏は国内のほかの地域を置き去りにして躍進してきた。そしてこの広がりゆく分裂は、所得、雇用の伸び、あるいは住宅価格など、どの尺度で測ってみても否定しようがない。これは比較的最近の傾向で、一九八〇年頃から始まった。それまでは国内の地域間の所得格差は縮小していたのだ。アメリカが典型的だ。一世紀間、さまざまな格差は年二パーセントの割合で縮小していた。ところが一九八〇年以降、首都圏の急激な繁栄と並行して、多くの地方都市は突然の経済的衰退に直面させられてきた。OECDによる最新の分析によると、高所得国のこの二〇年間における生産性を見ると、最上位地域と残りの大部分の地域との格差が六〇パーセント拡大したという。イギリスも典型的だ。一九七七年以来、人口が年々北から南へと移動してきたし、所得格差も拡大を続けてきた。一九九七年にはイギリスの地方の経済全体の規模はロンドンの四・三倍だった。それが二〇一五年には三・三倍に縮小していた。

当然ながら、こうした傾向は政治的分裂というかたちにも表れている。地方の憤懣やるかたない不満に対し、大都市は尊大な自信で応じた。「上空通過都市《フライオーバー》」という地方都市に対するアメリカらしい蔑称〔飛行機で上空を通過するだけの、ビジネスなどで立ち寄る意味のない、廃れた、または零細な都市という意味〕があるが、最近『フィナンシャル・タイムズ』紙の政治評論家ジャナン・ガネーシュはさらに、大都市の連中は「(地方という)死体に縛りつけられて足を引っ張られている」と感じているのだと辛辣に指摘した〔「死体に縛りつけられている」とは、第一次世界大戦中のドイツ軍司令官の言葉とされ、敗退を重ねて犠牲者ばかりを出し続ける(つまり「死体」同然である)同盟国オーストリア＝ハンガリー軍がドイツの重荷になっていることに対する不満を表したもの〕。このような表現に少しでも共感の念はあるだろうか? 相互的な義務感はどこへ行ってしまったのか? いずれも容赦なく打ち捨てられ、かつては大都市と地方都市を団結させていた「共有されたアイデンティティ」の喪失と同時に、消えてなくなってしまったのだ。

このような事態を反映して、大都市の人びとがアメリカ大統領選ではトランプに対し、ブレグジットでは賛成派に対し、そしてフランスのルペンやイタリアの五つ星運動〔反EUなどを掲げるポピュリスト政党で近年大きな勢力となっている〕などの反乱勢力に対して、いずれも大々的に反対票を投じた一方で、破綻した地方都市の人びとは右の諸勢力に魅力を感じたのだった。

さて、ではこのような新たな分裂を駆り立ててきた経済的な力は何だろうか? そしてそれに対してどのように対処できるだろうか?

何が新たな格差拡大を駆り立てているのか?

新たな格差拡大を引き起こしている諸力の底流にあるのは、産業革命の時代にまでさかのぼる二つの単純な関係性だ。第一は生産性と専門分化であり、俗っぽく言えば「現場で学ぶ」ことだ。人は少ない課題に専門的に特化するほど、より深いスキルを身につけることができる。第二の関係性は生産性と規模であり、俗っぽく言えば「規模の経済」のことだ。

規模と専門分化の利点を最大限に活かすためには、人びとが都市に群集する必要がある。ある企業が一定以上の規模で操業するには、大規模な従業員のプールと大規模な顧客のプールが必要で、近い分野の他企業の近くに立地している必要がある。従業員らが専門分化すると、専門外の部分を補完してくれる他の人びとの近くで働く必要が出てくるのだ。この点、都市はあらゆる必要なつながりを可能にする近接性を提供してくれる。しかし都市がつながりを実現するには、地下鉄、道路、高層ビル、空港や鉄道ターミナルなどに膨大な投資を必要とする。このため一九八〇年代までは、そんなことができるのはヨーロッパと北米の都市だけだった。

このような手近な接続性《コネクティビティ》は生産性の面で莫大な恩恵を与えてくれた。そして多くの都市が特定の産業の企業群を育て、おかげでそれらは世界的な企業になっていった。私自身の故郷のシェフィールドも、鉄鋼業でそうした専門的な製造業者の集団と、それに伴う高度に専門分化した労働者集団を構築した。一九八〇年頃には、このような諸都市の典型的な労働者は、産業集団を欠く世界の諸地域の労働者たちに比べて驚くほど生産性が高かった。そして収入は生産性と対応することが多いから、そうした諸都市の人びとは驚くほど豊かでもあったのだ。

一九八〇年頃以来、このような状況は二つの偶然の、しかし顕著な展開によって崩壊させられていった——知識の爆発的増大とグローバリゼーションである。知識の爆発的増大は専門分化と都市化という旧来の関係性に拍車をかけ、巨大都市にめざましい経済成長をもたらした。一方、グローバリゼーションは規模の利点を活用する新たな可能性を切り開いたが、同時に既存の企業群を新たな競争にもさらし、ときにはそれらを衰滅させることになったのである。

知識革命と大都市圏の興隆

一九八〇年代以来、知識経済は飛躍的に拡大した。その要因の一部は大学における基礎研究の前例のない伸びであり、一方で企業による応用研究がそれを補完するように拡大したことにもよる。物質を人間の利益のために活用できる潜在的な可能性を制限するものは、物理学的な基本原則のみである。物理的な世界を制覇するのはきわめて複雑なだけに、私たちはまだそのほんの初歩的段階にある。私たちは一つひとつ新たな発見をするごとに、この複雑な世界に踏み入っているのであり、それによって生産性は少しずつ革新されていく可能性がある。だが私たち人間の限られた能力で物理的世界の複雑性を克服していく唯一の道は、もっとも能力のある人たちがこれまで以上に専門分化していくことである。真に万能人をもって自認できるような人たちはすでに十五世紀あたりで死に絶えた。今日、もっとも頭のいい人たちは、自ら知の最前線に達した一つの狭い分野について膨大な知識を持っているのであって、従ってほかのあらゆる分野では知の最前線からはるか遠くにいるわけである。これは学術研究だけでなく、商売にとって貴重なスキルについても言える。たとえば法律は以前よりも複雑になっているため、法曹界はより細かく線引きされるようになった。また、大学教育の拡大は学術的研究を促進するだけでなく、そうした専門的なスキルを身につけた卒業生たちも世に送り出しているのである。

このような変化にもかかわらず、専門分化と都市の根本的な関係性は今でも有効だ。極度の専門分化は異なる分野の専門家たちが互いに近くにいて初めて生産的なものになる。だから専門分化が進展すると、より大規模な補完的な専門家集団が必要となり、それに見合うだけのより大規模な潜在的な顧客のプールにアクセスできることが求められる。たとえばロンドンでは、ある専門分野を得意とする弁護士にとって、ほかの専門分野を扱う弁護士仲間や、専門性を求めるクライアント、それに裁判所も身近にある。ところが同じ専門の弁護士でも小さな町にいたならば、一年の大半を無為に過ごすに違いない。

専門家たちがこのように群集するには、大都市がきわめて優れたコネクティビティを提供してくれることが条件となる。ロンドンとその周辺にはイギリスの二大国際空港のどちらもあるし、ロンドン発の高速鉄道ユーロスターはパリとブリュッセルへ乗り入れており、さらにロンドンはイギリス全土の主要鉄道路線と大部分の高速道路網の要となっている。地下鉄網もある——ロンドン都心部では、平均的な労働者は二五〇万人のほかの労働者たちのもとへ四五分以内に行くことができる。さらに政府もこの首都にあるから、国政の現場の近くにいる必要がある活動にも最適な立地なのである。

国際商取引の障壁の撤廃も、高度に専門的な人びとの集住の利点を増大させた。潜在的な市場を国内から世界規模へと拡大させたからだ。かつてはロンドンに集まる専門企業の主要な市場はイギリスだった。それが今や世界になった。だから今日の市場は以前よりもさらに専門的な弁護士たちの商売を支え、それに伴ってその弁護士たちのスキルと生産性も拡張されている。その結果、稼ぎも驚異的である。

さらに、高額所得者たちの人口が大きければ、その人たちに娯楽を提供する市場が生まれる。ここでも近接性が重要だ——金はうなるほどあるが時間はないという専門家たちのあらゆる嗜好を満たそうと、レストラン、劇場、商店が殺到する。そしてこうした高級なサービス産業の集まりはさらなる人口の流入を誘発する——世界的富裕層《グローバル・リッチ》だ。ロンドン、ニューヨーク、パリにはいずれも、ほかの地域で築いた財産をそこで使って楽しみたいという億万長者の住人たちがいる。

さあ、ご覧あれ《ヴォアラ》、これで繁栄を極める大都市のでき上がりだ！

グローバリゼーション革命と地方都市の衰滅

以上はシェフィールドやデトロイトやリールで起きたことの説明にはならない。私は一九六〇年にシェフィールドへの訪問者が言った言葉を覚えている——「いやあ、なんて裕福な都市なんだ！」。一九九〇年の時点では、そんなことを言う人はいなくなった。

一九六〇年代のシェフィールドのように、世界的な企業が群集すると新たな競争相手よりも大きな優位を保てたが、鉄壁というわけではなかった。シェフィールドには製鉄業を営む上で何か固有の優位性があったわけではない。当初製鉄業者が集まるようになった理由は、砥石車の動力源となる流れの速い川があったからだ。それが二十世紀になると、唯一の取り柄は鉄鋼メーカーと熟練労働者がすでに存在しているということだけになった。各メーカーとも、同業他社がいるからという理由でシェフィールドに残っていたのだ。労働力の生産性は高かったが、それは賃金に反映されていたから、鉄鋼メーカーはそれほど高収益だったわけでもない。

その頃地球の反対側では、新興市場国の韓国が新たに鉄鋼産業を興そうとしていた。独自に企業の集積を築きつつあった韓国には、シェフィールドとは異なる優位性があった——はるかに安い労働力である。一九八〇年には、韓国で鉄を作るほうがシェフィールドで作るよりも収益性が少しばかり良くなっていた。このため韓国の鉄鋼メーカーは世界市場でシェフィールドの同業者らに競り勝つようになっていた。シェフィールドの鉄鋼産業は縮小し始め、韓国の鉄鋼産業は成長し始めた。シェフィールドの企業群が縮小していくにつれ、多くの相互に依存し合う企業が近くに集まっている利点、すなわち「集積の経済」と呼ばれるものが失われていった。このためシェフィールドではコストが上昇したが、韓国では企業群が拡大するにつれてコストが低下した。このため爆発的な結果が起きた——かつてチョーサーの『カンタベリー物語』〔十四世紀末の作品〕にも登場したシェフィールドの鉄鋼産業は驚くべきスピードで崩壊した。父親の代からの熟練工たちは失業し、熟練を要する仕事に就ける見込みもなかった。このような組織的な打撃がもたらす人間の悲劇は、映画『フル・モンティ』という記念碑に刻まれるほど重大なものだった。鉄鋼業の崩壊という災難を背景としたこの作品の痛切な自嘲的なユーモアは、実際に起きたことをよくとらえている。シェフィールドは生まれ故郷なだけに、私にとってこの惨事は痛烈な体験だった。しかし同じことはかつて繁栄していた多くの都市で繰り返し起きてきた。ジョサイア・ウェッジウッド〔一七三〇－九五年。英国を代表する陶磁器メーカー「ウェッジウッド」の創業者〕が新たに築いた製陶業の企業群が崩壊したストークなどもそうだ。だがこれらも、その他のどんな事例も、一九八〇年代にデトロイトで起きたこととは比べようもない。

　こうした都市は復活できるのか？ 右派のイデオローグたちは、政府が介入さえしなければ、市場原理が問題を解決してくれると思い込んでいる。残念ながら、これは単なるイデオロギー的な思い込みにすぎない。現実に即した知識は専門家たちに聞くべきだ。

　市場はたしかに企業群の崩壊に反応はするが、新たな企業群をもたらしてくれるわけではない。それよりも、最初期の反応は住宅用および商業用の不動産価格の暴落だ。持ち家のある人たちはその不動産価値下落《ネガティブ・エクイティ》による含み損が足かせとなり、より住宅価格の高い繁栄している都市へ移転することが困難になる。商業用不動産の価格下落はたしかに一定の経済活動の誘引とはなる。だがそうした商業用不動産は国家経済の脆弱な部分を構成するものだ――地元の需要が頼りの卸売店、土地建物が安くなければ生き残れない生産性の低い製造業者、安い地代と低賃金の不定期労働者に依存するコールセンターなど。このような業者らが増えていくにつれ、一部の不動産価格や賃金は回復するが、その都市は袋小路にはまり込んでしまうことになる。いずれの活動も熟練を要せず、従ってその労働力は、もはや複雑な専門化による右肩上がりの生産性向上という動きに参画していないからだ。[1] 相変わらず大都市のスーパースター企業ばかりがテクノロジーの最先端にいて、このため大都市の人びとは所得向上という恩恵を受ける。しかし破綻した諸都市にはテクノロジーにも所得にもトリクルダウン効果は見られない。たとえばアメリカの最新のデータによれば、高度な技術を要する高賃金の雇用は加速度的にトップクラスの企業群に集中しつつあるというのだ。[2] もう少し気の利いた言い方をすれば、先導者たちから乗り遅れ組への技術拡散のスピードは鈍化しているのである。[3]

　さあ、（ここでは「ご覧あれ《ヴォアラ》」なんて浮かれた言葉は抜きだ）、これで破綻した都市のでき上がりだ！

新たな格差に対処するには

先進経済諸国全般で、なぜ大都市ばかりが猛烈な勢いで繁栄していく一方、多くの地方都市が屈辱的な低落を味わっているのか――以上の分析はその説明の一助となろう。ではそれをどうすることができるのか？　これまでにも陳腐な「解決策」は山ほどあった。イデオローグたちがせっせと量産しているからだが、いずれも自信過剰という袋小路にはまり込むだけだ。

新たな格差への対処について、もっとも呑気に構えているのはポピュリストたちである。この格差は新しいのだから、それが起こる前まで時計を戻せばいいとポピュリストたちは提案している。それを実現する政策は保護主義、つまり市場のグローバル化を元に戻せというのである。読者のみなさんはそんな提案など一笑に付したいところだろうが、実はまったくもってばかばかしいというわけでもないことを私たちは認識すべきだろう。もし何らかの重要な点で、多くの人にとって過去のほうが現在よりも良かったのならば、過去の経済を復活させるというのはたしかに適切かつ安全な戦略かもしれないのだ。その人たちはまた、「さらなる変化を受け入れればすべてはもっとうまくいく」などと調子よく請け合われても、もはや信用しないのだ。

それでもなお、時計を戻す戦略は失敗する運命にある。その主な理由の一つは、新たな世界的企業群を築き上げた韓国のような新興市場諸国は、時計を戻す気などさらさらないということだ。そうした国々はグローバル化のおかげでかつてないほど貧困撲滅を達成できたのだから。もし韓国が鉄鋼産業を支配し続けるとすれば、イギリスがどれほど保護主義を推し進めて見ても、世界市場におけるシェフィールドのかつての栄光を復活させることはできない。できたとしてもイギリスの鉄鋼市場をシェフィールドに返してやることくらいだ。だがそれではシェフィールドがかつて誇った高い生産性を取り戻すには規模が小さすぎるし、その過程でイギリスにおける鉄鋼価格が上昇し、鉄鋼を使うあらゆる国内産業の足かせになるだろう。

　保護主義はシェフィールドを復興することはできないが、一定範囲の規制政策は潜在的にはロンドンの繁栄を逆行させることはできるかもしれない。シェフィールドの鉄鋼メーカー群が市場の移転についていけなかったのと同様に、ロンドンの金融企業群も市場が移転すれば壊滅する可能性がある。ロンドンのけばけばしい繁栄は、イングランドの地方住民の地道な日々の努力を嘲笑うかのようだ。だからロンドンの解体はイギリスの一定の地方の人びとからは諸手を挙げて歓迎されるだろう。だがこれもまた浅はかな戦略だ。ロンドンのような主要都市は油田などよりはるかに大きな利点がある――枯渇することがないのだから。この金の卵を産むガチョウはたしかに癪にさわるが、首を絞めてしまうよりも良い戦略はある。しかし不幸なことに、本書執筆時点でイギリスは欧州連合離脱《ブレグジット》によってまさにロンドンの首を締めようとしている。ブレグジットは金融産業をロンドン以外のヨーロッパの諸都市へ組織的に移転させてしまうかもしれないのである。

　どうせなら金の卵を収穫してはどうなのか？　言い換えれば、大都市圏に対する課税を強化し、税収を地方都市の再生に使ってはどうだろうか？

　こんな提案を目にすれば、ポピュリストたちは黙ってはいないだろう。右派のポピュリストらは、高い税率はインセンティブを失わせてしまうぞと独断的に言い立てるだろうし、地方をたかり屋で溢れかえる巨大な「生活保護受給者横丁《ベネフィット・ストリート》」に変えてしまうと不平を言うだろう〔『ベネフィット・ストリート』は英国のチャンネル4制作のドキュメンタリー番組で、生活保護世帯が多いある町の住人たちの自堕落ぶりを批判するという名目で貧困層を笑い者にした問題作〕――つまり「死体に縛りつけられてしまう」と。一方、左派は大都市から搾り取るのに夢中になりすぎるかもしれない。そして図らずも、不安を感じた企業の大量流出を惹き起こして「集積の経済」を崩壊させてしまうかもしれない。

両者とも信奉者たちを説得する程度の真実は含んでいるだろうが、「正しい選択」とするには足りない。右派の見方の中にある真実は、地方都市を「ベネフィット・ストリート」にすることが目的であってはならないということだ。幸福は尊厳と目的意識に依存するのであって、使える金がいくらあればいいという問題ではないのである。公的扶助で低賃金労働者たちの収入を補完をするという戦略よりも、身につけたことを誇れるようなスキルを必要とする、そんな雇用を創出するほうが優れた戦略だ。したがってめざすべきは生産性の高い仕事の創出であって、非生産的な仕事の収入を補う公的扶助ではない。一方、左派の見方に含まれる真実は、大都市の高収入の専門職を占めている人たちの尊大な金満ぶりは倫理的に問題だ、ということだ。そうした富裕層は、高額所得は自分たちの手で稼いだ当然の報酬だと考えている。だが実はそうではないことを私はこれから示そうと思う。

私が提案する戦略はおのずから二つの部分に分かれる――大都市における課税強化と、地方都市の復興だ。これはそれぞれ個別に分析する必要がある。

課税と大都市――本当に「自分の手で稼いだ」のか？

課税は倫理と効率性を指針とすべきだ。倫理を重視すべきなのは、本質的に重要であるからという理由と、非倫理的な課税をすれば反発と脱税を招くからである。効率性が重要なのは、課税は価格の間に齟齬をもたらすからである。たとえば消費者が商品に対して支払う金額は、生産者が受け取る金額よりも大きくなる。こうした課税による不均衡は資源の配分を歪め、そのため効率性を低下させる。

左右のイデオローグたちは課税を熟知しているつもりでいるが、実は私たちの政策を両極化し、毒している。だが一服のプラグマティズムがそこから解放してくれるだろう——洗練された新たな課税は倫理と効率性のどちらの基準でも既存の税制を凌駕することができる。

税制を設計する上では、課税をする倫理的根拠のほうがおそらく効率性よりも重要だろう。税制の執行は納税者が自ら進んで従ってくれることに決定的にかかっているからである。倫理的な課題を分析する標準的な哲学的方法は、実践的推理〔practical reasoning＝実用的推理とも。理論的推理と異なり、どのように行為すべきかを直接決定するために行われる推理のこと〕である。実践的推理は税務政策において中心的な役割を果たすべきなのに、従来の経済学の方法論には含まれてこなかった。この結果、エコノミストたちは概して課税の倫理的な諸側面を無視してきたのである。エコノミストたちは財務省庁のアドバイザーとして、納税者たちに対する政府の約束のうち、愚かな判断だったと思うものを——たしかに愚かな政策であることが多いだろうが——反故にしてしまうような税務政策を提言することが往々にしてある。実際、どうやらエコノミストたちは単に所得の不平等をなんとかすれば倫理的な問題は解決したと考えているようである。それは標準的な功利計算によって分析されるものだ。[*]だがジョナサン・ハイトが発見したように、大部分の人びとにとって公平性とは、単なる平等であることよりもむしろ釣り合いと得るべき報酬の問題なのである。[4]それなのに功利主義者は言う——得るべき報酬なんて関係ない、働き者よりも怠け者のほうがあり金が少ないのならば、前者から後者へ所得を移転してやれば「効用」は上がる。権利なんて関係ない、せっせと年金用の積み立てをしてきた人のほうが一生をビーチで寝て過ごしてきた人よりも退職時に財産が多いのならば、後者へ財産を移転することで「効用」は上がる。義務なんて関係ない……もうだいたいおわかりだろう。功利主義のエコ

（＊）そこでは誰かの所得が一ドル上がるたびに、その「効用」が減じると考えるから、高所得者からより低所得の者へ所得が移れば、全体として効用が上がり、状況が改善されたと考えるのである。

ノミストたちも、富の移転にはインセンティブを損ない、そのため非効率的なものもあり得ることには注意を促すかもしれない。だがそれを非倫理的だとは認識しようとしないのだ。より大きな倫理的な配慮に対するこのような無知は、より大きな現象の特徴でもある——右のような連中は奇怪なWEIRD《ウィアード》であるということだ。

税務政策の設計上、「得るべき報酬」の問題が重要な要素となることを認めれば、それは集積による利益の問題についても大きな意味を持ってくる。これに初めて気づいたのは、十九世紀のアメリカ人のジャーナリストであり政治経済学者のヘンリー・ジョージ〔一八三九－一八九七年〕だった。ジョージが自説を公表すると、センセーションを巻き起こした。

ヘンリー・ジョージの大構想

ジョージは集積から得られる利益に対して課税すべきだという独自の主張を倫理的に裏づけた。彼はそうした課税がなぜ倫理的に際立った特徴を持つかを見抜き、騰貴する都市部の土地に課税することこそ、適正な政策だと結論づけたのである。

次のようないくつかの質問を考えてみればジョージが見抜いたことを理解できるだろう。まず「集積から誰が利益を得るか？」から考えてみよう。しっかりと考え抜けるように、ここでは産業革命を簡単な図式的なかたちにしてみたい。まず、当初は誰もが農民である。そこへ新たな都市で産業が発生し、人びとは工場で働くためにその都市へ移住する。集まった工場群が大きくなるにつれ、人びとは農業に従事していたときよりも生産性が向上する。この生産性の向上した分が「集積による利益」である。企業は労働者の獲得をめぐって競い合うため、この生産性の向上は賃金に反映される。ただし人びとは工場で働くためにはその近くに住む必要がある。したがって、都市が発展しつつあるその土地の所有者から、人びとは土地を借りなければならない。つまり人びとにとって、都市へ移住することによって得られる利益は「農業よりも高い賃金分」からこの地代を差し引いたものということになる。[*] この地代が農業と工場労働の生産性の差よりも小さければ、より多くの人たちが都市へ移り住むことになる。だがこの傾向が続いていくと、地代も競り上がっていく。このプロセスは、高騰した地代が農業と工場労働の生産性の差を食いつぶしてしまうまで続く。その時点まで来ると、もう都市部へ移住するインセンティブはなくなってしまう。経済学用語で言えば、均衡に達したことになる。だがもっと興味を掻き立てられることは、私たちの疑問に応える強烈な「落ち」がわかったことだ――集積から得られるすべての利益は地代として地主のものになるということだ。政治的志向が右寄りの読者諸氏はこれにはちょっと異和感を感じているかもしれないが、はっきり言おう、これはマルクス主義ではない。ジョージは社会主義者ではなかった。彼は頭の切れるエコノミストだったのだ。彼の死後何年も経ってから、二人のエコノミストがジョージの結論を証明して定理にした。しかも気の利く二人はそれを「ヘンリー・ジョージの定理」と名づけたのだった。[5]

ヘンリー・ジョージはさらに、従来の経済学の枠組みでは意味を成さなかったような第二の質問を投げかけた――「地主たちはこうした利益を得るに値するか?」。経済学の専門家にはちんぷんかんぷんでも、それ以外の人は誰でも簡単に理解できる問いかけだ。答えを出すのに定理なんか必要ない。必要なのは実践的推理だ。ある人がその所得を得るのにふさわしいかどうかを調べるには、その人の行為をたどり、その所得を生み出す元になった何らかの行為を見つければいい。ところが集積から得られる利

（＊）ここでは単純化するために、農業よりも工場での労賃のほうが高いということだけに絞り、人びとは都市部と農村部の暮らしを選り好みしないと仮定する。

益の元をたどってみると、利益を生み出す行為を行ったのはその都市で働いている人たちだということがわかる。その都市で働くことで、その人たち一人ひとりが全体としての生産性の向上に貢献しているのである。集積による利益は大勢の人びとの間の相互作用によって生じているわけで、そうした利益は全員を利する集団的な達成なのである。これはエコノミストらが言う「公益」だ。では結局のところ、このような利益を生むプロセスで地主たちはどのような役割を果たしただろうか? ほとんど何もしていないわけで、ビーチで寝ていたも同然だ。実際、そうしていたとしても不思議ではない。地主たちはたまたま人びとが群集した土地を所有していたことで所得を得たのである。地主たちの行為は集積による利益を生むのに何ら貢献していない。経済学のわかりにくい用語では、これは「経済的レント」に分類される〔超過利潤のことで、「経済的地代」と訳されることもある。第4章「課税」の項目を参照〕。

　重要なのは、合理的な倫理的基準から見て、所有する土地の地価の上昇によって地主たちが得る利益は、地主たち自身が働いて得る利益に比べて、あるいは貯蓄によって蓄えた資本からの収益を反映している場合に比べて、手にするのにふさわしくないという点だ。だからと言って地主にはまったく言い分がないというわけではない。その土地の法的な所有者の「権利」を根拠に、集積から得られる利益を受け取る資格があると主張することができる。しかし都市で働く全労働者たちも集団的に、集積による利益にあずかる資格があると主張するだろうから、両者の要求は衝突する。ここでは労働者たちの要求は労働に対する「報酬」を根拠としている。このように合理的な基準同士がぶつかる場合、プラグマティズムは独断に陥るよりも妥協点を見つけることを勧める。そこで課税の登場ということになる。報酬と権利のそれぞれを根拠とする要求がぶつかるような所得に対して、その社会が何らかの税率に同意すると仮定しよう。たとえば農民は生産物から利益を得ることを要求できるが、その利益は自らの仕事の報酬と農場を所有していることによる権利の両方を根拠としている。さて、この場合に農民が三〇パーセントの税率に合意するとする。そうなると、集積の利益を反映する地価上昇から得られる利益に対して課税する場合、税率は三〇パーセントよりも大幅に高く設定すべきである。これは地主の自らの所得に対する主張は農民の自らの所得に対する主張よりもきわめて根拠が弱い、ということを反映している。さらに言えば、集積による利益を生み出した都市労働者たちがその一部を享受するには、その利益に課税して、その税収を都市全体のためになることに使うしか方法がないのだ。そして右の論法からすれば、労働者たちはそのように利益の一部を享受するに値するのである。

ヘンリー・ジョージのアイディアは実践的推理をいち早く適用した事例だった。それは地代による所得とその他のタイプの所得による「報酬」を区別するものだった。ジョージは地価上昇で得られる地代と資本から得られる利益とを注意深く区別し、後者は倫理的に正当な利益だと主張したのである。ジョージの提言はマルクス主義でもポピュリスト的でもなかったのだ。

このようなジョージの見解はエキセントリックだっただろうか？　むしろ逆に、彼の倫理的な良識は共感を呼んだ——その著書『進歩と貧困』〔山嵜義三郎訳、日本経済評論社〕はアメリカで十九世紀最大のベストセラーになったのである。

だが不幸なことに……

ヘンリー・ジョージは都市部の地価の騰貴に対して、大規模な課税をするための強力な倫理的基盤を築き上げた。しかし世間から共感を得られたにもかかわらず、ジョージが提示した政策はきちんと実施されることはなかった。大都市中心部の土地所有から莫大な富を成していた人びとが課税に反対したのだ。それも倫理的な議論で反論するのではなく、うなるほどある財産の一部を使って金で政治的影響力を手に入れるというやり方で。イギリスでは、ロンドン都心部の大部分の土地を所有していたウェストミンスター公爵は、都合よくも貴族院議員でもあった。この人物はイギリス一の大富豪になった。アメリカでは、ニューヨークの土地の売買を主たるビジネスにしていた男が大統領をしている。

ヘンリー・ジョージが提案したような税は今からでも導入できる。有権者たちはジョージの時代よりもずっと教育程度が高いから、既得権益者の抵抗に打ち勝つための政治連合を築くのは昔よりも容易なはずだ。さらに、一九八〇年代以来、集積による利益の大幅な増加を反映して、大都市は急激に成長してきた。これはビジネスの複雑性が飛躍的に増したことと、同時に起きたスキルの専門部分化の進行の結果であることを思い起こしてほしい。つまり、ヘンリー・ジョージの時代に比べて、今や課税できる集積による利益ははるかに大きくなっているのだ。だから公共政策がこれにまったく手をつけていないことは、以前にも増してばかげているのである。それなのに私たちはイデオロギーに焚きつけられた旧態依然たる税制論議の手詰まり状態にはまったままなのだ。

とはいえ、本節の見出しになっている「不幸なことに」というのは今日の公共政策の欠陥を嘆いているのではない。大都市の集積による利益を煽り立ててきたビジネスの複雑性が、まさにヘンリー・ジョージの定理を無効にしてしまったことを言っているのだ。集積による利益は土地への課税によって国庫に回収できるというジョージの提案はもはや正しくない。集積による利益に課税すべきだという主張は依然としてきわめて説得力があるが、それを行うには税務政策を巧みに設計し直す必要がある。この右の二文はある新しい分析に基づいている――同僚のエコノミストのトニー・ベナブルズと私が一見これと無関係なテーマを追究しているときに偶然に発見したのだ（学問的な発見は不思議なほどこういうケースが多いものだ）[6]。以下の記述から、新たな発見をする興奮の一端をみなさんにも味わってほしい。

私たちの考えはごく単純に表現することができる――実際、そのおかげで私たちも気づいたのだ。次の二つのシナリオを熟考すれば、経済学におけるこのテーマの最先端を知ることができるだろう。

シナリオ1——労働者たちが種々の異なるスキルを有し、必要とする住宅事情も異なっている大都市の場合

第一のシナリオは先に見た農民と産業労働者のケースのバリエーションだ。ただ、ここでは大都市圏へ移住するかどうかを決断するのは農民ではなく、異なるスキルと異なる住宅事情を有する人たちである。大都市が提供する高度な相互接続性《コネクティビティ》はスキルから得られる生産性を向上させる——つまり、より高度なスキルを身につけていればいるほど、大都市で働くほうが生産性が上がるというわけだ。しかし多くの人が都市へ移住していくと、前のケースと同じく地代は高騰していく。さて、ではどういう人たちが大都市へ移住し、どういう人たちが移住しないのか？　言うまでもなく、大都市へ移住することでもっとも大きな利益を得る人たちはきわめて高度なスキルを有する独身者たちである。だからたとえばオフィスで長時間働き、晩に時間があれば街に繰り出し、あとは賃貸ワンルーム・マンションの自室に戻るだけ、という専門職の企業弁護士ならば、小都市で働くよりも大都市のほうがはるかに生産性が上がる。それにそのおかげで得られる莫大な収入をたいして家賃に使う必要もない。さて、経済学では二つの選択肢のどちらにも当てはまらない人たちを探してみるのが有用なことが多い。この場合、大都市への移住と小都市に残るという選択肢の間に優劣がない人たちだ。それは移住による生産性向上で得られる利益が、都市部で払う余計な家賃でまさに相殺されてしまう、そんな人たちであることはわかるだろう。だがそれは具体的にはどういう人たちなのか？　専門家として半熟練程度にすぎない人たちもそこに入るだろう——やはり独身で部屋は賃貸ワンルーム・マンションで十分だろうが、大都市へ出てきても収入は小都市にいるのとそれほど変わらない。あるいは高度なスキルを身につけていても、大勢の家族がいて広い住宅が必要なため、大都市で得られる収入アップ分が家賃で食われてしまう人たちも該当するだろう。分析上このような人たちは重要だ。なぜなら大都市に移住したいと思うかどうかギリギリの人たちだからだ（経済学では「限界（marginal）」という用語を使う）。もし地主がもっと高い家賃を課せばその人たちは大都市から出ていってしまい、地主も借り手を失うことになる。地主が課すことができる地代を決定づけるのはこのような「限界」にある人たちである。ということは、ワンルーム・マンションを賃借しているスキルの高い企業弁護士は、隣の部屋を借りている半熟練の専門家と同じ金額の家賃を払うことになる。ここで私たちは結論に至る――つまりこの企業弁護士は集積による利益の一部をわがものにすることができるわけである。

一般化して言えば、スキルと住宅事情の違いによって、集積による利益の多くはもはや地主の手に入るのではない。たいした住居を必要としないきわめてスキルの高い独身者の手に入るのだ。トニー・ベナブルズと私がロンドンやニューヨークのような大都市についてシミュレーションをしてみたところ、集積による利益の半分ほどが地主ではなく右のような人たちのものになることがわかった。また、さらに何重かの差異を加味して、今度はより小規模な都市で調べてみると、地主が獲得する利益の割合はさらに下がった。これが意味することは、政府が地主にいかに高い税金を課したとしても、集積による利益の大部分は税収として回収できないということである。

これは悪いニュースだ。なぜなら課税強化は今でも倫理的に強い根拠があると考えられているからだ。

シナリオ2――法治を必要とする大都市の場合

このシナリオは現実から少し距離があるが、結論はより強力だ。まず生産物には食料とサービスの二つがあり、世界には多くの国があるとする。食料はどこでも生産できるが、サービスは法の支配が確立されている国々でしか生産できないとする。望ましい統治にはほかにも多くの側面があるが、ここでは法治を一つの代表例と考えてほしい。さてこの法の支配は、それを支えるために一般の市民が互いに協力・協働することが不可欠である。市民一人ひとりがただ傍観者となって他人任せにしていたら、つまり誰もがタダ乗りをするとしたら、法治という公益はあり得ない。このシナリオの場合、大部分の国で人びとがタダ乗りを決め込んでいて、法治国家は稀だと仮定する。その結果、サービスを生産することができるのは法治を確立している数少ない国々だけであり、ほかの諸国では人びとはただ食料だけを生産すると仮定することになる。

集積による利益が発生するのはサービスだけで、食料には当てはまらない。このため法の支配が確立されている数少ない国々には、サービスを生産する大都市が存在することになる。そしてサービスを生産できる国は少ないため、市場においてサービスは食料よりもぐっと高く売れる。このためサービスを輸出する国々は食料輸出国よりも裕福になる。

次に、サービス輸出国ではその繁栄の恩恵を誰が享受するかを探ってみよう。すべての国には二種類の労働者がいると仮定する――並外れて頭の切れる人たちと、その他大勢だ。さらに、頭が切れても農業には役に立たないと仮定しよう。逆に、サービスを生産するには頭の良さが潜在的に有益だが、それはどれほど多くそうした人たちが群集しているかに依存する。すなわち孤立してサービス業に従事する頭の切れる労働者の生産性は農民と変わらない。しかし多くの俊秀たちが大都市に寄り集まるほど、その人たちの生産性は上がる。最後に、例の地代の件を追加しよう――頭の切れる人たちが大都市に押し寄せるにつれて、地代は上がっていく。

さあ、では集積による利益は誰が手にし、その人たちはそれを受け取るに値するだろうか？　シナリオ1と同様に、集積による利益は大都市に住む労働者たちと地主の間で分配される。その割合がどの程度かは精査すればはじき出せるが、ここでは重要ではない。このシナリオの結論は、本来なら集積による利益を手にする資格があるのは、誰が見てもある一つの集団だけだ、ということだ。なぜならその人たちだけが集積による利益を生むのに本質的に欠かせない諸行為の担い手だからだ――つまり、法の支配を集団的に支えている社会全体の一般市民だ。だがその人たちは集積による利益をまったく享受していない。その利益の一部はサービス産業に従事する秀才労働者たちのものとなり、残りは地主たちが手に入れるのである。利益の一部を受け取るべき明白この上ない倫理的根拠を持っている集団が何も得られないのだから、儲けている人たちに課税をすべき強い理由がここにある。しかしやはりシナリオ1と同様に、地価税だけでは大都市の頭の切れる労働者たちが得ている利益を取り込むことはできないのである。

これら二つのシナリオには顕著な共通点がある――集積による利益を享受する秀才労働者たちは、自分たちはその利益を享受するに値すると心底思っていることだ。そうした人たちの信念の根拠は、自分たちが高収入なのは生産性が高いからだという点にある。さらに自分たちが生産性が高いのは、高度な専門的スキルを身につけているからか（シナリオ1の場合）、並外れて頭が切れるからだ（シナリオ2の場合）と、その人たちは確信している。たしかに一理あるだけに、そして自分たちにとって実に好都合でもあるから、そうした人たちがこれらの主張が正しいと信じ込んでいるのも理解できる。しかし真実はこれだけではない。大都市の高い生産性は国民全体によって提供された公共財に依存する。たとえば法の支配や、コネクティビティを可能にするインフラに対する過去の投資などである。これらは誰にも一定の恩恵をもたらすが、大都市のスキルのある労働者にひどく偏っている。さらに根本的に重要なのは、集積による利益はその性質上、集団的に生み出されるということだ。それは何百万人もの労働者たちの相互作用の結果なのであって、高所得の労働者一人ひとりの個々の努力の結果だけではないのである。ずばぬけたスキルを持つ人たちは、自分たちの高生産性の見返りの一部を獲得するに値するが、すべてを懐にしていいわけではない。さらに、大都市に暮らしていない人たち――そしてそのために自分たちの生産性がそれほど他人のおかげで増大しているのではない人たち——と同等の分け前を得るのもふさわしくないのである。

集積による利益への課税は効率的だ

ここまで私は集積による利益に課税する倫理的根拠だけを考えてきた。しかし税務政策にはエコノミストたちが喜ぶもう一つの側面がある——効率性だ。エコノミストたちがこれに熱心なのも当然だろうし、少なくとも集積による利益に対する課税についていくつかの貴重な洞察を提供してくれる。

鍵を握るのが「経済的レント」の概念だ。これはある人に何らかの行為を行わせる誘引となる収入を超過する収入を指す。私たちが見てきた倫理的な基準などからすると、この概念は無意味である。テニスのスター選手が賞金の金額以下でもそのトーナメントに喜んで出場するからといって、その選手が賞金を受け取るのが倫理的に不当だということではない。スター選手は自身の才能によって経済的レントを得るわけだが、その才能は本人のものなのだから、その才能に基づく収入はその人のものだ。しかし倫理から効率性へと目を転じてみると、経済的レントは実に役に立つ概念となる。定義からして、経済的レントに課税してもその人が仕事をするかどうかの判断には影響しないから、政府としては税収を得る代わりに効率性を犠牲にするわけではない。集積による利益は経済的レントである。したがってそれは効率性という基準に照らして理想的な課税のターゲットなのである。

集積による利益がすべて地主のものになるという単純なシナリオでは、その利益に課税したとしても、都市を荒廃させるような方向へ地主たちの行動を変えるわけではない。地主たちはビーチで寝ていてもその利益を手にできたことを思い出してほしい。そこへ課税すれば、地主たちもほかの私たちと同様に働かなければならないかもしれないが、それだけのことだ。実はほかのシナリオでも、経済的レントに対する課税は効率的である。先に見た賃貸ワンルーム・マンションに暮らす例の企業弁護士は、部屋の賃料を大幅に上回る収入からその一部を税金として持っていかれてしまうだろう。だが小都市で働くよりは羽振りが良い状態が維持できる程度であれば、そのまま大都市で働き続けるだろう。同様に、先述の二番目のシナリオでも、大都市でサービスを生産している頭の切れる労働者たちに対し、その仕事を変えさせずに課税をすることはできる。税を課してもなお、農場で働くよりも暮らしぶりが良いようにしておいてやればいいのだ。

課税の効率性という点では、経済的レントを探し当てるのは「聖杯」〔イエス・キリストが最後の晩餐で使ったとされる盃または磔刑の際にイエスの血を受けたとされる盃のことで、ここではありがたい宝物の意味〕を見つけるに等しい――二次的損害を出さずに税収を得られるのである。でき過ぎた話だと思うかもしれないが、それだけではない、もっといい話があるのだ。それにはもう一つ経済学的な便利な概念が必要となる――「レント・シーキング」である〔企業などが政府や官公庁などに働きかけ、自らに有利なように規制や政策などを変えさせようとする活動のこと〕。

レント・シーキングは危うい活動だ。一例を挙げよう。ある生産者グループに市場の独占を認めるような法を議会が通したとする。なぜ議会はそんなことをしたのか？ それは議会に対してロビー活動が行われ、見返りを提示されて説得されてしまったからだ。そしてこの新たな規制は経済的レントを生み出すことになる。この場合のロビー活動を「レント・シーキング」と呼ぶ。著名なエコノミストのアン・クルーガーによると、ロビー活動などのレント・シーキングは活動に一ドル余計にかければ超過利潤が一ドル増えるというレベルになるまで続くという。このようなレント・シーキングに注ぎ込まれる資源はまったくの無駄である。

集積による利益は経済的レントだ。ではその利益を求めてレント・シーキングが行われるだろうか？ エコノミストたちはこれまでこの問題を考えてこなかった。それには単純な理由がある。もし

「ヘンリー・ジョージの定理」が正しく、集積の利益を地主だけが手にするのであればレント・シーキングをする余地はないわけである。土地の供給量は決まっているから、ロビー活動やその他のレント・シーキングにそぐわない。ところが「ヘンリー・ジョージの定理」は間違っている。大都市では、集積による利益の大部分はスキルが高くかつたいした住居も必要ない人たちの手に渡る。すると俄然レント・シーキングの多くのチャンスが生まれてくるのである。有力なコネのある親戚に働きかけ、無理を押して職を得るとか、経歴に箔をつけられそうな学習を独自にするために個人教授を雇うとか、何百社も回って採用面接を受けるなど。あるいは住宅費を抑えるために結婚や子供をつくることを先延ばしにすることもある。これらはいずれもレント・シーキングの一形態である。集積から得られる潤沢な利益を獲得するために競争し、それが人びとの行動を歪めるのだ。レント・シーキングは利益のパイ全体を大きくすることはないから、ただ中堅の人材を互いに激しく競わせて、集合的に福利を失わせるのである。潜在的に、このようなレント・シーキングによる損失は膨大な規模になり得る。

集積による利益に課税することで、レント・シーキングをしなければというプレッシャーを低減することができる。大都市の羽振りの良い仕事にありつくことは依然として有意義ではあるが、以前ほど儲かるわけではないから、そうした職に就くために極端なことはしなくなるだろう。ロンドンやニューヨークの家賃の高いマンションに暮らし続けるために子づくりを先延ばしにするのは、ちょっと犠牲が大きすぎると感じるようになるかもしれない。しかし現実には私たちが知っている繁栄を極める大都市では、集積による経済的レントの規模は圧倒的だ。その経済的レントをめぐる争奪戦はそれに参加している人たちに損害を与えているだろうが、それだけでなく、そのすさまじい趨勢自体が人びとの目を覆い、自分たちがいかに自分たちの生活を不可逆的に損なっているか、気づけなくさせているのである。

結局のところ、集積による利益にどう課税すべきなのか？

一般論として、経済的レントへの課税は今や賢明な策だと認められつつある。最近の主唱者の中でもっとも影響力があるのがノーベル賞受賞者で経済成長論の生みの親、ロバート・ソロー〔一九二四年―。一九八七年、ノーベル経済学賞受賞。〕だろう。ソローによれば、経済的レントは増大しており、課税は勤労所得から経済的レントへと移行すべきだという。これを後ろ盾に、私は先述の二つの議論を一つにまとめてみようと思う。集積による利益に対する課税は倫理と効率性のどちらの点からも賢明な政策なのである。このどちらも重要な基準であるし、両方の条件を同時に満たす租税政策はほかにほとんどない。

倫理的な観点では、大都市における集積による利益に課税せよとの主張はきわめて強い説得力を持つ。普通、課税の倫理的根拠はせいぜい公平な負担を実現するといったところだ。だが経済的レントへの課税の場合、利益と報酬のより良いバランスを取るのに必要な策なのだ。同様に効率性の面でも、普通はその税が二次的損害を生まないというくらいの根拠しかなく、条件をごく低く設定してもそれをクリアできる租税政策はあまりにも少ない。だが集積による利益に対する課税はレント・シーキングを抑制できるから、効率性を向上させる可能性すらあるのだ。

ここで問うべきは、実際上、どうすれば集積による利益に課税できるかである。その利益は大都市の地主たちと大都市のスキルが高い労働者たちに分散していることを思い起こしたい。したがって集積による利益を税収で国庫に取り込むには、これら二種類の集団に対して特異的に高い税率を課す必要がある。

まず合理的な出発点は不動産価値の上昇分を対象にすることだ。これは不動産価値の何パーセントという年税とするのがもっとも効果的である。(*) これによって得られる税収は全国的に活用すべきだ。なぜならこの税収は、大都市を利する種々の要因からまさに逆にひどい打撃を受ける諸都市に対して、集積による利益を分配するのに必要だからだ。現在のところ、大都市における地価上昇分はほかの収入源よりも高率の税を課されるどころか、逆に税率は低い。イギリスを含む多くの国々ではほとんど課税すらされていない。これは税制の途方もない設計ミスだ。十九世紀には、政治家たちは「救済に値しない貧民」の問題に頭を悩ませた〔当時の福祉政策の議論の中で、怠惰や甘えによって貧困に陥っている「救済に値しない貧民」と、やむを得ぬ状況によってそうなっている「救済に値する貧民」を峻別することが主張されたが、実際の救済方法などには多くの議論があった〕。二十一世紀の政治家たちはそうした政策上の手抜きの遺産に頭を悩ますべきなのだ――今や何千人という「儲けに値しない金持ち」がいるのである。しかも不幸にも、その中には政治家も少なくない。右派は富裕層を守りたがり、左派はこっぴどくやっつけたいと思っている。私たちは富裕層を二つに区別する必要がある。一部には社会に大いに役立っている人たちがいる一方、その他はただ単に大勢の集合的努力の果実を手にしているだけなのだから。

　しかし私たちの分析の核心は、経済的レントの多くは地主のものになるのではなく、スキルの高い大都市の労働者たちの手に落ちるということである。このような経済的レントを税収に取り込むには、税制のイノベーションが求められる――税率は現行のように単に所得金額に基づくのではなく、高額所得に大都市圏居住という立地を組み合わせて設定すべきなのである。

　大都市の労働者でもそこそこのスキルしかない人たちは集積による経済的レントをまったく手にすることはない。さて、そうしたスキルの低い労働者の大部分は地方で働いているから、ロンドンで弁護士

（＊）不動産価値の上昇分に対する年税にするほうが一時課税よりも望ましい。なぜなら一時課税を導入した場合、デベロッパーたちは地価の騰貴を招くような投資を延期して、その税制が投資を阻んでいるとして廃止を求めるロビー活動に資源を回してしまうからだ。年税の場合、投資を先延ばしにする戦略的インセンティブ――専門用語で「オプション価値」――は大幅に低下する。

のためにコーヒーを淹れているスキルの低い労働者たちの賃金も地方の水準に基づくことになり、それに地方よりも高いロンドンのワンルーム・マンションの家賃をカバーする分が追加されるわけである。したがって、スキルの低い人たちに全国的に課されている基本税率は、大都市圏の労働者にとっても地方と同様に適切だということになる。しかしロンドンのワンルーム・マンションに暮らす高額所得者の企業弁護士の場合、本来ならばほかの人びとと分かち合うべき集積による経済的レントを手に入れているのだ。だから経済的レントを獲得できない地方で働く場合よりも、高率の税金を支払うべきなのである。これは突飛なことではない——もしこの企業弁護士がニューヨークに住んでいたら、すでに同じ所得をほかの中小都市で稼ぐ場合に比べて八パーセントも余計に所得税を支払っているはずだ。仮に住んでいるのはニューヨークの市外だとしても、市内で働いているというだけでそうなのだ。ところがロンドンに住んでいればそんな税金は取られない——だが取られてもいいはずだ。経済的レントに対する課税が控え目な税率であれば職場の選択にはほとんど影響しない。だから現行の税よりも悪影響は少ないだろう。課題は大都市の労働者たちの高額所得に対する付加税をどこまで高く設定するかを割り出すことだ。その限界は現行の税制と効率性が同等になるレベルということになるが、現代の財政分析の手法をもってすれば十分に計算可能である。ニューヨークですでに行われている税制と私の提案の唯一の違いは、この税収が誰のものになるかという点だ。ニューヨークでは、八パーセント分の所得税はニューヨーク市のものになるが、私の提案ではデトロイトやシェフィールドのような諸都市の復興に役立てるために国民全体のものになる。

以上のことが意味するのは、基本的な税率は——大部分の人はそれだけを納めているわけだが——私の提案を実行しても依然として全国的に適用され続けるということだ。だが高所得者層に適用される各税率には、大都市圏向けの付加税が加わるわけで、それは例のスキルが高い人たちが手にしている集積による経済的レントをターゲットとしている。スキルが高ければ高いほど集積による利益もぐっと大きくなるのだから、付加される税も所得の高さに応じて累進的に上がっていく。

税務当局は誰がどこに住み、働いているかを把握しているため、右の方法は実はきわめてわかりやすい。実際、たとえばニューヨークのように、多くの税はすでに地理的条件によって区別されているのだ。(*) おそらくこれに対する最大の障害は大都市の裕福な住民が過度な政治的影響力を持っていることだろう（それはその人たちを代表する代議員が多すぎることも大きな原因だ）。そうした人たちは道徳的に自らを高く評価しているのとは裏腹に、この倫理的に公正で経済的に効率的な課税の提案には独善的な憤怒をぶつけるに違いない。しかし思い出してほしい――私たちは経済的レントに課税しようというのだから、インセンティブを削ぐとか正当な報酬だといったありがちな主張は我田引水の論法にすぎない。私たちは「動機づけられた論法」の嵐に身構えねばなるまい。この課税は分析的に正当なだけでなく、新たな都会的傲慢さに対するうってつけの返報でもあるのだ。

地方都市の再生――大都市は「死体に縛りつけられている」のか？

シェフィールド、デトロイト、それにストークのような都市はどうすれば再生できるだろうか？　大都市に対する課税の目的はこうした都市に暮らす人びとの生活保護の財源とするためではない。生産的

（*）アメリカでは所得税は州や都市によって異なる。イギリスでは現在、スコットランドとイングランドで異なっている。私の提案とこれらの税制との違いは、税の徴収の部分ではなく、結果として得られる税収の使い道にある。

な仕事を行える地域産業集積地《クラスター》として復興するコストを賄うためである。すでに見たとおり、市場に任せていても、破綻した企業群を新たなものに置き換えてくれるわけではない。それどころか徐々に生産性の低い企業活動で埋まっていく。しかしなぜ市場原理は新たな企業群を生じさせることができないのか？　そして市場にできないのに、政府ならばできると思うべき理由はどこにあるのか？

　成功する地域クラスターでは多くの異なる企業が同じ場所に立地し、その一部は同業他社同士として競争関係にある。一緒に固まっていることで規模の経済の恩恵を共に受けることができ、どの企業もコストの低下という利益を享受できる。いったんクラスターができてしまえば、市場原理が維持してくれる――明日になってもほかの企業はほかでもなくこの地に居続けることがわかっているから、どの企業も移転したいとは思わないのだ。しかし新たなクラスターをつくり出すのは維持するよりもはるかにハードルが高い。企業は相互に依存しているからこそ、多くの他社が特定の場所へ移転するとわかっていれば、どの企業もその新たな立地へ移ろうとする可能性がずっと高まる。だが他社がそうするかどうか、どうしてわかるだろうか？　ある企業が先駆けとなり、次の企業がクラスターの二番目として移転し、そうなればさらに別の企業が三番手として加わることを決断するかもしれない。しかしこうした決断を生み出し、それを明かす仕組みは市場にはない。クラスターの構築は「調整」の問題に直面するわけで、このため取りまとめ役《コーディネーター》が必要となるのである。シリコンバレーはスタンフォード大学を中心にまとまった。ではもっと不利な条件の場所ではどうすればうまくいくだろうか？

調整の問題に対する民間部門による解決策

　ある企業の決断は別の企業の決断に左右されるから調整の問題が起きる。経済学ではこのような作用を「外部性」と呼ぶ。それは当該企業そのものではなく別の企業に影響するものだから、当該企業が決断を下す上では考慮されない。しかし実はこの相互依存性という問題には市場による解決策が存在する、のだ——ローカルに考える、さもなくば大きく考える、のどちらかである。

ローカルに考えると……

企業間の調整に当然ながら役割を果たすべき経済活動の分野、それは金融だ。もっともうまく機能すれば、金融部門はさまざまな企業に関する情報をかき集め、将来的な事業機会を見込んで資本を割り当てる。営業が法的に特定の都市に限定されているような銀行なら、自行の未来は地元経済の発展にかかっていることは理解できるはずだ。その銀行は、融資先の各社にとっては外部的な作用を自ら内部化する。これが自殺行為とならないように、銀行は一社一社についてその事業機会や相互依存性をきわめて詳しく知る必要がある。したがって第4章で述べたような類の金融機関とは大きく性質を異にする。そんな銀行は夢物語だろうか？　実はその逆で、一九九四年の法改正以前はアメリカでは当たり前のことだった〔この法改正で州を越えた銀行業務が規制緩和された〕。イギリスではもっと時代をさかのぼる必要があるが、ミドランド銀行やヨークシャー銀行などはローカル志向だった過去の時代の証であるし〔前者はイングランド中部のバーミンガムで、後者は同北部のリーズで十九世紀に創業した銀行で、地域経済に大きな役割を果たした〕、ドイツでは今でも地方銀行はありふれている。グローバルな銀行をめざすという地方銀行の方針転換は、新たな産業を必要とする諸都市にとって、より多様な資本プールへアクセスできることで資金調達の機会が拡大する可能性を秘めていた。だが実際は、グローバルな銀行は地元の諸事情を知るために資源を投入するインセンティブに乏しい。だからある都市が衰退し始めると、そこに立地する支店は貸付を減らすよう上から指示されて、回収した資金はほかの都市に回されるのだ。もし地元志向に回帰すれば、金融業界は社会的に有意義な役割を果たすインセンティブを得られるだろう——実体経済に関する情報を生み出し、評価する役割である。

大きく考えると……

調整の必要性は超巨大《メガ》企業によって乗り越えることもできる。アマゾンのような企業はそのあまりの大きさゆえ、地域クラスターと同様に、規模の経済の利点をまったく自社の活動だけで十分享受することができる。だから率先してある地域に進出したとしても十分うなずける。メガ企業はそれ自体が一つのクラスターであるから、立地場所はそのメガ企業を支える多くのサプライヤー企業も惹きつけることになる。おおかたの産業部門において、それほど巨大な企業は美しいとは言えない――クラスターとしての効率性は巨象のような組織を管理運営する困難さで相殺されてしまいがちだからだ。このため自社が自らクラスターとして機能するほどの巨大企業は稀である。そうしたメガ企業の誘致をねらう破綻した都市の市長たちの数に比べて、はるかに少ないのだ。どの破綻した都市がメガ企業の誘致に成功するかという問題についても、市場による解決策があるが、決して愉快なものではない。新たな立地を探している抜け目のないメガ企業は、誘致という賞品をめぐって都市同士を入札方式で競わせるのだ。新たなクラスターであるメガ企業は集積による利益を生み出すが、都市が手にするその利益こそがこのオークションの賞品の価値である。誘致合戦に勝った都市と負けた都市に関する最近の比較研究によれば、実際に集積によって大きな利益が発生することを示している[7]。ところがオークション理論は勝者の入札価格がどの程度になるかを明かしてくれる――賞品の価値と同額だ[*]。つまるところ、市場は新たなクラスターを生み出すメガ企業にそのクラスターから生じる集積の利益をそっくり渡してしまうことで、破綻した都市が直面する調整の問題を「解決」してくれるのである。本書執筆時点で、アマゾンは新本社の設置場所を決めるためにアメリカの諸都市が参加するオークションを実施している。この企業は破綻した都市を再生するだけの規模があると同時に、その利益を自社のために搾り取ってしまうだけの冷酷さもある〔アマゾンは二〇一七年に米国内に第二本社設置の候補地を募り、一度はニューヨーク市に決定したが、巨額の税控除などの同社に対する優遇措置を問題視した地元議員らの反対によって決定は撤回された〕。

調整の問題に対する公共部門による解決策

政府が企業の判断の調整役をするなどと言うと、市場原理主義者たちは背筋がぞっとするに違いない。しかし私はこの原稿をシンガポールで書いているのだが、デスクから窓の外を眺めれば、公的な計画によって構築された、ずば抜けて豊かな都市の景観を一望することができる。私が初めて訪れた一九八〇年、シンガポールはちょうど最低賃金の基準を引き上げたところだった。政府が見込みがないと見極めた産業部門を駆逐するためだった——衣料産業だ。この戦略は市場原理主義者たちから激しい批判にさらされた。最低賃金の引き上げは失業率の悪化をもたらすだけだ、と。たしかにアメリカとヨーロッパの政府には、調整役を演じようとして政治的に偏向した介入を行った見苦しい歴史がある。しかし東アジアはそんな見方を変えさせる貴重な事例である——調整が成功することもあるのだ。シンガポール建国の父であるリー・クアンユー〔一九二三－二〇一五年。シンガポール自治政府首相を経て、一九六五年の独立時に初代首相に就任。独裁的な政治体制のもとで近代化を主導し、一九九〇年に退任〕は集積の経済的側面と倫理的側面の両方を理解していた。その政策には次のような思いが反映された——「地価の上昇は公的資金で賄われた経済開発やインフラ整備によるものであり、その恩恵を民間の土地所有者らが享受していいわけがないと私は考えた[8]」。

少なくとも表面的に見て、市場を歪めることがもっとも少ないアプローチは次のようなものだ——大都市が付加税の対象になるとすれば、その税収を財源として破綻した都市の法人税を引き下げ、あとはどの企業がどこへ行くかは市場に任せればよいではないか？　しかしこれでは調整の問題は解決しないし、市場はいったん形成された地域クラスターを維持することはできても構築することはできないのだ

（＊）「勝者の呪い」という現象によって、入札価格は賞品の価値を上回ることさえある。

から、失敗に終るだろう。破綻した都市へ移転すれば法人税が下がることを知っていても、どのような企業がどこへ、いつ移転するのか、最初に乗り込もうとする企業があらかじめ知ることはできない。だから市長たちは依然としてメガ企業誘致のために入札する以外の選択肢はないのである。だがメガ企業誘致のコンペにはさらにひとひねりが加わる。このアプローチはどの破綻した都市にとっても財政的に利点があるから、どの都市も同じようにメガ企業誘致のために競い合うインセンティブを持っている。だからメガ企業は先述の通り、勝利都市が手にする賞品すなわち誘致によって得られる利益に等しい金額を入札額として手に入れるのだ。だがこの場合はさらに加えて法人税引き下げというおまけまでついてしまう。さあ、ではいったいどうすれば良いのだろうか?

先駆者に報いること

破綻した都市は、移転後に新たな地域クラスターを生み出せるほどダイナミックな企業を誘致する必要がある。だがそんな先駆者的な企業は稀だ。ほかの企業がついてこなければ倒産してしまうに違いないからだ。さらに、ほかの企業がついてきたとしても、先行する企業は後発参入組に比べて不利である。それは、先発企業が必要な熟練労働者を探そうとしても、おそらくその地域には存在しないからだ。現地の労働者たちは使ってくれる企業もないようなスキルを習得しているはずがないではないか? このため先発企業はよそから熟練労働者を連れてきて、地元採用者たちを順次訓練しなければならないが、おそらくそれは高くつく。これに対して二番目にその都市にやってくる企業は、必要な熟練労働者を採用するのにそれほど苦労はしないだろう——先発企業が育てた従業員の一部を横取りすることができるからだ。この結果、二番目の企業の移転費は一番目の企業のそれよりも低くなり、資本利益率はより高くなるだろう。

要するに、地域クラスターを生み出す先駆的な企業はいわゆる「先行者不利益」に直面する。これは特異なことである——普通ならば先行企業は「先行者利益」を享受できることが多いのだ。しかしそれは新たな市場と新たなテクノロジーに限られる。最初に市場を開拓する企業は顧客の企業忠実度《ブランド・ロイヤルティ》を構築できるから、後発参入組よりも先にその市場に根を下ろすことができる。フーヴァー〔一九〇八年創業の米国の電気掃除機メーカー。英米ではその名が電気掃除機を意味するほど普及した〕を思い起こしてほしい。また、ある技術を最初に手にすれば特許も取得できる。アップルも同様だ。しかし地域クラスターを構築しようという企業が既成の市場で既成の技術を使った商品を製造販売する場合、先発企業は後発組が回避できるコストを背負うことになるのだ。

それでもなお、破綻した都市にとっては地域クラスターを構築してくれる先発企業は社会的に貴重である。ではどうすれば良いか？　先発企業は「外部効果」を生み出すから、その公益は公的資金で報いてやるべきだ。原理的には単純明快だが、実施するには有能な専門的な公的機関が必要だ。ではどうすればもっとうまくいくだろうか？

開発銀行の役割

まともな目的のために資金を割り当てるのと、それを効果的に使うのは別の話だ。企業に投資する公的資金を扱うのは開発銀行で、その任務は何らかの公的な目的を促進するために民間部門へ投資することである。主要な各国政府にはたいてい開発銀行がある——欧州連合にはヨーロッパ投資銀行という巨大な組織があるし、日本や中国にも同様の組織がある。大都市に対する新たな課税から得られる税収を扱う組織としては、地方都市の再生を委任されている開発銀行が一つの候補になり得る。その開発銀行には目的達成に大きな成果をあげてきたものもあれば、腐敗という淵に沈み込んでしまうものもある。すべては明確な使命や公的な組織としての高度な誠実さがあるかどうか、使命に信念を持ち現実的な精査から逃げない意欲あるスタッフがいるかにかかっている。「現実的な」というのが決定的に重要だ。地域クラスターを構築するための投資はリスクが高く、長期的な企てだ。投資の成否はしばしば何年も先まで判明しないし、多くの失敗もあるだろう。このことが開発銀行が責任を負うべき相手である政治家や市民に理解されていない限り、慎重になりすぎて効果的な投資はできないだろう。破綻した都市を再生させようという、すなわち地元の労働者たちをきわめて生産性の高い人材に変える可能性のある活動に資金を投入している開発銀行は、勇敢で、十分な情報を持ち、積極的に関与していなければならない。ベンチャー・キャピタルの場合のように、スタッフは企業の日々の経営管理にも関与すべき場合もあるし、あるプロジェクトに何年もかかわっているきわめて意欲の高いスタッフが失敗に直面することもあり得る。開発銀行はその投資全体とその長期的成果でしか評価することはできないのである。(*) しかし(第4章で論じたように)従来の金融市場は全般的に種々の欠陥があるだけに、適切なスタッフさえそろっていれば、開発銀行を使うというのは試してみる価値がある方策である。

企業移転の下地を整える——商業地区

先行企業は操業するのに適した場所がない限り中小都市に進出はしない。企業は空きビルを買って必要に応じて改築することもできるが、商業地区《ビジネスゾーン》を設ければ地域クラスターが必要とするような専用の空間やインフラを提供できるし、多くの企業は群集することに利便性を見出すものだ。かつての産業集積を失った都市は、廃業した多くの工場跡が立ち並ぶ地区を抱えている可能性が高い。都市はその地区を整備して新たなビジネスゾーンを運営できる機関に対して、公的資金を投入することもできるだろう。

このような機関にとって鍵となる点は土地取得にいくら支払うかだ。いったんこの機関が市場に参入すると、放棄されていた土地が急に価値あるものとなる。その機関が土地を買おうとしていることに加え、地域クラスターが創出されるという見込みが土地の将来的な価値を高めもする。この場合、地価の上昇分はその機関の活動のおかげなのだから、その地価上昇の利益は地主ではなく機関が手に入れるべきであるのは明白だ。イギリスでは、この原理は一九八一年の「開発公社法」に組み込まれた。しかし裁判官たちは経済学や公共政策の教育は受けていないから、巧妙な弁護士たちは法律の文言を歪めて解釈しようとするのだ――まさに「動機づけられた論法」を用いたレント・シーキングの典型的な事例である。過去には抜け目のない弁護士たちがこうした公的資金の強奪に成功してきた――地価評価にかかわる法律の解釈が「公的機関の関与がない時の地価」と「公的機関の関与があるときの地価」の中間とされるようになってしまった。そして本来は公的機関が手にすべき地価上昇による利益のかなりの部分を、たいてい地主たちが手に入れてしまうのである。このような事態は矯正できるが、弁護士らによる侵蝕と、裁判官たちが公共の利益を尊重する能力に――それどころか気に留めるだけの能力にすら――限界があるというこの二点に、あらかじめ対処できるかたちで法律の文言を慎重に書くことが求められる。

投資促進のための機関

商業地区を開発・運営する機関は内に目を向ける――すなわち都市とその施設にだ。投資促進機関は外に、つまり都市にやってくるかもしれない企業に目を向ける。もし右派のイデオローグたちが想定するように市場がスムーズに機能するとすれば、投資促進機関のやることなど資金の無駄である。その

（＊）こうした見方はダイアナ・ノーブルとの会話を反映している。ノーブルは貧困国への企業誘致活動をしている開発銀行の中で、ＣＤＣをもっとも明確な目的意識を持った組織に再建した人物だ。

点、アイルランドの人たちはそんなことはないとわかっていた。一九五〇年代、アイルランドはヨーロッパでもっとも貧しい地域の一つだった。それを変えようと、アイルランド政府は投資を奨励するための機関をつくり出し、国際的な企業や雇用を呼び込んで驚くべき成果をあげてきた。(*)その投資促進機関はスタッフがチームを組み、見込みのある産業部門を調査し、投資をしてくれる可能性のある企業と関係を結び、中でも大規模な企業を潜在的な「アンカー投資家」とすべく誘いをかけたのだった。

候補となった企業が興味を示した場合、今度はアイルランド投資庁が協力し、その企業がアイルランドで投資をする場合にどのような諸問題が予測されるかを検討した。そしてその企業の特徴をある程度理解した上で、予測される問題にあらかじめ対処するため、どのような協力ができるか地元自治体などに対して助言した。さらに、その企業が投資を始めてからも関係は切れたわけではない。当初その企業を調べた投資促進機関の担当職員が密な関係を保ち、さらに新たな機会を見逃すまいとしたのである。アイルランドに対する国外からの投資の半分以上は、そのようなさらなる投資機会の開拓に基づいていた。

投資促進機関とビジネスゾーンを取り仕切る公的機関は互いに役に立つ情報を持っているから、言うまでもなく協力・調整し合わねばならない。だがそれぞれの役割ははっきり区別できるため、別々の公的機関であることは合理的だ。

知識クラスターとしての地元の大学

おおかたの地方都市には今では大学があり、それぞれの都市の再生に重要な役割を果たすべきだ。シェフィールドが地場産業だった鉄鋼業の崩壊から立ち直ることができたのも、市内に二つの定評ある大学があるという幸運に負うところが大きかった。学問分野の中にはビジネスに応用できる知識を生み出すのに適したものもある。そして知識の創出はとくに集積に適した活動でもある——それぞれ別個の最新成果をつなげるとさらに知識が向上することも多いから、研究者たちが互いに近くにいることは役に立つ。また、知識は基礎研究から商業的な応用へと単純につながるわけではない。基礎研究の応用事例を見て、どのような部分の研究をさらに進めるべきかに気づくことも少なくない。だから知識を応用する企業の近くに大学が立地していると、どちらにも便利なのである。スタンフォード大学とシリコンバレー、ハーヴァード大学やＭＩＴとボストンの繁栄はこのようなプロセスの象徴的な事例だろう。

しかし学者というものは利便性に汚されずに研究をしたいと尊大に主張することもある。もちろん、豊かな社会はそうした知識にも資源を使うべきだが、破綻した都市の大学は地域コミュニティに対する責務も認識すべきだ。地元の大学は企業と連携できそうな現実的な可能性がある学部学科に改めて力を入れる必要がある。これもまた、公的資金の有用な使い道の一つとなり得る。

大学はビジネスに応用できる知識を生み出すばかりではなく、学生の教育も担う——その学生たちが生産的な人材になる能力を身につけられるかどうかは、何を習うかと同時に、潜在的な就職先とどの程度うまく結びついているかにもかかっている。危機にある地方都市における最悪のケースは、スキルを要する職につける可能性とかけ離れた科目に地元大学が注力することである。学位にふさわしい学術的な資質はあっても、役立つスキルを持たない人材を育てていることになるからだ。そうした大学は若者たちを惹きつけておいて、大学で身につけたものでは返済できないような負債を若者たちに背負わせているのである。

（＊）本節の内容はロンドン・スクール・オブ・エコノミクスの経済学部長で産業経済学の第一人者（そして誇り高きアイルランド人）、ジョン・サットン教授のご教示に基づいている。ここに謝意を表したい。

破綻した都市で新たなスキルを持った人材を育成する場所、それは当然ながら地元の大学と専門学校だ。うまくいけば、その都市に魅力を感じ、新たな地域クラスターの構築に先鞭をつける企業は地元の大学や専門学校の関連する部門と連携し、応用研究の創出と労働者の訓練を共同で行える。企業と大学・専門学校が提携すれば、年齢層の高い労働者に必要な新たなスキルを習得させるため、再訓練プログラムを開発することもできるだろう。

結論──「なんとしても」

繁栄する都市と破綻した都市の地理的格差は必然的ではない──これは最近の現象にすぎず、元に戻すこともできる。しかし公共政策の微調整だけでは無理だ。微調整程度では不十分だというのが一つあるが、より根本的には、空間的なダイナミクスは「期待」に左右されるということである──企業は他社も集まりそうな場所へ集まるものなのだ。今日のそうした期待は直近の数十年の変化に基づいているため、近年の低調さがさらに今後の低調さを生むことになる。これを変えるには期待を新たなかたちに一変させるほどの大胆な政策転換を要するのである。

これまで論じてきた種々の政策はいずれもその効果のほどは未知数であり、いきなり大々的に採用されるべき土台は整っていない。慎重に実験を重ねるプロセスを通じて検証していくことが必要だ。だがそんなプロセスでは趨勢を逆転させるほどの衝撃は生み出せない。慎重な検証の必要性と衝撃を与える必要性とはどうすれば両立するだろうか？ それは地理的な不平等を縮小するという目標のために、包括的な公約を掲げることだ。二〇一一年、ユーロ圏も同様のジレンマに直面した──政策立案者たちにはユーロという通貨を守るためにどのような政策が効果的かがわからず、幅広い政策を試しにかかった（二〇〇九年のギリシャ、翌年のアイルランドの財政危機などからユーロの信用が急激に低下し、ユーロ圏の存続を危ぶむ声さえ聞かれたいわゆる「ユーロ危機」）。しかしそれらの試みは欧州中央銀行のドラギ総裁の明白なコミットメントに守られていた――「なんとしても」守るとの発言だ。この一言は瞬時に、そして長期的なインパクトを与えた――マリオ・ドラギ総裁が失敗を容認する余地を残さない決意を表明したことで、さまざまな憶測は沈静化したのだった。破綻した都市の再生にも、これに匹敵する政治的コミットメントが必要なのである。

第8章 階級格差
――すべてを「持てる者」たちと崩れゆく「持たざる者」たち

私といとこは避けることができる格差を体現している。ではどうしてこんなことになったのか？　何かできることはないのか？

多くの家庭で、大人たちは人類史上かつてないほど高い教育とスキルを身につけている。そんな人たちはかつてないほど、自分と同じような人と結婚する傾向にある。男たちは男女平等と協力という革命的な家族の規範にかつてないほど従っている。そして両親は子供たちの養育にかつてないほど力を入れている。成功がそうした家庭を安定させ、子供たちは両親の成功を相続する。このような家庭はすべてを手にしている――いわば「王朝《ダイナスティ》」になりつつあるのだ。

その他の多くの家庭では、大人たちが受けてきた教育は乏しく、苦労して身につけたスキルは今や価値を失った。そんな人たちも自分と同じような人と結婚する可能性が高いが、それはほかのチャンスがなくなりつつあるからだ。高学歴層の間の「同類交配」のおかげで、低学歴層の女性たちが自分より教育程度が高い男性と結婚するチャンスは減ってしまった。一方で男たちは一家の大黒柱という従来の規範を守っているものの、もはやその期待に応えられなくなっている。そして両親としては教育は学校任せという従来の規範を固守している。負け組にますますのしかかるストレスは家庭を不安定にし、子供たちは両親の不安定要素を相続する。このような家庭は崩壊しつつあるのだ。

成功する家庭を生み出す多くの特徴は、その家庭自体にとって好ましいだけでなく、社会全体にとっても有益だ。反対に、挫折する家庭をつくり出す多くの特徴はその家庭だけの悲劇にとどまらず、社会的な大惨事をもたらす。新たな格差の拡大を逆転させるための出発点は、こうした崩壊しつつある家庭を強力に支えることだ。ここで私たちは、社会的父権主義《パターナリズム》は失敗だったという現実を直視しなければならない——国家は家庭の代わりにはなれないのである。だが多くの家庭がかつてないほど支援を必要としているのも確かだ。そうした支援のためのアプローチを私は「社会的母権主義《マターナリズム》」と呼ぶことにする。(*) ただし成功した家庭のやり方のすべてが社会に適するわけではない。本書を読んでいる読者のみなさんはおそらくこの成功した側の一員だろう。本章では成功組の出番は後回しにするが、出番は必ずやってくるので辛抱願いたい。

ストレス下にある家庭に活力を与えるには

生産性の低い職に就かざるを得ない人たちは、しばしば子育ての資質を欠く両親のもとで人生をスタートさせる。第5章で見たように、片方または両方の生みの親を欠く家庭で育つ子供たちが急増している。残念ながら、これはしばしば不可逆的なダメージを与える。この冷厳なる事実が意味することは、公共政策は子供の人生の早い段階から関与しなければならないということだ。家庭がばらばらにな

（*）あまりに新しい用語だから、校正用コンピュータソフトは認識してくれない。

らないように支援すると同時に、その他の支援によって親業を補完するのである。

家族を一つにしておくには

どういうわけか、両親がいる家庭のほうが望ましいという意見は政治的には右派と同一視されてきた――「社会保守主義」というやつだ。しかし実際はフリーセックスを信奉してきたのはもっとも極端なアナキストだけである。イギリスでもっとも定評のある社会政策論の専門家の一人、アリソン・ウルフ女性男爵が言うように――「人類史上、これまですべての成員にフリーセックスを認めてきた社会は知られていない。その逆に、あらゆる社会では結婚という制度が広く認められてきたのである。……歴史上どのような社会でも、子を持とうという男にはその子の母親と結婚することを強制するような――しばしばきわめて厳格な――規則が存在してきたのだ」[1]。そのような制度には十分な根拠がある。未婚のまま出産した女性の大部分は、その時点ではその子供の父親との結婚を望んでおり、おおかたの男性も同様だ。ところが五年後、交際が続いているカップルはわずか三五パーセントで、実際に結婚しているのはその半分未満なのである[2]。これは重大なことだ――染色体の損傷という証拠によって、今やようやく冷厳な科学的事実が社会科学の知見を補完できるようになった。染色体の末端には「キャップ」のように染色体を保護するテロメアという部位がある。それが短いほど細胞はダメージを受け、健康が損なわれる。母親の人間関係が不安定だと、子供のテロメアは九歳までに四〇パーセント短くなるという[3]。家庭の収入を二倍にしてもテロメアは五パーセントしか長くならないと言えば、これがいかに深刻なことかわかるだろう。父親の関与が欠けていることによるダメージはあまりにも大きく、埋め合わせは利かないのだ。これは多くの人にとって「不都合な真実」だろうが、だからといって無視して良いはずはない。

子育てに両親が共にかかわるよう奨励することは本質的に保守的なわけではまったくない。実際、他者に対する責務の中核的な側面の一つであることを考えれば、右派の個人主義よりも、むしろ左派のコミュニタリアニズムのほうと自然な関連性があるように思える。左派が乗り気でないのは子供に対する親の責務に関して二つの点で考えが混乱しているからだ――婚外交渉は罪であるという宗教的な固定観念と、結婚が歴史的に女性を抑圧する制度であったことだ。さらにとかく偏見によって人に烙印を押したがる右派の性向もこれに拍車をかけている。

まず罪のほうから見てみよう。神に対する罪なんてばかばかしいと思っている多くの人の中には、その罪の存在を否定すればセックスと義務の間のつながりも丸ごと断ち切ることができると思っている人がいる。罪とは神に対する義務への違背だが、神が存在しないならば違背すべき義務もない、という理屈だ。詩人のフィリップ・ラーキンは一九六〇年代に急速に進んだ考え方の変化を見事にとらえて見せた――「もう神なんていない、地獄を思って、闇で冷や汗をかくこともうない」だから誰だって「幸福へと長い滑り台を降りていくのだ」[4]。しかし「神の死」は私たちを他者に対する責務から解放してくれるわけではない。むしろ正しく理解すれば、さらに強固な責務を負うことになるはずである。資質を伸ばせない子供たちがいるという人間の悲惨さの責任を負うべきは神ではないとすれば、私たちだ。一九六〇年代に若者たちが親世代のやりかたを退け、社会的なナラティブが劇的に変容したのと同じように、新たな世代はナラティブをリセットしなければならない。それは性的な義務と宗教的な信念を確実に切り離すことだ。セックスはいいだろう、だが無責任な親業はノーだ。一方、結婚が女性を抑圧するという点については、現実的な解決策は結婚をなくすことではなく、多くの夫婦で実際に起きているように、その規範を変えることだろう。結婚の否定は母親に力を与えることにはつながらず、二人分の役割を果たそうと孤軍奮闘することになり、むしろ母親を奴隷化してしまうのである。

さて次は烙印の問題だ。人は間違いを犯すものだ。そして強烈な性欲に駆られる若者たちはほかのおおかたの世代よりも間違いを犯しやすい。間違いを犯させないように大人たちができるだけのことはしたとしても、多くの間違いは起きてしまうだろう。そして一旦間違いが起きてしまった場合、社会として道徳的に適切な反応は糾弾することではなく、許すことだ。許しは間違いが起きた事実ははっきりと認めるが、処罰の必要性をなくすことができる。望んだわけではない子供を抱えた二人の若者に対してすべきことは、烙印を押すのではなく、カップルとしてしっかりその子を育てるよう励ますことなのだ。

人の判断は、社会的なつながりを通じた他人の意見に大きく左右されることがわかっている。このことは家族や友人の反応が大きな意味を持つことを示唆している――私たちは社会的な動物なのである。(5)だが公共政策もこれを補強することはできる。二人の生みの親が子供と一緒に暮らすことを選択すれば、大きな価値が生まれることを政府が認めてもいいはずだ――納税者には税額控除の優遇措置で税負担を軽減することができるし、非課税者には同額を与えて収入を補完してやることができるだろう。若い親たちが子供に強いコミットメントを持つことは、社会全体に利益をもたらすのであり、私たちは進んでその対価を払うべきである。親たちがそうしたコミットメントを持たないとすれば、私たちはその代償を払うことになる……しかも大きな代償を。

子供の就学前――家庭がいちばん支援を必要とするとき

なぜ七万人もの子供たちが「保護」されているのか？　それは社会的父権主義のやり方では、育てることのできない子供を女性が産むまで放置しておいて、産んだらその母親から取り上げてしまうからだ。しかもこれは同じ女性で繰り返されるのである。たとえばロンドン北東部のハックニーにおける保護された子供に関する調査によると、四九人の母親から二〇五人の子供が引き取られて保護されたという。社会的母権主義を採用すれば、生まれてから飛びつくようなことはしない――右のような女性たちの生活には何か深刻な問題があることに気づき、対処する手助けをするはずだ。ハックニーの統計が示す目に余る事態に対し、ひと握りの人たちがまさにそうした対応を示し、NGOを組織した――「ポーズ」だ[6]〔ポーズとは小休止する、ひと呼吸置く、という意味〕。右の四九人の女性たちの暮らしぶりはたしかに悲惨だった。麻薬またはアルコールに依存していなかったのは一人だけ。半数は精神衛生上の問題を抱えていた。半数の母親は自身が「保護下」で育ち、破綻が次の世代へ受け継がれるという兆候を社会的父権主義が助長したことになる。この場合に不可欠な介入は何かと言えば、母親たちの生活を変えることだとポーズは見た。生まれる子供を取り上げて保護することを繰り返していると、それがトラウマとなって母親はますます絶望に沈み込み、生まれてくる子供にダメージを与えるのだ[*]。生活を変えさせるには共感と指導の両方に加え、薬物やアルコール中毒への対処、住環境の問題、暴力的な男からの虐待などに対する実際的な支援も必要となる。介入が成功する鍵は脅しつけて生活保護を抜けさせるといったことではなく、母親たちの自尊心を向上させることにかかっている。それこそまさにNGOポーズが試みていることであり、破綻地域という烙印を押されたイギリス国内の諸都市へと組織を拡大している。

最近、ポーズは第三者機関の査定を受けた。それによると、ポーズが支援した一三七人の女性たちには、生活スタイルの大幅な改善が見られたという。精神衛生上の問題を抱えていた女性たちの四分の三で顕著な回復ぶりが見られ、薬物乱用と家庭内暴力も共に大きく減少した。一方、これらのおかげで妊娠も減った――もっとも信頼できる推定によれば新生児は一年当たり二七人減ったという。ポーズは費

（＊）妊婦に対し、誕生後に子供を「保護」することを事前に知らせるのが慣習となっているが、それは母親のストレスを大幅に増加させ、胎児に取り返しのつかないダメージを与える。

用対効果も高く、プログラム実施にかかった一ポンドにつき、その後五年間で九ポンドのコストを削減できたという。しかしもちろんポーズはごく小さな組織だ。まだまだ社会的父権主義が幅を利かせており、公的支出の大部分を「保護」に使わせているのである。

明らかにうまくいっていないのに、なぜ社会的父権主義がいまだに支配的なのだろうか？　それは管理を目的とした縦割りのヒエラルキー構造の中で、献身的な専門家たちが身動きを封じられているからだ。そのような構造がいかに社会的母権主義を阻んでいるか、一例を挙げてみよう。これは破綻した都市で地域のメンタルヘルス対策チームをとりまとめている精神科医たちの事例だ。破綻した都市の外れの地区で、患者たちは恥辱と孤独とストレスの中で暮らしていた。中には「いじめ」が原因で、絶対に子供を学校へ送っていこうとしない母親もいた。いじめの被害者は学校に通う子供ではなく、母親だ。限られた男たちを獲得しようと争うほかの母親たちに校門前でいじめられるのだ。精神科医たちが気づいたのは、患者たちには同様のストレス下にある人たちと安心して友人関係を築いていける場が必要だということだった。そこで窮乏地区にカフェを開くプロジェクトを立ち上げ、店舗を借り上げて魅力的なスペースに改造した。それぞれのカフェはその地域の患者たちのボランティアで協同組合をつくって運営した。カフェは魅力的で、コミュニティの幅広い人たちが盛んに利用するようになった。それも何らの偏見もなく。ボランティアたちの精神的・情緒的な健康状態に対する影響は、患者たち自身の証言、メンタルケアを担当していた専門家たち、そして診察記録によって評価された。患者たちは仕事のおかげで新たな友人をつくりやすくなり、孤立しなくなったことを語った。出勤して来ないメンバーがいると、誰か友人が責任を持って連絡を取るようになった――カフェが相互的な義務感を育んだのだ。友人関係が構築されたおかげで、自分のペースで生活の仕方を探っていけるようになり、恥ずかしい思いをすることを恐れずに、目の前の危機への対応よりも先のことを考えられるようになった。次第に、一部の患者たちは生活の秩序を回復できた。症状の再発や入院は減り、ボランティアたちは自尊心を築いていった。資格やより望ましい未来を手に入れることも夢ではなくなった――症状が回復し、職を得た者もいる。地元のほかの多くの店舗などとは異なり、いやがらせの破壊行為を受けなかったこともカフェの価値が認められていたことを示している。発展するにつれて収支も改善し、赤字営業の解消も見えてきた。カフェの影響力には目を見張らせるものがあり、さまざまな会議で成功例として紹介されるようになった。そして、突如閉鎖された。

メンタルヘルス対策チームが運営するカフェは本業とかけ離れた瑣末なもので、継続的な予算投入に値しないと、国民保健サービス（NHS）を運営するヒエラルキーのトップが断定したのだ。チームの中核的な活動は治療だというのだ。NHSの理屈はこうだった――入院件数は減ったが、それは予算の別の部門に属している。患者たちが職を得て生活保護を外れても、それは社会保障費の予算にかかわることでNHSとは別だ。一方、自治体の社会サービス部としても、NHSが打ち切りたい事業にどうして本来の中核的な活動のための予算から回してやる必要があるのか、というのだ。また、親による養育が向上すれば子供たちの学業にもプラスになるが、教育予算は教えるという中核的な活動を最優先して投入すべきだ、と。現場と遊離し、細分化された専門領域を管理運営するためのヒエラルキーが問題の核心に対処していた戦略的プロジェクトを潰したのだった……そこから学び、さらにスケールアップするのではなく。目の前の症状に対する対症療法ばかりが優先されたのだ。ある精神科医が絶望的に語ったとおりだ――「もっとまともな介入がなされなければ、こんなことが何世代も続くことになり、この悪循環を逃れることができるのはほんのひと握りの者だけだろう」。

社会的母権主義ではここから始める――つまり継続だ。予定外の子供を抱えて苦闘している若い両親たちは、予測していなかったさまざまなプレッシャーにさらされる。おおかたの親は子育ての義務を本能的に感じているが、幼い子供の養育はとてつもないストレスになることがある。だから両親が子供に対して、あるいはお互いに、ときには怒りをぶつけることがどうしても起きてしまう。それが継続的なダメージにつながらないようにするにはスキルと自制心と寛容とが必要だ。まだ子供から大人になったかどうかという十代の若者たちが、自分の欲望を犠牲にし、怒りを押し殺し、将来設計までしなければならない状況に突き落とされるのだ。だから若い親たちには資金も、安心感も、偏見のない指導も必要だ。これらこそが社会的母権主義の中核をなすのである。ではどうすればこうしたものを与えることができるだろうか？

家庭は収入に合わせたライフスタイルを選択するものだ。ちょっとばかりの計画性と慎重さがあれば、大部分の家庭は子供たちの基礎的なニーズは満たすことができる。だから社会的父権主義は両刃の剣になり得る。イギリスではシングルマザーに無料の住居を提供している。イタリアとスペインでは提供しない。イギリスはヨーロッパでも十代の妊娠率がもっとも高いほうだが、イタリアとスペインはもっとも低い部類に属す。一九九九年、イギリスは子供のいる低所得世帯に対する公的給付を増やす施策を導入した。現代の統計学を使えばこの政策変更の結果を割り出すことができる――低所得世帯は大々的な出生数の増加で応えたのである。その数は毎年四万五〇〇〇人増と推定されている。[7]というわけで、無料の住宅提供と公的給付の増額により、たしかに多くの子供たちが以前よりも多少は経済的余裕のある家庭で育てられている。しかし多くの女性たちはうまく育てられないような子供を産むことを奨励されたわけでもある。効果のほどが怪しい、ひどく費用のかかる公的給付計画と言うべきだろう。ほかにも明白な利点がある公的資金の使い道は存在するのに、それらには十分な予算がついていないのだ。一つ例を挙げよう。

若い夫婦は万一の時の備えとなる貯蓄を積み上げる期間がないため、不運な突発時に対して脆弱である。だからそうした打撃を和らげる緩衝材を提供するのは公的資金の価値ある使い方だろう。もっとも端的な打撃は失業だ。アメリカでは、二〇〇八年の金融危機が失業率の大規模かつ長期的な急上昇をもたらした。私が指導している博士課程の学生による説得力のある最新調査によれば、これによって幼い子供たちに対するネグレクトが増加した。(8) 金融危機の影響は大きく、明確な因果関係があった。郡単位の調査によれば、失業率が一パーセント上昇すると、子供に対するネグレクトは二〇パーセント上がり、もっとも影響を受けるのは幼い子供であることがわかった。だが公共政策によって失業によるダメージを軽減することはできる。失業手当の支給期間は郡によって異なるが、支給期間が長い郡ほど、失業によってネグレクトが発生する確率は格段に低かったのである。

子育ての経済的な面はこれくらいにして、まともにやればきわめて負担が大きい子育ての種々の課題について、それらを緩和する方法を見てみよう。本来なら緩和する役割はまず親戚が担うべきだろう。親戚など近親者には結集して手助けすべき責務がある。だが大家族はもう衰退してしまった。私の父は七人兄弟で母は四人兄弟だったから、私の養育を手伝ってくれるおじおばは余るほどいた。それが今では多くの家庭で両親のどちらも兄弟姉妹が減ったため、それに応じて助け合う負担は増大した。私と妻の場合はどちらも一人っ子だ。こうした状況を変えるには大家族を復活させるしかない。それには規範を変える必要がある。同世代の「水平方向」の親戚の減少を埋め合わせるように、家族は長寿化によって複数世代の「垂直方向」には拡大している。実際、新たなニーズに応えるために、人びとは規範を変えつつある――祖父母は以前よりもずっと深く孫たちの養育にかかわっているのである。

政府もまだまだ力になれる。おおかたの政府は子育て中の両親に経済的支援をする良識を持ち合わせているが、それは共働きを奨励することとますます一体化しつつある。しかし若い夫婦が幼い子供の養育で大きなストレス下にある間は、すべきことではない。一生子供を持たない人びとは子供を持つ人びとのおかげで莫大な恩恵を得ている——退職者たちが貯蓄を使いながら暮らせるのも、次の世代がいて、そうした貯蓄を使えるようにしてくれているからなのだ。親たちが幼い子供の養育に苦闘している時期こそ、社会に対する親たちの貢献に報いるために国家が無償給付を提供すべき時である。

国家は経済的支援以外にもできることがある。家庭の内外で現物支給をすることもできるだろう。親になりたてのときは誰にだって苦労は付きものだ。だが、中には問題が発生することが必然というほど厳しい苦境にある夫婦もいる。そうした問題が予見できる場合は、集中的な予防的介入によって回避することもできるだろう。

市場にできることに限界があるように、子育て支援の公共サービスを通じて国家ができることにも限界はある。だが現状ではまだその限界には達していない。集中的な公的支援の事例はいくつかあり、これまでの評価を見る限り、成功する兆しを見せている。その一例がダンディー・プロジェクトだ。これは大きな負荷に苦しんでいる家庭に無条件の支援を行うという、ささやかな実験である。若い子育て世帯に対する具体的な日々の支援には金がかかる。だが家族崩壊がもたらす損害に比べればずっと安上がりだ。

ダンディー・プロジェクトの決定的に重要な特徴は、対象家庭の状況を精査する公共部門と完全に分離していることだ。精査は不可欠だ——いざとなったら子供を両親から引き離さねばならないこともある。だが調査部門と支援を提供する部門の職務は完全に分離しておかなければ、両親と支援の提供者たちの間に信頼関係を築くための土台が成り立たない。イギリスでは、ダンディー・プロジェクトはそれを大々的にスケールアップした「困難を抱えた家族《トラブルド・ファミリーズ》プログラム（TFP）」の実施に結びついたが、熱意こそあったものの、二つの不純な要素を含んでいた。それは若い母親たちを職に就かせようという目的が加わっていたことと、家庭を精査する役割を担う既存の社会福祉部門がプログラムの運営をも担っていたことである。こうした余分な要素がTFPの有効性を削いでしまった。

支援の提供と家庭状況の精査とが一体では支援サービスはうまくいかないが、物理的な面での支援とメンタル面の支援の組み合わせは効果的な場合がある。問題が起きることが予測できる家庭の親たちの場合、精神衛生上の初期的な症状がすでに見られることも多い。認知行動療法やアンガー・マネジメント・プログラムなどの精神衛生に関与する支援は厳密な評価が行われており、すばらしい成功率を示している。こうした予防的な支援には費用がかかるが、長期的に見れば社会に対してもっと高くつく行動を回避させることができるのではないだろうか。家庭状況の精査と、子供への支援、そして精神衛生上の支援を提供すること自体に関しては連携が必要だが、実施する職責はそれぞれ明確に分離されていなければならない。

出産を控えた十代の夫婦は両親としてはいわば初心者マーク付きで、高圧的でない導きを必要としている。夜間にたまに両親教室へ通うくらいでは足りない。祖父母が手助けすることもできるだろうが、親としてもっとも機能不全に陥りそうなカップルは、もともとうまく機能していない家庭の出身者であることも多いのだ。若い夫婦には家族以外で指導やインフォーマルなかたちの支援をしてくれる人が必要である。衰退しつつある、あるいは機能していない大家族を補完する一つの方法は、新たな人的資源をつくり出すことだろう——かつて何千人ものアメリカやイギリスの若者たちを鼓舞した平和部隊《ピースコー》や海外ボランティア・サービス（VSO）〔開発途上国援助のために若者のボランティアを派遣する事業・組織で、前者はケネディ大統領が一九六一年に創設した米国政府運営のもので、後者は英国で五八年に組織されたNGO〕などの現代版で、私たち自身の社会のためのものをつくるのだ。当時は新たな社会的資源として高学歴の若者たちが続々と育っており、自分たちの豊かさを追い求めること以上に何か意義ある目的を求めていた。今日それに相当するのは、健康で世知に長け、潤沢な年金のおかげで経済的に余裕のある、しかし子供たちが巣立って生活にぽっかりと穴の開いた退職者たちだろう。そんな人的プールはますます増大している。こうした人たちは人生経験を通じて非認知的スキル〔単なる知識や学力などと異なり、協調性、自制心、意欲などの能力のこと〕を身につけているから、ストレス下にあって支援を必要としている若い夫婦にとって、威嚇的でない支援者になることができるだろう。「救済の義務」のために立ち上がれば、何もしなければ喪失感や無関心に陥りがちな晩年において、人生に新たな目的意識を与え、深い満足感を味わうこともできるはずだ。どんな支援でもそうだが、支援が決して「上から目線＝責任追及型＝精査と報告中心」的な関係になってしまわないように、それぞれの役割を明確にし、支援者となるボランティアは訓練を受けるべきだろう。その支援者たちは有給にしてもよいが、支払いを承認する権限を若い両親に与えれば、二人の自信にもつながるだろう。あるいは支払いのための予算を両親に与えるのも手かもしれない。政府が取りまとめるのではなく、親としての責務を果たせずにいる何千という若い夫婦を助けるための「時間と才能のある人材」を集めるのを、新しいタイプのＮＧＯに任せてもいいだろう。政府というものは失敗を極度に恐れ、そのため実験には不向きだが、ＮＧＯは新しいアプローチを試すのにはうってつけの資質を備えている。

「恐るべき二歳児」と言われるが、それにはわけがある――幼児には一定期間ごとに手に負えない反抗期があり、子育ての経験が豊富な両親でも我慢の限界まで追い詰められることがある。そのくらいの年齢からは、子供たちは家族を超えた集団の中で社会化されることが望ましい。すなわち幼稚園だ。幼稚園教育は国家によって誰にも無料で提供されるべきで、それには強固な根拠がある。どんな国家も公営の学校教育を提供しているが、幼稚園教育こそ国家が提供すべき根拠がほかのどんなレベルの教育よりも強い。一般的に、子供たちの教育上のニーズは年齢が上がるにつれてより複雑化すると同時に多様に分化する。しかし標準化しやすく、規模が大きくなればコストも下がる活動こそ、ほかのかたちに比べて国家が運営する利点が大きいのだ。幼稚園教育は複雑ではない――社会が主として幼稚園に期待するのは、幼い子供たちが社会の幅広く多様な背景出身のほかの子供たちと出会えるように、標準的な場を提供してくれることである。幼稚園教育の標準化と無償提供には決定的な利点がある。それは子供を幼稚園に行かせるという親の判断が社会全体にとって当たり前となることで、良識的な判断をする能力をもっとも欠いている親たちも同じような判断をする可能性が高くなるということだ。従って、すべての子供が公立幼稚園に無償で通えるようにすることは、二つのきわめて望ましい結果を生む。第一は、子供たちの人格が社会的影響によってもっとも形成されやすい時期に、社会的に多様な子供たちと交わることができること。第二は、もっとも就学前教育を必要としている子供たちが通園する可能性が高くなることである。しかしながら、多くの国々では公立幼稚園の代わりに、私立幼稚園に対する複雑な補助金制度が山ほどある。それらは明白なニーズに対応して新たな行政的取り組みがなされるたびに、徐々に積み上がっていったものだ。たとえばイギリスの「確かなスタート」プログラムでは母親を就労させることを最優先した〔一九九八年にブレア政権が導入したもので、幼児教育の拡大や親に対する育児・就労支援などを、とくに地方の貧困地域を中心に展開した〕。そしてすぐに、容易に条件を満たして「成功例」となるような支援対象ばかりを選ぶという無駄なことになってしまった。複雑なスキームはほとんどの場合、もっともそれを必要としない人たちに利用される傾向を助長するし、幼稚園を民間に任せれば、入園者の差別化を保証しているようなものである。無償の公立幼稚園の模範的事例は「エコール・マテルネル」と呼ばれるフランスの幼稚園だ。私たちは低所得層の多いブルターニュのある町に住んでいたときに直接体験した。私たちはワシントンでもオックスフォードでも、市場原理に基づく同等の民営施設をついに目にすることはなかった。

支援の拠点としての学校

学校で行われるもっとも重要な活動は授業で勉強を「教える」ことではなく同年代の仲間集団との交

流であることを思い出してほしい――家族の中で芽生える個々人の差異は、学校の社会的構成の中での差異として再現され、増幅されるのである。シリコンバレーはテクノロジーが低学歴層の家庭の子供たちに知識の扉を開いたと思っている。だが証拠はそんな期待とは正反対であることを示している。すなわちインターネットは機会の格差を縮めるどころか拡大させたのである。たしかに今では誰もがインターネットにアクセスできる。だが最近の調査によれば、高学歴層の家庭の子供たちが知識を増強するためにインターネットを使うのに対して、低学歴層の家庭の子供たちは気晴らしに使っているのである。(9)

学校をもっとも有益なかたちで変えるとすれば、よりいっそう社会的に多様な子供たちを受け入れることだ。社会的な多様性実現のための最大の障害は学区である。人びとの居住地が今やあまりにも階層分化してしまったため、学区は事実上その階層分化を学校に反映することになる。中等教育以上でこの落とし穴から抜け出す一つの方法は、市全体を学区とする学校を公的資金で設置し、地域ではなく教育の目的によって異なる学校に行くようにすることだ。ある学校はプロ・スポーツ選手をめざすのに最適な学校であることを標榜してもいいし、別の学校は俳優志望者の子たちに、別の学校は規律を重視する親たちが子供を通わせるのに最適であることを打ち出してもいいだろう。第2章で紹介した概念を使って言えば、校長や学校の理事たちはある程度明確な「信念の体系」を持った学校を作ることをめざすわけだ――各学校は明確なナラティブが広まるようなネットワーク化された集団となるのである。学校は自ら掲げる特徴において優れていなければならないことを自覚するだろう。そうでなければ、学区内の豊かな界隈に住む親たちは相変わらず近くの「富裕層オンリー」の学校に好んで子供を通わせてしまうだろう。イギリスでは新たな規則によってこのような新しいタイプの学校の設置が可能になった。私もひどく偏った学区を持つオックスフォードでそんな学校の開設を試みたチームの一員だった。私たちは学区は全市、入学は抽選制とする計画を立てたが、予想通りの反応に遭った――既得権益とイデオロギーの壁が立ちはだかったのだ。もっとも富裕層が多い既存の学区の学校を筆頭に、地元の教育関係のエリートたちが憤激して立ち上がった。その連中に私たちは阻止されてしまったが、みなさんはもっと幸運に恵まれるかもしれない。

組織としての学校

勉強を「教える」という活動は改善できる。これについてはすでに多くの研究と膨大な文献があるが、もっとも主要な考え方は資金よりも教員の質のほうがはるかに重要だということだ。実は四つの単純なことで教員の質を向上させることができる――より優秀な人材を教職に惹きつけること、実験を行ってそれを評価するというプラグマティックな方法に基づいて教員を訓練すること、もっとも困難な状況の学校にもっとも優秀な教員を配置すること、もっとも資質の劣る教員を一掃すること。

第一と第三点について、イギリスでは「ティーチ・ファースト」プログラム〔多くの公的・民間組織と連携して主として貧困地域に教育プログラムを提供するNGOを中心としたネットワーク型の事業。ティーチ・ファーストとは大学卒業後に「まず教えよう」という意味〕が劇的な効果を発揮した。ねらいは単純だ――大学を卒業したての優秀な学生に、ほかの職業に就く前に卒業後から数年間、教員をさせること。このやり方は対象が限られた類似の人材採用にも応用できる――「ティーチ・ラスト」というのはどうだろう? 多くの論文で私の共著者となってきたジャン・ウィレム・ガニング教授はアムステルダムで教授職を引退したのち、地元の学校の数学教師になった。人生でもっともやりがいのある仕事だと彼は語る。だが「ティーチ・ファースト」プログラムは当初ロンドンに限られていた。イギリス国内でもっともそういう事業が不要なところだ。もっとも必要としているのは地方の都市や町の学校だ。優秀な教員たちはそこで孤立して置き去りになることを恐れ、そうした学校への赴任には及び腰だ。そこにはまり込んで抜け出せなくなることを恐れ、一生教員をしようという人たちが行きたがらないからこそ、ずっと教員をするつもりのない人材こそもっとも容易に集められるはずだ。「ティーチ・ファースト」プログラムのロンドン偏重は、ロンドンの教師に支払われている割増賃金が輪をかけている。そのロンドンではほかに比べて生徒一人当たりの学校予算もはるかに大きい。ロンドンは学校評価でも全国一だ。「ティーチ・ファースト」プログラムも、割増賃金も、生徒一人当たりの予算の割増も、すべてロンドンでは廃止して、必要としているほかの地域へ移すべきだろう。「ティーチ・ファースト」プログラムはまさに正しいプログラムを間違った地域で実施したのだった〔同プログラムは現在ではイングランドとウェールズで地方の貧困地域の学校へ活動を広げている〕。

　第二の改善方法、どの教授法が望ましいかを判断するためには、ランダムな試行錯誤から学び取る方法が向いている。だが政治家や教育界の既成勢力はそうした実験には消極的だ。プラグマティズムは自らの無知を認めるものだから、イデオロギーに付きものの厚かましい自信のほうを好むのである。しかし国や学校によって国際的な学習達成度ランキングのＰＩＳＡ〔第６章参照〕に大きなばらつきがあることを見れば、まだまだ学ぶべきことが多いことを示唆しているし、学びを得るには実験と評価を重ねるしかない。教員の訓練はそうした日々進化する証拠を中心として構築すべきであるし、学生にもそれらから学び続ける方法を教えるべきなのだ。

　最後にもっとも資質の劣る教員を一掃するという点だが、これは劇的な効果が期待できる。[10]もっとも出来の悪い教員たちが教育現場にとてつもない損害を与えているという事実を証明するには、かなり手の込んだ社会科学的な技術が必要かもしれない。だがどうしてそんな状況が放置されているかを理解するのには、たいした研究も必要ない。政治家が右の事実をあえて指摘しようとすれば、各種労働組合に代表される教職上の既得権益者たちから政治生命を脅かされかねないのだ。それも仕方ないって？たしかにイエスだ。でも倫理的だろうか？答えはノーだ。

教育目標をいかに達成させるかという問題もある。流行は変化するし、ここでもイデオロギーが正確な分析を阻むという問題はあるものの、この課題に対処する上で、教室で役に立ちそうな方針がいくつかある。まず教える側だけでなく、生徒の努力も欠かせないということ——問題は、もっとも努力したがらない生徒たちにどうやってやる気を出させるかだ。シカゴ大学のエコノミストたちは種々のアプローチをテストするために研究室で実験を行っており、[11]ごく簡単なテクニックがかなりの効果を挙げることを発見した。その一つは、ご褒美をあげるならば、生徒が努力して結果を出してからほとんど即座に与えなければ効果がないということ——何カ月も後ではなく、何分と待たずにだ。ご褒美の種類としては、金銭よりも自尊心を感じさせてやるほうが効果的だ（ここでもまた、人間は欲得ずくの動物ではなく、社会的動物であることがわかる）。ところがもっとも効果的な動機づけの手段はご褒美ではないようである。人は何かを得ることよりも、何かを失わないようにすること——専門用語で言えば「損失回避」——に対して、より大きな動機づけを感じる。したがって、努力不足な生徒は速やかに自尊心にかかわる損失を被るようにすることこそ、もっともパンチ力がある方策らしい。しかしこれは決して教育大学で盛んに発信されるメッセージではない。

能力別の学級編成という問題もイデオロギー対立で紛糾しており、プラグマティズムがどうしても必要な分野である。信頼できる心理学理論によれば、子供たちは仲間からの尊敬を求めるものであり、それを得るためには（あるいは失わないためには）一定の努力を惜しまない。この場合、もっとも有力な仲間集団はクラスの生徒たちだ。同じ学年で能力別学級を編成し、一つのクラス内で優秀な生徒とそうでない生徒の能力差が小さい場合、下位の生徒にとっては努力をする甲斐があり、同様に、優秀な生徒たちも順位を守るためにいっそうの努力が必要となる。反対に、能力別ではなく学年内でランダムにクラス分けをした場合、クラス内の能力差は大きくなる。すると下位の生徒は努力をしても無駄であり、上位の生徒は努力が不要になってしまう。こうした考え方には一定の経験的な証左があるが、私が見た限りではもっと徹底的な検証が必要だ。学校に必要なのは教条主義的な独断ではなく、厳密かつ第三者的に評価が行われる多様な実証的試みなのである。

最後に、財政的な問題がある。現行の生徒一人当たりの公的支出の差異は、多くの面で学習達成度の格差を増幅して<u>いる</u>。もっとも重大な差異は地理的なものだ――大都市には潤沢な課税基盤と声の大きなロビー団体があり、破綻した都市にはそのどちらもない。予想に違わず、イギリスではその差異は極端に大きい。生徒一人当たりの公的支出はロンドンが飛び抜けて大きいのに対し、私の故郷のヨークシャーとハンバーサイド地域は最低の部類に属す。その差は最近のもので、しかも拡大しつつある。ここでも「動機づけられた論法」が幅を効かせている。だがこのようにまったく誤った公的資金の分配を弁護している既得権益者たちには、徹底的な敗北を味わわせてやるべきなのである。

学校の外の世界へ――さまざまな活動と指導

学校外の支援活動の多くは十代のためのものだが、学習達成度や人生における将来的な可能性の格差のほとんどはもっと低い年齢でおきる。十代未満の子供たちにとって、差を生み出すもっとも主要な行動は哀れなほど単純なものだ――読書である。知識階級の子供たちは読書をするが、低学歴層の家庭の子供たちは読書をしない。読書は子供たちにさまざまな扉を開いてくれるもので、エリート層の子供たちはその扉をくぐって進んでいくのだ。このような読書の格差は本来は学校がなんとかしてくれるはずのものだ。学校では読むための技法を教えるのだから。しかしこれは読書習慣を身につけることとは大きく異なっている。今では、読書をしない親の子供たちに読書の習慣を身につけさせる方法はわかっているのに、結局ほとんど手をつけようともしていないのが現状だ。しかしこうした状況に懸念を抱く多少なりともやる気のある市民グループならば、すぐにでも変化をもたらすことができる。たとえば以下のようにである。

ロザラムは置き去りにされた町の象徴のようなもので、イギリス国内ではすっかり失敗の烙印を押されてしまった。ほど近いシェフィールドのようにかつては鉄鋼業と炭鉱で栄えた町だが、今や雇用がほとんど失われてしまった。(*) このような悲劇とそれに伴う意欲の低下の中、ある市民グループがもっとも疎外された家庭の子供たちの識字率を向上させようと決意した。メンバーたちは手本を探し、アメリカの町で成功したというやり方を選んだ。それを地元の事情に合うよう工夫を加え、活動の進行と並行して定量的評価をしてもらうために、シェフィールドの大学と提携した。この方法がうまくいくことがわかったのは、その大学の評価結果のおかげだ——学校のテストの成績向上というかたちで成果が表れたのだ。この市民グループは慈善団体を立ち上げ、町の中心部で閉鎖された店舗——いくらでもあった——を見つけた。地元の企業何社かを説得し、かつては酒場だったその建物を実に魔法のような場所にリフォームしてもらった。「魔法のような」というのは比喩でもあり、文字通りの意味でもある。というのも、それは子供たちが魔法を習いに行ける施設だったからだ。入り口のドアの上には「グリム商会」と書かれ、そのドアには「大人お断り」の張り紙があり、窓は室内が見えないようになっている。いずれも子供たちを誘惑するには十分で、多くはためらいがちな親を引っ張ってきたり、クラスメートとあらかじめ入館の予約をしてやってくる。一歩中へ入ると巨大な豆の木が出迎え、さらに「スタッフを食べないでください」との看板など、魅惑的な刺激に満ちている。だがこれはほんの序の口で、秘密

(*) いかにも置き去りにされた町らしく、文章校正ソフトウェアはこの町の名前を認識しない。人口はオックスフォード——この町の名前に校正ソフトがけちをつけるはずはない——の二倍もあるというのに。

の扉をくぐって本の階段を上り、「ただいま外出中」のグリム氏の執務室の前を過ぎると、子供たちがグリム氏の新作物語の原稿の朗読を聴く部屋がある。そこでお話が始まるが……大変だ！ 最後のページがなくなっている！ 一刻も早く物語を完成させねばならない、「みんな、助けてくれないか？ 結末を書いてくれるなら、紙と鉛筆がほらここにある」ということになる。

いつだって子供たちの反応は熱狂的だ。今まで鉛筆など握ろうともしなかった子供たちが、生死がかかっているかのように熱心に書き始めるのを見て、涙を抑えられない教師たちもいる。さらにアフターケアも万全だ――ロザラムのこの教室が出版した子供たちの詩集は世界で販売されているし、子供たちのためにロイヤル・シェイクスピア・シアターのカンパニーが訪れて演劇を上演し、ミュージシャンのボブ・ゲルドフは子供たちのために物語を執筆した。やる気に火をつけることはできるし、習慣を変えることもできるのである。このすばらしい事業はある情熱に駆られた女性が生み出したものだが、規模を拡大し、さまざまな地域の状況に合わせて改変することもできるだろう。すでに中国と韓国からも視察団がやってきた。そうなのだ、ハンプステッド〔文化の発信地でもあるロンドンの超高級住宅地区〕ではなくあのロザラムから東アジアの人びとが学んでいるのである。東アジアの人たちと同じく、みなさんだって学べるに違いない[12]。

学校外で子供たちを支援できる活動はほかにもたくさんある。非認知的スキルが身につくのは勉強によってではなく、信頼のおける指導者《メンター》となってくれる人びとのおかげであり、あるいは子供たちが協力やリーダーシップを学べるスポーツ活動を通じてである。役立つ知識を持ちかつ信頼できるメンターを見つけられるかどうかは、子供の社会的ネットワークの広さにかかっている。それはまた、その子の家庭の社会的ネットワークの程度を反映する。私自身の場合、私のキャリアにとってもっとも重要な決断をしたのは大学に入る一カ月前のことだった――法学部に合格していた私は経済学部へ転部させてほしいと大学に書き送った。二つの異なる人生の道にかかわることだから、その決断に至るまで私は必死にアドバイスを探し求めた。(*) しかし私の家族には有益な経験がある人はいなかった。そこで藁にもすがる思いでかかりつけの歯科医師に相談したほどだ（当然ながら、まったく無駄だった）。今日、階級格差で隔てられた子供たちは、社会的ネットワークの広がりという点でも巨大な格差に直面する。ピュー研究センターの調査では、各家庭が持っている可能性のある社会的ネットワークの一部として、九つのタイプの人びとについて測定した。その結果、八つのタイプで高学歴世帯のほうが低学歴世帯よりも多くのコネクションを持っていた。九つ目は「ビル管理人」で、低学歴層のほうがまさっていた。八つの中では、私がかつて決断を迫られたときもっとも欠けていたタイプの人たちに関して、格差がもっとも大きかった――調査の設問は「知り合いに大学教授はいますか？」だ。私が育った家庭では、そんな質問は「女王様と知り合いですか？」と訊くようなものである。だが今では私の息子には余るほどいる。十七歳の息子のダニエルがナノテクノロジーに興味を持ったとき、最初に話を聞きに行った学者はわが家の隣人だったのである。

さて、十代の子供がメンターとして耳を貸すことを選んだ人による指導は、単に情報提供という点で役立つのではない――人が人生の指針として活用するナラティブの源泉にもなり得るのである。道を踏み外しそうになっている十代の子供たちは、健全なナラティブとその穏やかな影響力を受けることで軌道修正できる。そのナラティブは親による処罰と報酬といったこととは異なる枠組みで届けられねばならない――親という父権主義的な権力は耳を貸す意志を妨げてしまうのである。(13)

(＊) もしかして私は本を書くのではなく、経済的レントを追い求める弁護士になっていたかもしれない。

広がりゆくスキル、企業、年金の格差

学校教育は厳密には人生の準備段階ではない——訓練の準備段階だ。もっともうまくいけば、一定の生徒たちは学校を出る頃には、本当のスキルへと研ぎ澄ますことのできる認知的スキルを身につけているだろう。研ぎ澄まされたスキルは職業によってはきわめて高い生産性をもたらしてくれるはずだ。一方、学校教育では、非認知的な能力には認知的スキルのような関心は注がれずに終わるに違いない。ところが多くの生産的な職業は高い認知的能力よりもむしろ、たとえば根気など、洗練された非認知的能力に依存する。学校教育から職業的な訓練へと移行する際に、認知的な能力から非認知的なものへと乗り換えねばならない人たちよりも、認知的能力の路線をそのまま進む人たちのほうが苦労が少ないだろう。

高等教育におけるスキル

何が効果的で、何が効果的でないか、私たちにはわかっている。おおかたの高所得国は学校教育終了以降のスキルの開発において、それなりに正しくやっている。だが国によってうまくやっている部分は異なり、互いに学び合う姿勢はこれまでほとんど見られない。

最高レベルの認知的能力を持ち、その能力を開発しようと思っている人びとにとっては、アメリカとイギリスが世界的に前例のないほど最高のスキル開発の機会を提供している——優秀な大学があるのだ。両国にはそんな大学が数多くあり、世界の大学トップ・テンにアメリカの大学五校とイギリスの大学三校が名を連ねる。これとは対照的に、イギリスがブレグジットした後のEU二七カ国では、トップ・テン校は一つもない。これは大学制度が失敗した国々に典型的な兆候であり、とくにEU諸国で広

範に見られるのだ。英米との違いは大学の運営方法にある。大学のレベルの高さは競争と分散型マネジメントによって達成される――今日の資本主義がこれほど生産的になったのと同じ要因だ。対照的に、フランスを例にとれば、標準化され、複雑な要素が少ない幼児教育制度で見事な成果をあげてきた中央管理型の教育は、大学レベルでは惨憺たる結果になっているのである。

ところがエリート教育を受ける少数者を除けば、アメリカとイギリスはスキルを開発できる環境に乏しい。大部分の若者たちはただ単に認知的スキルを深めれば済むような訓練から、それまで無視されてきた非認知的スキルを開発する訓練へと乗り換えなければならないことを思い出してほしい。この後のほうが困難が多いのだから、中学校卒業後の教育にかかわる政策の第一の焦点にすべきである。若い学生の視点に立てば、これは未知への跳躍であり、心理的により大きな負担がかかる。政府の視点に立てば、必要となるスキルは政府が管理運営している学校教育制度が扱うものとあまりにも違いがあるため、組織的により大きな負担がかかる。だから学習者一人当たりの予算としては、大学で学位をとらせる予算よりも大きくすべきである。

専門家たちは何が必要か先刻承知だ――高度な技術・職業教育訓練（Technical and Vocational Education and Training＝ＴＶＥＴ）である。若い人たちにとって、おなじみの認知的訓練をさらに営々と続けるよりも、この道を選ぶようにすべきなのだ。幸運なことに、専門家たちはどうすれば実現できるのかもわかっている。なぜならドイツは長年の実践できわめて高い生産性と高賃金の労働力を創出してきたからだ。ではドイツは何をどうやっているのか？　そうした訓練をどのように組織化し、何百万人もの若者をどうやって心理的跳躍が必要な道へと誘引してきたのか？　さらに重要な問いは、なぜ他の国々はドイツを見習ってこなかったか、ということだ。[14]

ドイツにおける決定的な要素は、特定の産業の企業と職業訓練校が地域において提携してきたことである。学校側はそこで必要なスキルを中心に講座を設計し、企業は熟練労働者たちから実地に職業体験と指導を受ける機会を提供し、学生の就学時間は企業と大学のそれぞれに配分されている。典型的な学生はこのような訓練を三年間受け、その後はその企業に就職する。訓練にはいくつかのねらいがあるが、軽視できるものは一つもなく、いくつかはかなり奥深い。雇用に値する若手労働者になるためのリストなのだから、聞いただけでキプリングの有名な「人間になるためのリスト」に劣らず厳しそうである〔ノーベル文学賞受賞者の英国の詩人ラドヤード・キプリング（一八六五－一九三六年）の詩『もしも――』（原題"If――"）の内容を指し、自制心や寛容など立派な人間に必要な多くの高度な資質を列挙している〕。ねらいの一つは習い性となるような専門性を身につけること。すなわち実践で伸ばし、フィードバックで研ぎ澄まされるようなスキルだ。もう一つは必要なときに自分自身で考えることができるようになること。つまり才覚を発揮できるような知識と自信の獲得だ。職人技は最高のものを求める倫理観をもたらし、仕事をきっちりやり遂げることに対する誇りを生む。それはロールモデルとなる人と一緒に働くことで学びとるものだ。さらなるねらいとしては機能的な能力の習得がある――計算能力、識字能力、通信技術に製図法など。また、対象となるおおかたの職業では民間企業で働くことになるため、若者たちにはビジネスライクな態度も求められる。たとえば雇用は製品に喜んで金を払ってくれる顧客の存在にかかっている、といった自覚なども含まれる。同様に、若手には自己PRの能力や課題をタイムリーに丁寧な方法でやり遂げるといった生活技術も必要だ。そして最後に、適応能力――自分に対する信念、共感する力、自制心、粘り強さ、協働への意欲、創造性など、旺盛な探究心と快活な態度を持つことだ。これを読むとオックスフォード大学の普通の学生ならばひるんでしまうかもしれないが、認知的能力にそれほど恵まれていない人口の半分の人たちにとって、二十一世紀の仕事の現場で生産的であるために必要なものなのである。

このようなスキルを身につけさせることは地域の仕事でもあり、全国レベルの仕事でもある。ここで公共政策が効果を発揮するには、企業の側からも一定の目的意識を持って補完してもらう必要がある。ふたたび「倫理的企業」のコンセプトの登場である。それは個人の豊かさの追求を超える、より大きな任務を内面化した人びとのチームのことだ。倫理的な企業は自社の若い新入社員たちに対する責任を認識し、その社員らを適切に訓練するために時間と資金を惜しまない。その訓練では仕事に必要な限られた技術を教え込むのではなく、ドイツのTVETが包摂しているような幅広い種々の能力を開発する。イギリスの場合、自社の従業員に対する対照的な態度の好例を小売り大手二社に見ることができるだろう——百貨店チェーンのジョン・ルイスとブリティッシュ・ホーム・ストアーズ（BHS）である。アメリカで相当する例はトヨタとGMだ。倫理的であることが必ずしも愚かしいわけではないことを思い出してみよう。破綻したのはジョン・ルイスやトヨタではなく、BHSとGMだったのである〔第4章参照〕。

私たちは何が非効果的かもわかっている。仕事の現場から遊離した訓練だ。スキル開発という課題に対処することを標榜する二つの公共政策がこれに当てはまる。

スキル不足に対する懸念に応えるため、一部の国々の政府は特定の職業の初歩的な技能の域を出ないような職業訓練コースを奨励してきた。表向き職業訓練と言っておきながら、わずか数カ月の期間しかなく、特定の企業における将来の雇用ともリンクしていないのである。それは企業にとって本当に役に立つ専門的な能力を発揮するのに必要な、より幅広いスキルをすべて見逃しているのだ。

より大規模かつ当然ながらより大きな無駄となっているのが、大学における質の低い職業訓練の大々的な拡大である。アメリカでもイギリスでも、今や若者の半数は大学へ行く——学位が威信あるものとして過度に評価されている結果である。そして結局のところ、イギリスではそんな大学卒業生の三分の一はかつてなら高卒者が採用され、今も必要なスキルは当時と変わっていないような職に就いている。学位が生産性向上につながっていないのだ[15]。学校では、多くの子供たちはソーシャルメディアで目にする華やかな職業を夢見る。だが子供たちが触れるそうしたさまざまな職業に関する情報量と、全労働力におけるそれらの職業の割合の間には巨大なギャップがある。子供たちはたしかに夢を見て、計画と志を持つべきだが、全体としては志望と現実との折り合いをつけねばならない。夢を実際の職業に合うように調整していくのは、大人になっていくための痛みの一部だ。現代のノルウェーの作家、カール・オーヴェ・クラウスゴールが美しく表現してみせたように、十六歳から四十歳への移行は「今はあまりにも広大で、圧倒的にすべてを包み込んでいるものが、無情にも衰え、しぼみ、ついにはもはやそれほど痛みを感じないが、同時にそれほどすばらしくもないような、手に負える存在になってしまう」のである。[16]

大人たちはこの一節につけ込もうとしてはならない。華やかな職についている人たちが——たとえば法医学者——私に痛切な思いで説明してくれたところによれば、専門職に就くための職業訓練を提供することを標榜している大学の各種講座は、偽りの約束をして若者を惹きつけようとしているという。すなわち学生たちは莫大な借金を抱えてこのようなコースを卒業することになるのである。アメリカでは、トップ大学の有益な一般教養コースを卒業する学生よりも多額の借金を抱えている場合が多い。学生たちは夢の職業と結びついた「学位」という言葉に惹かれて、高額な袋小路に誘い込まれてしまっているのだ。その学生たちは本来ならば、（それほど魅惑的ではないとしても）生産的なキャリアに飛躍するための跳躍台を必要としていただけなのである。

アメリカでもイギリスでも、高度な訓練を欠いた膨大な数の就職予備軍は、平凡な生産性でも黒字営業できる仕組みの企業で、それに応じた平凡な賃金の職に就いてきた。そのような企業は需要が縮小したとたんに労働者を一時解雇《レイオフ》したり、社員研修をけちり、労働組合を排除するなどして、経費節減に励む。会社に対する不満から来る高い離職率に対しては、職を得るのに必死な人たちや甘言に釣られやすい人たちで退職者の埋め合わせをするようになる。産業分野によっては、このような低生産性＝低コスト型のビジネス・モデルのほうが、企業が自社の従業員に投資をする高生産性＝高コスト型よりも儲かる場合もある。そのような分野では、低コスト型の企業が高コスト型の他社を市場から駆逐するだろう。この場合、人びとは消費者としては生活が楽になるが、労働者の立場では悪化する――生産性が低いために収入も低いのだから。堅苦しい言い方をすれば、これはスキル形成過程における市場の失敗である。これよりも、物を買うには少し余計に払うことになるが、同時に仕事からもっと収入を得られるという状況のほうが、人びとの生活は向上するのである。しかし総体的にこのような好結果を生むビジネス形態を実現するための、一定の献身の連鎖を引き出す仕組みがない。こんな風にいくら言葉を連ねてみても問題は解決しない。社会がどうにかしなければならないのだ。最低賃金法、研修税の徴収、労働組合権などは、企業が生産性を犠牲にして人件費を抑えようとする余地を制限する役割を持っている。規制とその効果に関する端的な例として、パリとロンドンに出店しているレストランのチェーン店の場合、両都市できわめて大きく異なる最低賃金法に直面することが挙げられよう。最低賃金がぐっと高いパリでは、メニューとスタッフをうまく調整し、とても複雑なサービスのルーチンをこなせるようにスタッフを訓練し、ロンドン店よりも店員一人がより多くの顧客に対応できるようにする。その結果、パリの店員の生産性はロンドン店を上回ることになる。客からすれば店員の対応はロンドン店のほうが手厚いわけだが、料金はパリでもロンドンでも同じである。だがここで社会的な差異としていちばん大事なのは、パリ店の店員たちのほうが収入が多いということだ。そう、ロンドンにはたしかに雇用の口がたくさんあるが、どれもぱっとしないものなのである。

優れた非認知的職業訓練とはどのようなものか、そして現状ではいかに多くの若者がそうではない道へ誘引されているという事実を見てきた。これでようやく心理学的な面に目を向けることができる――

若い人たちが前者の道を望むか否か、それを決するのは何か？ アダム・スミスの『国富論』の荒削りな心理学では、人びとは金銭のことしか頭にないことになっている。一方、より正確な『道徳感情論』では人びとは社会における自らの位置も気にすることを指摘している――威信を与えたりもらったりするのである。先述の後悔に関する調査結果は、金銭よりも威信のほうが大事なはずだ、という私たちの直感を裏づけてくれる。とはいえ、すでに金銭的な面においてもアメリカとイギリスの若者は認知的知識に偏った袋小路に誘引されてしまっているのだが。ではなぜ若者たちが認知的知識への道に惹かれてしまうかと言えば、現状では、その道こそが仲間たちからもっとも威信を獲得できる選択肢だからだ。大学に行くのだと友人たちに語るとき、大学へ行かない人たちはばつの悪い思いをするだろう。法医学を学ぶのだと友人たちに語れば、みながネットフリックスのドラマで見た憧れのロールモデルを思い浮かべるだろう。問題の核心は、認知的と非認知的な訓練における威信のランクづけが誤っていることにある。これは英語圏の国々に根深い傾向である。若者たちは私たち大人が盛んに語るナラティブからそれを学んでしまう。あまりの根深さに、どうしようもなく思えるかもしれない。だがそうではない。ふたたびドイツを見れば、威信のランクづけが逆の場合もあり得ることを教えてくれる。

データを示すこともできるが、私がこの事実を知るきっかけとなった個人的な体験を語ろう。かつてわが家にとても優秀なドイツ人の書生さんが一年間暮らしていた。大学へ進学するか、特定の職業の専門的な訓練を受けるべきか、まさに彼女が選択を迫られている時期だった。彼女は望むならば学術的な教育のほうへ進めるだけの認知的能力を持っていた。事実、いくつかの大学から誘いも受けていた。だが彼女は、故郷に立地するある企業と専門学校が共同運営していた職業訓練コースを志望していた。(*) その訓練コースは圧倒されてしまうほど印象的なものだった。彼女が選んだ職業はマーケティング。その企業が生産し、彼女が営業職として売らなければならない商品は高度な技術を使った精密な装置だった。訓練一年目の第一週、彼女はその装置を製造している従業員らに付いて旋盤を使った。三年目にはスペイン語を学びに南米に派遣されていた。そして今、彼女は従業員となり、かなりの給料と安定した職を手に入れている。彼女は大学で学位を取ったイギリス人のセールマンとしのぎを削って競い合うこともあるかもしれない。このような彼女の選択に私たちは驚いたが、彼女はそんな私たちの驚きに驚いていた。彼女が選んだ道は、高校卒業後も教室で講義を聴き続けるよりもチャレンジングであるだけでなく、名望という面でも上回っていたのである。威信と経済的報酬は、どちらも同じ方向へと彼女を導いたのだった。

アメリカとイギリスで同じような効果を得るには、認知的能力に付与された特権的なさまざまな象徴を打ち捨てなければだめだ。まず「学位」という言葉の威力を取り除く必要がある——そうすれば旋盤の技術と南米での研修は教室に三年間座っているよりも輝かしいものになるだろう。この点、ドイツもうまくやったが、最先端を行くのはスイスだ。スイスの職業訓練は半端ではない。訓練コースは一般的に三年から四年で、企業も研修コストの半分という決して少なくない金額を負担するから密接に関与する。人気も上々だ——若者の六割は大学進学よりも職業訓練を選ぶ。それは受講中に報酬が出るからでもあるが、このような訓練コースがトップクラスの雇用への道として広く認められているからでもある[†]。さらに瞠目すべきことは、このような世界随一の職業訓練コースが世界のトップ・テンに入る大学を擁するスイス国内で共存していることである。非認知的能力を活かす道が人気を得るために、認知的能力の道を抑制する必要はないのである。

（＊）かつてはイギリスにも「ポリテクニック」（高等職業訓練学校）と呼ばれる専門学校があった。いかにも学問的な名声をありがたがるイギリスらしく、それらはすべて大学に改組されてしまった。

職業訓練が持つ威信をグレードアップすべきだ。訓練を受講する側だけでなく、指導する側もである。認知的スキルを教授すれば容易に威信を得ることができる——私のような大学教員たちは「教授」という肩書きや「大学」に所属しているという共通の威信を得られるわけだ。それに対して職業訓練は現状では専門分化しすぎていて、これほど容易に威信を得ることはできない。たとえば種々の職業訓練コースはどれもきわめて重要な国家的目標の達成に資するとして、共通のより大きな威信を付与してやるという手もあるだろう——すべてのスタッフが誇りを持てるような「国民スキル・サービス」という名称などいかがだろう〔国民保健サービス（NHS）に倣った名称〕。

安定した雇用を実現するには

生産的な仕事に就くことができたとして、その労働者はどの程度まで雇用の安定を確保する必要があるだろうか？　労働者たちは住宅ローンなどの長期的な負債を抱えることになるため、できる限り雇用の安定を必要とする。それに対して企業の側では、自社の商品に対する需要は断続的に打撃を受けるから、できるだけ雇用はフレキシブルに調整したい。この両者の妥協点は交渉力の差によって決まるが、その交渉力は政府の政策に大きく左右される。一方ではフランスのように、採用時には安定した雇用を保障することを政府が法律で規定している国もある。その正反対の場合は、一九二〇年代のアメリカのように、政府が法によって労働組合を制限するような例がある。この両者の中間では、労働者の交渉力の違いによって事情は産業部門ごとに異なり、ばらつきがある。たとえば大学教授はどれほど凡庸でも終身雇用が約束されている。そうでなければ不安に苛まれ、偉大な思想を生み出す能力を発揮できないからだ（と言っておこう。もちろん、何かほかの言い訳を思いつく教授たちもいるだろうが）。一方、受賞歴を持つ俳優である私の甥の場合、志望者が溢れ返っている部門で働いているから、安定は生涯望めない。

雇用の権利を再考する場合、イデオロギーは役に立たない。左派のイデオローグは労働市場というものを嫌悪し、右派はそれを神聖視する。自由市場主義者からのもっとも典型的な批判は「最低賃金制度は失業を引き起こす」というものだ。もちろん、失業は何らかの問題があることを示すもっとも顕著な兆候だが、必ずしももっとも重大な兆候だというわけではない。労働市場には二つの明確な機能がある。失業問題において重要なのは、特定のスキルを有する求職者たちと、そのようなスキルを必要とする雇用を創出している企業とを結びつけることである——いわゆるマッチングだ。一方、労働市場のもう一つの機能はスキルを持つ人材の育成であり、それは大勢の人びとを豊かにする上で重要だ——つまり投資である。この両者はその性質上、緊張関係にある。長期的な展望を持つことが可能ならば、将来への投資はよりしやすくなるだろう。労働者がスキルを身につけるための訓練は安くはないが、誰かがコストを負担しなければならない。労働者がコストを負担する場合、その訓練に対する投資に見合うほど、企業がより高給で長期間自分を雇ってくれるかどうか不安になる。だが逆に企業がコストを負担する場合、せっかく訓練した従業員が退職して、より待遇の良い他社へ移ってしまわないかと不安になる。この点、安定した雇用が保障されれば、労働者は安心して右の最初の不安を克服できるだろう。一方、最低賃金法の副作用として失業が発生することで、企業は右の二番目のような不安を感じずに済むだろう。だから両者とも、人材育成への投資を増やす可能性が高い。ただし、安定した雇用の保障と賃金規制は企業に雇用を控えさせてしまうため、労働市場が持つマッチングの機能を阻害する。従って投

（十）イギリスでは高等教育を受けている者のうち、二〇一六年に中等技術修了資格（technical level）〔大学入学資格に相当するレベルの職業訓練教育の修了資格〕を取得したのはわずかに四〇〇人だった。これはイギリスの人口一万人当たり一人よりも少ない。Alison Wolf, *Financial Times*, 28 December, 2017を参照。

資に対する企業側の不安を払拭するには、高失業率をちらつかせて労働者の転職を抑えるのではなく、政府が課す研修税によって人材育成のコストを賄うほうが得策なのである。

だが労働者が雇用の安定を望むのは、スキル獲得にかかる投資を回収するためだけではない。人びとは将来の収入をあてにして、子育てやマイホーム購入といったさまざまな責任を背負うのだ。労働者がそうした責任を引き受けることができれば、それは社会にとっても有益だ。つまり雇用の安定は社会的に価値があるのである。だから需要が落ち込んだときには、労働者側が一時解雇というリスクを負わされるよりも、企業側がなんとか賃金を払い続けられるように調整するほうが効率的であり得る。そして労働者を雇い続けなければならないのだとすれば、企業は需要が落ち込んだときに従業員を配置転換できるように、複数の任務をこなせるような訓練も施すだろう。

とはいえ、雇用の保障といっても限度がある。企業は一時的な需要の変動には対応できるかもしれないが、大規模かつ永続的な需要の落ち込みに対しては、従業員を減らさずに対処するのは難しい。限界を超えれば企業は倒産してしまう。だが解雇がやむを得ないからといって、労働者側の打撃が軽くなるわけではまったくない。だからそうした規模の打撃に対しては、企業よりも大規模な組織の関与が必要だ――国家である。ノーベル賞受賞者のジャン・ティロール〔一九五三年生まれのフランスのエコノミスト。二〇一四年、ノーベル経済学賞受賞〕が提案している方法によれば、市場が落ち込んでいる間も政府は企業に雇用を維持させることができ、ただし永続的な市場の収縮に直面した場合、企業は雇用を減らせることになる。その方法とは、雇用を減らす企業に一定の課徴金を課すというもので、それは失業手当や人材の再訓練といったかたちで国家が負担する追加的なコストに対応するものだ。

このような雇用の危機に政府がもっとうまく対応してきたとされる国家はデンマークとスウェーデンだ。両国は「柔軟な雇用保障《フレックセキュリティ》」というコンセプトを生み出したのだ。この政策は破綻した都市の復興とも密接な関係がある。ある産業が崩壊したとあれば、特定の地域に大きな打撃を与えたはずで、その地域の労働者たちは再訓練を必要としているだろう。『ジェインズヴィル』は、地元の大手工場閉鎖に見舞われたアメリカのある町における、再訓練プログラムに関する希少な研究である(17)〔自動車大手GMの工場閉鎖により打撃を受けたウィスコンシン州ジェインズヴィルという町を取材したノンフィクション〕。ここでは再訓練が大々的な失敗だったことが明かされている。余剰人員となった失業者のうち、再訓練プログラムを受講した人たちのほうが受講しなかった人たちよりも職を見つける可能性が低く、仕事に就けた人たちも、再訓練を受けなかった人たちよりも収入が低かったのである。どうして再訓練プログラムはそれほどまで徹底的に失敗したのか？ 私は三つの重要な点が無視されていたからだと考えている。しかも、その見落としは人びとの学校教育という過去にまでさかのぼるものだ――失業した人たちは、現代の学びの基礎を一度も教えられることなく育っていたのである。そしてそれは工場で雇用されていた長年月の間もずっと顧みられなかった。工場側は、ティロールが提案するような解雇に対する課徴金を取られる恐れもなかったから、雇用継続の可能性を高めたかもしれない幅広いスキルを従業員らに身につけさせるインセンティブもなかったのである。しかしもっとも重要な点は、新たな産業を町へ誘致するためのねらいを絞った刺激策と再訓練計画との連携がまったく欠けていたことだ。それどころか逆に、本来望ましいはずの産業集積《クラスター》効果はマイナスのスパイラルを引き起こした。大手工場の閉鎖は同時にその他の地元の雇用をも収縮させてしまったから、再訓練を受けた人びとが応募できるような働き口はほとんどなかったのである。『ジェインズヴィル』で語られるこの町の体験が示唆しているのは、高度な連携を伴う努力がなされなければ、再訓練プログラムはただ幻の希望を与える罠にすぎないということだ。しかしより良い教育と、失業前に身につけた幅広いスキルと、新たな産業クラスターを構築するための大々的な努力があったとしても、失業者たちはそれまでの貯蓄をあてにせざるを得ないだけに、それを再訓練に使うことをためらうだろう。シカゴ大学ビジネスクール教授のルイジ・ジンガレスとラグラム・ラジャンは、再訓練が必要なときに生涯にわたって使える職業訓練用の積立金を全労働者に与えることを提案している(*)。

新たなロボティクス革命が幕を開けた今、そしてこの先どのような革命的なテクノロジーが開発されるにしろ、多くの人びとにとって再訓練が必要となるだろう。私にはロボティクスが仕事の需要を減らすとは思えない――人間の欲望は飽くことを知らないのだから。しかし労働者に求められる任務のあり方は変わるだろう。以下はある貴重な洞察の要点だ〔原注(18)の文献を参照〕。典型的な仕事とは一連の任務で構成されたものだと考えてみよう。すると、まったく決まり切ったルーチンワークに見えるような仕事でも、判断を要する瞬間があるし、他人とやりとりをする能力など、ルーチン化されていない行為が必要であることがわかるだろう。ロボティクスは一部の人間の任務を不要にし、その結果、操業日一日に生み出される成果のコストは劇的に低下するだろう。そこでロボティクスでは担えないほかの任務や、ロボティクスを活用するために必要となる新たな任務に人員を配置換えすることで、一般的な労働者は今よりもはるかに生産的になるのである[18]。仕事によってロボティクスに向いている任務と不向きな任務の組み合わせは異なるため、今後も仕事に必要なスキルのあり方は大きく変化し続けるだろう。人びとは新たな一群の任務を果たせるようになるために、断続的に再訓練を受けねばならないだろう。レストラン・チェーンのパリ店の店員のほうがロンドン店よりも稼ぎがいいのと同様に、明日の労働者たちは今日の労働者よりも稼ぎは増えるだろう――ただしそれはパリ店の店員たちと同様に、さまざまなスキルを身につけた場合だけである。そこで当然ながら言えることは、人材育成部門こそは大々的な拡充が必要な労働集約型の部門の一つだということである。

退職後の暮らしの安心をどうするか

私は定年退職に憧れているが、もう少し先でいい。とはいえ、私は退職後に国と大学からいくら年金をもらえるか、すでに知っている――死ぬまで安心して暮らせる金額だ。だが多くの人はそうはいかない。

リスクは共同で負担することができ、おおかたの類のリスクは共同負担化《プール》された瞬間、雲散霧消するように思える。このためリスクをプールする場合、「倫理的規律の欠如《モラル・ハザード》」に注意しなければならない。たとえばリスクがプールされたとたんに、誰もがいっそうリスクを犯すようになる場合がある――火災保険に加入している安心感で誰もが不注意になる、というようなケースだ。しかし多くの年金受給者によって負担されているあるリスクに関しては、まったくモラル・ハザードが伴わない。それはあらゆる確定拠出型年金制度におけるリスクである。今やほぼどの企業も、私が加入しているような確定給付型年金制度は金がかかりすぎてどうしようもないと見ている。私が加入しているイギリスの大学の年金制度がそれを証明している――年金制度史上、最悪の負債を抱えているのだ。幸運にも私の場合、受け取る年金は影響を受けない。次の世代の学者や学生たちが今よりも高い掛け金を払って負担してくれるからだ。私が心から感謝していると言えば、その人たちも少しは気が晴れるだろうか(†)。

一方、おおかたの人たちは確定拠出型年金制度を押しつけられている。ここでは誰もが三つのリスクを背負わされる。第一に、自分が加入している年金基金全体の投資パフォーマンスがほかの年金基金よりも低い可能性があること。確定給付型年金とは異なり、その不足分は雇用主が負担してくれるわけではないのだ。第二に、自分の投資判断の結果がほかの加入者の平均的な利回りを下回るリスクがあるこ

(＊) 二〇一八年五月にフランス政府がそのような政策を導入した。

(†) ちなみに言えば、私の年金は法的にがっちりと守られているから次世代の人たちはあがいても仕方がない。たまには弁護士たちもありがたいものだ。

と。最後に、退職の日を迎え、年金を受け取る段になって市場が低迷していれば、それまでの長期的な利回りを下回ってしまうリスクがあることだ。株式市場は時としてひどく不安定になるものだ。このような三つのリスクの結果、同じ金額を拠出してきた二人の年金受給者が受け取る金額に大きな差が生まれるかもしれないのである。

私が加入しているような確定給付型年金はすべてのリスクを社会に押しつけ、年金受給者に対して気前が良すぎる。だが確定拠出型年金は、受給者がもっとも年金を必要としているときに、本来ならば避けられるはずのリスクにその人たちをいたずらにさらしてしまう。イギリスの年金政策はリスクをプールしてその危険を消してしまう方法から、誰もが脆弱になっているまさにこのときに、個人にリスクを背負い込ませているのである。これはその気があればいくらでも修復できる制度設計の大々的な誤りである。

しかし退職後の暮らしにもっとも深刻な不安を抱えている人たちは、最低の企業を渡り歩いて職業人生を送る人たちだ。そうした人たちは確定拠出型年金の積立さえ行わない。老いて働けなくなると社会に押しつけられ、社会の重荷になってしまう。これもまた、市場が生んだ失敗だ――雇用主たちは年金制度に適切な支出をすることなく、過度に人件費の削減を許されているのだ。最低賃金法の場合と同様に、フランスの年金政策はイギリス型よりも優れているようだ。フランスでは雇用主が負担させられる積立金が大きく、働いてさえいれば誰もが年金用に十分な積立ができるようになっている。当然ながら、これが成り立つためには、誰でも生産的な仕事に就けるだけ十分な雇用を生み出すようにフランス経済が動いていることが前提だ。これこそが職業訓練プログラムが達成すべき基準である。生産性の低い仕事を与えて失業者たちを片づけるようなやり方は、次善の策などではなく、失策なのだ。

社会に帰属するということ

これまで私は帰属意識の土台として、家族、職場、そして国家を強調してきた。だが健全な社会ならばどこでも、人びとが絆を感じるような諸集団の分厚いネットワークがあるはずだ。ロバート・パットナムの定評のある著作『孤独なボウリング』〔芝内康文訳、柏書房〕では、そうした帰属のあり方がアメリカで衰退していることを嘆いている。そんな集団への愛着は相互的な責務を認める習慣を人びとの間に根づかせると同時に、孤独を防ぎ、孤独に必然的に伴う自尊心の喪失や憂鬱も防止してくれる。アメリカにおけるこのような帰属集団の衰退は、欧米諸国に必然的なものでもなければ、普遍的に見られるものでもない。ドイツには公的に登録された市民社会団体である「フェライン」〔字義的には「協会」という意味〕というものが広く見られ、しかも増えている。ドイツ国民の半数は少なくとも一つのフェラインに所属していて、こうしたいわばクラブはこの二〇年間で三分の一増加した。そしてこのような集団に参加している人びとの割合では、ドイツは南欧の約三倍にのぼっている。[19]

「持てる者」の優位を抑えるために

新たな高学歴層の勃興はたしかに社会的格差を拡大させてきた。だがその人たちを大きな成功に導いてきた行動の大部分は、社会のその他の人びとを犠牲にするようなものではなかった。その戦略は抑制するよりも見習うべきものだろう。だが高学歴層の成功のいくつかの側面はたしかにほかの人たちの犠牲の上に成り立っている――ゼロ・サム的な住宅需要、ゼロ・サム的な雇用、そしてゼロ・サム的な社会的行動などである。

住宅――マイホームか資産か

人が住宅を買う動機には二種類ある。おおかたの人は住居として買うのであり、一部の人は資産として買う。一九五〇年の時点で、イギリスの全住宅の半数は資産として所有されており、住居を求める人たちに賃貸されていた。実際の持ち家率はわずか三〇パーセントだったのである。そうした状況を改善したことは社会民主主義の勝利の一つだった。一九八〇年には、民間賃貸住宅は全住宅のわずか一〇パーセントと劇的に縮小し、所有者が居住する割合はほぼ倍増した。一九八〇年代初頭にはさらに公共政策の工夫があり、所有者が居住する割合は最高で七〇パーセントまで上昇した。公営賃貸住宅の居住者が割引価格でその住居を購入できるようにしたのである。

持ち家率の三〇パーセントから七〇パーセントへの上昇は公共政策の累積的な偉業だった。家を所有することは帰属意識を増強し、それは――すでに指摘したとおり――社会にとってきわめて有益なのである。帰属意識は相互的な義務感の基盤である。家を持つことも社会にかかわっているという感覚を強め、人びとをより良識的にさせる傾向がある。人はいったん何かを所有すると、それを失うことを極度に嫌うことを心理学者たちは発見している。それに家を持つと人は土地に根づく。オックスフォードのある住宅街はかつて途中まで賃貸住宅で、残りが持ち家という具合に二分されていた。当時の違いは今も街路樹の違いに見て取れる――持ち家の人たちだけが木を植えたのだった。

四つの公共政策のおかげで、住宅価格は平均的な収入の世帯でも手の届く範囲にとどまった。まず地方自治体による住宅建設プログラムが住宅の供給を増やした。第二に、移民の純増を抑える規制が世帯数の増加率を抑制した。さらに賃貸を目的とした住宅購入に対する規制が純粋な資産としての住宅需要を抑制した。そして所得に占める住宅ローンの割合に対する規制によって、人びとが住宅購入に支払える金額が抑えられた。これらに公営住宅が入居者の資産に転換していったこともこれらの政策を補完し、平均以下の所得の世帯でもマイホームを持てるようになったのである。

ところが一九八〇年代末からこうした進展はほころび始めた。今や持ち家率は六〇パーセントに落ち、さらに低下は続いている。もはや若い人たちの世帯は家を買うことなどできない。この二〇年間で平均的な住宅の価格は平均年収の三・六倍から七・六倍に跳ね上がった。だが驚くには当たらない。住宅価格を抑制していた四つの政策がすべて見直されてしまったからだ。民間企業が取って代わることを期待して、自治体の住宅建設プログラムは廃止された（実際は代替なんてされなかった。民間企業では建築許可の取得が自治体よりもはるかに難しかったのも一因だ）。移民規制も緩和され、世帯数増加の主な推進力となった。賃貸向けの住宅購入に対する規制は撤廃され、逆に奨励する規定に変わり、資産としての住宅需要の急増を新たに招いてしまったのである。そうした賃貸用に購入された住宅の割合は住宅戸数全体の約二〇パーセントへと倍増した。最後に、住宅ローン規制も撤廃され、銀行はボーナス目当ての行員によるなり振り構わぬ貸し出し競争に取り憑かれ、破滅へ向かったのだった。これが住宅価格暴騰の理由である。さらにまた、平均所得以下の世帯が新たに増えていったにもかかわらず、公営住宅の資産移転プログラムに相当する政策も皆無だった。

住宅価格の高騰と貸付限度額への規制撤廃の結果、資産として住宅を求める人たちが住宅として求める（主に若い世帯の）人たちに競り勝つようになった。二〇年前、若い世帯の半数は住宅ローンを組んでいた。それが今や約三分の一だ。住宅市場から押し出されたのはスキルの高い「同類交配」組ではなく、低学歴層だった。家を買えない現状と、いつか買える見込みもなくなりつつあることが、そうした人たちが抱える新たな不安の核心となっている。だが競り勝っている人たちはいったいどういう人たちなのか？　住宅価格が高騰する中、誰だって家を買いたいと思っていた。だが実際に買えたのはもっとも多く借り入れができた人たちである。住宅購入レースの勝者たちは高学歴・高年齢層であり、「借金で家を買ってそれを貸す」というチャンスに徹底的に乗じた切れ者たちだった。教員を辞めて住宅帝国を築き上げた夫妻の驚くべき事例もある。裕福な切れ者たちは二重の幸運に恵まれた——若い世帯よりも多く借金をできたことと、賃貸に出す住宅にはローンの利子を上回る賃料を課せたことだ。これに加え、住宅価格の上昇により、資産価値も劇的に増加しているのである。

　では、どうすべきなのか？　ここでもイデオロギーはくせものだ。左寄りの人たちは一九四〇年代の賃貸規制に戻りたがっている。だがそれでは当時と同様、人びとは今賃借している住宅に縛りつけられ、転職による仕事の流動性が低下してしまうだろう。右寄りの人たちは初めての住宅購入時の融資を増やしたがっている。だがこれはさらに需要を焚きつけ、住宅価格はさらに高騰するだろう。だがこの問題に対処するのは難しくはない。なぜならうまくいっていた方法を私たちは知っているわけで、それらはふたたび功を奏するに違いないのだから。

　住宅の供給を増やすことは道理にかなっている。そしてもっとも見込みがある方法は建築許可の遅滞を解消することだ。この点、各地の自治体こそ新たな建築計画策定を担う適任者であり、実際の計画実行では民間デベロッパーと連携することもできる。自治体は賃貸用ではない自宅用の建売住宅の建設を計画するのが望ましい。ただし住宅の供給は徐々に増やしていくべきだ。急激な増加は住宅価格の暴落を招く恐れがある。そうなれば若い世帯の持ち家はマイナス資産となってしまうだろう〔住宅の評価額がローンの残額を下回ること〕。供給を増やすと同時に、移民規制を復活して世帯数の増加を抑えることも理にかなっている。また、金融自由化で解き放たれた住宅ローン融資の過熱は至福をもたらすことはなかった——銀行取りつけ騒ぎという規制政策の大失態で終わったのである。預金者たちがノーザン・ロック銀行の各地の支店に殺到した取りつけ騒ぎの光景はイギリスでは一五〇年ぶりのことだった〔住宅ローン大手の同銀行は二〇〇七年九月、サブプライム・ローン問題にからんで資金繰りが苦しくなったことが報じられ、取りつけ騒ぎが発生した〕。住宅建設計画と同様に、変化は緩やかであるべきだが、その方向性に迷いはない——所得および貯蓄に占める住宅ローンの割合の上限設定を復活させるべきなのだ。さらに、賃貸用の住宅購入を抑制することも筋が通っている。自宅を所有することがもたらす公益は、資産として住宅を買う人たちよりも、マイホーム購入希望者を優先すべき正当な理由となる。

　右の政策はどれも漸進的なものである。だが住宅価格を暴落させずに持ち家率を飛躍的に回復させることも現実的に可能である。それは住宅在庫の移転を進めることであり、公営住宅の割引販売で持ち家率を上げた一九八〇年代の政策に類似している。現在、一九八〇年代の公営住宅に相当するのは、政策的に膨張してしまった「貸すために買った」賃貸用住宅である。そうした住宅の多くのオーナーたちは、莫大かつ不相応な額の資本価値の増加の上にあぐらをかいている。そこでそのような住宅をオーナーからテナントへ移転させる公共政策が必要となる。それは、おそらくは一九八〇年代の公営住宅の大幅な値引き販売と同様な条件のもとで、賃借者が住居を購入できる権利を法制化することで実現できる。オーナーに経済的困難が降りかかるのを防ぐため、割引はオーナーの住宅ローン残高によって制限することもできる(*)。これが地主の目の前の利害と衝突することは明らかだ。しかし住宅価格上昇による経済的レントを居住者に移転することは倫理的であるだけでなく、帰属意識の強化による公益を考えれば、富裕層の「啓発された利己心」とも合致するのである。

（*）この残高は政策発表時のローン残額となる。借り換えなどによる操作を防ぐためだ。

有意義な目的のために働くということ

きわめて生産性の高い多くの高学歴者たちは社会にとってもきわめて有益である。だがその多くは他人を犠牲にして自分たちが稼ぐためにスキルを使っている。

このようなスキルの無駄遣いの核心にあるのは、金融界と法曹界を結ぶさまざまな職である。ここで少し、金融資産の驚くべき取引額にふたたび目を向けてみよう。活発な取引は資産の流動性を高めるのに有効だが、その取引の大部分はゼロ・サムだ。つまり取引高が減ったとしても社会は何の損もしないのである。ではそんなゼロ・サム式の取引がどうして行われるのか？ 答えは、ひどく頭の切れる連中がわずかに頭の切れが劣る連中を出し抜けるからだ。資産市場というものは、勝者が敗者よりも少しだけ情報面で何らかの優位性を持っている、いわば「競技会《トーナメント》」なのだ。ライバルを頭脳的に出し抜く突出した能力と資源を持っている者が勝者となる。その結果、勝者は莫大な金額の儲けを手にするのだ。情報をめぐる優位性には潜在的な利益があるから、情報へアクセスしようとするプレッシャーが常にある。ある企業はシカゴとニューヨーク間の高速通信ケーブルに投資した。それは両市場間で価格情報をやり取りする時間を何ミリ秒か削減するためだ[20]。この投資が商業的利益をもたらしてくれるかどうかは、電子取引でほんのわずかな優位性を生み出せるかにかかっていた。そうすればこの企業は、この優位性を活用して情報を何ミリ秒か後に受け取る人たちを食いものにしたいという、何社かの企業に利用権を販売できるというわけである。こんな通信ケーブルに投資しておきながら、メンテナンス不足でいくつもの橋を崩壊するまで放置しているような社会は、優先順位を取り違えている。

第4章で論じたように、過剰な資産取引は企業のレベルを超え、社会にいくつかのコストを負わせることになる。その一つは、何ら善良な目的のためでもなく、不平等を拡大させることである。超絶的な切れ者たちは自分たちのためだけに働いている——これは投資銀行のボーナス制度から見て取ることができる。そこではスター行員らは事実上、銀行が提供してくれる利便性の見返りとして、個人が得る利益のささやかな一部分を銀行に支払っているだけだ。ドイツ銀行はスター行員のために経営されていると言うべきもっとも極端な事例だが、同行は行員のボーナスに七一〇億ユーロを支払った。これは株主に支払った一九〇億ユーロを圧倒する金額である。(*)

力を握っているのはもはや資本の所有者でもなければ、その人たちの富を管理・運営する人たちでもない。年金基金はスター経営者らを採用するのに必要な莫大な給与を賄うことはできず、従ってスター経営者より少し頭の切れが劣る連中が経営している。この両グループ間の取引によって、富は将来の年金受給者から超絶的な切れ者たちへと徐々に移転されていくことになる。

さらなる社会への損失は、こうしたゼロ・サム競争が社会でもっとも頭の切れる人材をほかの誰の役にも立たない仕事に縛りつけてしまっていることである。しかしこうした人材はほかの人びとにとって潜在的にはきわめて貴重なのである。資産運用の対極にあるのはイノベーションだ。エコノミストたちの推定によれば、典型的な事例では、イノベーター自身は自らのイノベーションが生む利益のわずか四パーセントほどしか手にできない。残りの九六パーセントは私たちその他大勢のものになるのだ。だから超絶的な切れ者たちにその希少な能力をイノベーションのために使わせるには、市場が提供するインセンティブはあまりにも貧弱すぎる。その一方で、その才能を資産取引に使わせるためのインセンティブはあまりにも大きすぎるのだ。このようなかたちの社会的コストを定量化する試みを私は見たことがないが、私の感覚からすればそのコストは莫大である——イノベーションと資産運用はどちらも巨大な

(*) 株価が暴落したとき、株主たちは配当を大きく上回る損失を負わされることになった。

産業部門だからだ。アメリカでは、金融部門が生み出す利益は全企業の利益の約三〇パーセントである。別の見方をすれば、金融部門は経済をより生産的にするためのさまざまなサービスを提供していることになっているが、金融界自体が手にしている利益を賄うためだけでも、経済のほかの全分野の生産性を四三パーセントも向上させなければならないのである。(*) 私たちの収支の均衡はそのあとだ。これは現実的だとは思えない——だが金融部門が今より小規模だったとしたら、私たちはこれほどの差異を見出すだろうか?

資産運用の専門家について言えることは、弁護士にも当てはまる。アメリカの銀行、シティグループの元チーフ・エコノミストであるウィレム・ブイターは適切にも次のように表現する。弁護士の三分の一は私たちが「法の支配」と呼ぶ莫大な社会的価値を生み出している。次の三分の一は事実上ゼロサム・ゲームであるような法的争いを担当している——原告側も被告側も一騎打ちに勝つために過剰な投資をするから社会的に無益である。法の支配は巨大な公益なのに、「正義」を実現するために仕事をしている商業弁護士はいない。いずれも一騎打ちの訴訟に勝つために働いているのだ。訴訟沙汰の当事者が金を出して買い上げるそうしたぎりぎりの法的努力は、より多くの正義をつくり出すことで利益を生むのではなく、相手を出し抜いて一騎打ちに勝つチャンスを増大させることで利益を生むのである。そして最後の三分の一の弁護士は社会的な略奪者である——生産的な人たちから金を巻き上げる法的詐欺のために雇われるのだ。これぞ究極的な「経済的レントの亡者」だ。アメリカでは、使われていない特許権を買い上げ、それを使って訴訟をでっち上げて革新的な企業から金を搾り取るという詐欺まがいの事件があった。だがそのあまりの悪質さに、手詰まり状態にあった議会もさすがに法的な抜け穴をふさぐだけの良識を見せた。イギリスでは医療保険詐欺によってでっち上げた訴訟が違法化されたとき、そうした訴訟を専門にしていた法律事務所の市場価値があっという間に半減した。

弁護士は価値ある存在だが、数が多すぎる。若者たちをこの職業に惹きつけるインセンティブには事欠かない。私が最初は法学部を選んだのも、弁護士は助言し、裁定を下し、手助けをする現代版の牧師のようなものだと無邪気にも想像したからであり、ときには弁護士は実際にそのとおりのことをする。だがイギリスの弁護士の収入の七〇パーセントは住宅取引の法的手続きを独占していることによると知り、志望を変えた――弁護士業はもっぱら経済的レントを追い求めていたのである。私は牧師どころか寄生虫になってしまうところだった。最近では若い人たちは正義のために闘うという考えに惹かれるようだ――法廷闘争はネットフリックスの定番だ。金融街のシティの弁護士たちが稼ぐ七桁にのぼる収入もそれなりの魅力があろう。だが俳優業と同様に、人数が多すぎるのだ。ハーヴァード大学の著名なエコノミストのラリー・サマーズは、ある国における弁護士に対するエンジニアの割合と、その国の成長率の相関性をはじき出したことがあった。市場原理は社会的に略奪的な活動とイノベーションのように社会的に価値ある活動の正しいバランスをもたらさないという、より大きな問題を伝える巧みな隠喩であった。

さて、どうすればよいだろうか？　大都市圏の問題と同様に、答えの一部は課税である。だが重要な違いがある。大都市が生み出す経済的レントは社会的に価値があるのであって、ただその分配が不平等なだけだ。大都市のきわめてスキルが高度な労働者に課税をする目的は、その活動を抑えるためではなく、経済的レントを再配分するためなのだ。これとは対照的に、資産運用の専門家や弁護士たちが獲得する経済的レントは社会的に価値がないため、その活動自体を抑制しなければならない。したがってこの場合、標的とすべきは地理的な場所ではなく、活動の目的である。

――（＊）30÷70≒0.43である。

金融取引に対する課税については多くの提案が出されてきた。そうした課税はどんなものであれ、標的とすべき取引を正確にとらえられるように慎重な設計が必要となる。たとえば、企業の株式の取引は通貨の取引よりもずっと厳しく抑制すべきだ。代表的な大企業の株式の保有者がたった一年のうちに七回も変わったとしても——それが現行の標準的な状況なのだが——社会的にはまったく役に立たない。

法廷に持ち込まれる私的訴訟に対する課税については、法的紛争の数自体を減らすことと、現状で弁護士たちが手にしている高額な経済的レントを減らすことの、両方を実現するような設計も可能だろう。弁護士たちとて私利を追い求める誘惑に駆られないわけではない。一語いくらというかたちで契約書作成を請け負っていたときは、弁護士たちは契約書は長文であるべきだとしていた。それが契約書一件でいくらという支払い形態になったとたん、あっという間に劇的に短くなったのである。訴訟費用は紛争にかかわる経済的レントを食ってしまうほど膨らむ。多くのイギリス人には記憶に新しい訴訟を例に取れば、政治家のアンドリュー・ミッチェルが名誉毀損で新聞社を訴えたときにどうなったか、考えてみてほしい。争点となったのは、ミッチェルが自転車を押してある門を通ろうとしたのを警察官に止められて口論となったとき、ミッチェルが正確にはどのような言葉を吐いたかという点だった。決定的な目撃者はおらず、どちらの証言を信用すべきかを判事が判断して裁決することになった——ミッチェルの証言か、警察官の証言か。このつまらないもめごとの過程で、双方の弁護士費用は三〇〇万ポンドにまでのぼり、それは敗訴したほうの負担となった。言い換えると、この取るに足らない法的業務はイギリスの家庭の平均的な生涯収入の三世帯分を食ってしまったのである。このような訴訟に課税することで、より多くの訴訟がもっと単純に決着するよう奨励できるだけでなく、高騰した弁護士費用による経済的レントの一部を社会に移すこともできるだろう。これに対して弁護士たちは、そんな課税の提案は正義に対する冒瀆だと説くに違いない。(*)

もう一つ別のアプローチもある――恥をかかせるのだ。ちょうど企業を恥じ入らせ、より望ましい目的のために行動させるのに「倫理的な市民」が必要なように、社会的制裁には経済的レントを追い求める職業のきらびやかな装いを剝ぎ取る力がある。才能ある若者たちには、自分の職業選択が社会的にどのような意味を持ち得るかということを直視させる必要がある――つまり巨額の所得は実際はどのようにして生み出されているのかを。

社会的格差を抑制するには

一九五八年まで、バッキンガム宮殿は社交界にデビューする人たちのために恒例の舞踏会を開催していた。イギリス社会の最上層のための「出会い」の場だ。だがそんなかたちで階級社会を永続させることは社会に対する奉仕ではなく迷惑だ、と多くの人が気づくようになったため、廃止された。旧上流階級が以前よりも風通しが良くなっていることは、ウィリアム王子とケイト・ミドルトンの結婚に象徴されている。ケイトの母親は航空会社の元キャビン・アテンダントで、かつてなら王宮の舞踏会には声がかからなかったはずだ。しかし旧上流階級同士の「同類交配」は、それよりもさらに影響力の強い新たなエリート層の間の同類婚に取って代わられた[21]。ウィリアム王子とケイトはエリート校であるセント・アンドルーズ大学在学中に出会った。同類同士の結婚は社会的不平等の強力な推進力となる。このよう

（＊）必ずしもそうでないこともある。本書のための事実確認として、私はとても経験豊富な弁護士にこうした提案について意見を聞いてみた。すると「金持ちのシティの弁護士連中とその大都市の仲間たちを標的にするというアイディアを気に入った」との答えが返ってきた。しかしこれはひょっとすると例外的かもしれない。彼はクエーカー教徒だから「クエーカー教徒は社会問題や政治活動に積極的だとされる」。

な「同類交配」は結婚生活を安定化させ、意図せずして階級格差を拡大させるが、これにはほとんど打つ手がない。

ただ、学歴の格差を助長する行動というものはあり、それは抑制できる可能性がある。アメリカでは一九八一年から九六年の間に、小学生の学習時間が一四六パーセントという驚異的な伸びを示した[22]。イギリスではこの一〇年間で大学生の自殺率が五〇パーセント上昇した。世の「教育ママ・パパ」たちが強くこだわる社会的な成功には、ゼロサム・ゲーム的な側面があり、両親が感じるストレスは自分たちの子供だけでなく周囲へも伝染する。これはある程度は学校で対処することもできるだろう。校長と教職員らは当然ながら自分たちの学校に何らかの教育文化を根づかせようとする。たいていは生徒たちに最低限の学習をさせようと苦闘するわけだが、ひょっとして上限も設定すべきかもしれない。世界の学力水準に後れをとるわけにはいかないが、十代の年月が投資銀行にありがちな心をすり減らす競争の子供版になってしまうことがあってはならないのだ。

このような有害な激しい競争の例として、二〇一三年の夏、ある投資銀行のインターン生のことが大きく報じられた。このインターン生は好印象を残そうと躍起になるあまり、一日二〇時間も働き、そして死亡した。これは人びとをワーカホリックにしてしまう「底辺への競争」〔企業間の自由競争が高じて、人件費抑制のため労働条件などが引き下げられていく状態〕の極端な事例だ。労働時間を減らせば誰もが得をするのに、あえて踏み出そうとする者はいない――そんなことをすれば出世競争に敗れ、浸透している規範に違背することで威信も失ってしまうだろう。これはいわゆる古典的な「調整問題」であって、実は明快な解決策がある――公共政策だ。長時間労働は課税によって抑制できるし、規制で短縮させることもできる。フランス政府が法定労働時間を週三五時間に引き下げたとき、おおかたの冷笑を買った。だが私は仕事中毒が蔓延するある組織の管理職が切なげに語った言葉を今も覚えている――彼の組織のＣＥＯは一日三五時間労働を導入しようとしているのだ、と。労働時間の段階的な短縮と、それに伴う休暇の増加は、昨今の国民の生産性の向上をよりよい暮らしに結びつけるのに適切かつ必要な方法である。このことと右の諸政策なしには、社会は二つの対立する階層にいっそう分化してしまうだろう。すなわち金はいくらでもあるが時間のない、ワーカホリックでスキルの高い階級と、時間はいくらでもあるが金がない、不完全雇用でスキルのない階級である。

社会的格差を抑制するには

仕事は人生の中心的な年月に目的意識を与えるものであるべきだ。現状では幸運に恵まれた多くの人たちはそうなっているが、誰でもというわけではない。多くの人は自尊心を感じるチャンスがあまりにも少ない仕事をせざるを得ない状況にある。そうした仕事は、誇りを感じるには必要なスキルが低すぎ、あるいは自分の働きが社会に貢献しているという満足感に欠けている。これこそが、単純な所得の違いよりも、家族のあり方の格差が仕事の格差を生んでいるという問題の核心である。たしかに所得格差は重大な問題であるし、定年退職へ向けて人生を歩むにつれて差は広がっていく。しかしただ単に所得の再分配で対処しようとすれば、給付金を賄うための課税が莫大になるだけでなく、目的意識や意義の欠如という問題をいっそう際立たせることになるだろう。多くの人が他の人びとの生産性に依存して生きることになるからだ。

広がりつつある人びとの生産性のばらつきをどう縮小するか、それが課題だ。それを考えるために私たちは本書で長い道をたどってきた。その最初の一歩は、厄介な家庭を国家が監視・監督する従来の社会的父権主義から、国家が実用的な支援で困難を緩和する社会的母権主義への転換だった。父権主義は崩壊しつつある家庭を手厳しく扱うが、私が主張してきたのは、むしろその峻烈さは最大の成功をつかんでいる少数者による有害な活動に対して用いられるべきだ、ということだ。どこに暮らしていようとも、誰もが尊厳を持って働けるようにする、そんな資本主義を構築するにはこの両方が必要となるのである。

第9章 グローバルな格差
――勝者と落伍者(*)

グローバル化はこれまで、生活水準の向上を加速させる原動力となってきた。エコノミストたちは公共政策に関する多くの問題では意見が割れてきたが、右の点についてはほぼ見解が一致している。しかしエコノミストたちが縷々説いてきた助言はもはや世論の信頼を失った。一面では、世界的な金融危機の結果、エコノミストらはいわば「営業許可」を剝奪されたからだ。だがもっと明確な理由がある――グローバル化に対する私たちの熱狂が繊細さに欠けたことだ。「グローバリゼーション」は経済的な概念ですらないのだから、これが理由だなんて不思議な気もする。それは大きく異なる種々の経済的プロセスを混合したジャーナリズムの用語であって、各プロセスは共通の効果を――ましてや普遍的に望ましいものを――生むことなどほとんどあり得ないものなのだ。

経済のプロであるエコノミストたちはプロらしく振る舞ってこなかった。グローバル化の種々の経済的プロセスを批判すればポピュリズムを勢いづかせるのではないかと恐れ、マイナス面についてほとん

(*) 本章はトニー・ベナブルズとの数えきれないほどの議論に多くを負っている。また、Collier, 2018aにも依拠している。

ど研究をしてこなかったのである。ところがマイナス面は一般市民に明白で、エコノミストたちがそれらに取り合わないかのように見えたことから、「専門家」に耳を貸すことを拒むことが蔓延したのだ。私もその一員であるエコノミストという職業が信頼を取り戻すためには、よりバランスの取れた分析を提供する必要がある。つまりマイナス面も認め、それに対処する政策設計も視野に入れてきちんと評価しなければならない。腹立たしげにグローバリゼーションを擁護し続けるより、「わが過ち《メイア・クルパ》なり」と過失を認めて謝るほうが身のためだろう。

商取引に関するわが過ち

まず商取引に関してわれらエコノミストの過ちを認めよう。商取引は一国内でも国家間でも強力な富の再配分を引き起こすものである。

一国内では、比較優位の説〔英国のデイヴィッド・リカードが提唱した説で、双方がそれぞれもっとも得意な分野・生産物に集中して取引をすれば、どちらも利益を得るというもの〕によれば、商取引は双方に利益をもたらすから、その国に富の再配分による適切な補償があれば、すべての人の暮らしぶりを向上させることも可能なはずだ。それなのにエコノミストという専門家たちはその正しい説を無視し、あらゆる人びとの暮らしぶりが向上するのだという明らかに誤った見解を述べるようになってしまった。国際経済学は国内における補償の問題にはほとんど関心を示してこなかった。これは二重の意味で重要で、それらは単純な経済モデルでは無視されているものだ。すなわち損失はだいたいにおいて労働市場へ転嫁されるということと、損失は地理的に集中するということである。シェフィールドが鉄鋼産業を失ったとき、イギリスのどこかの地域の人たちの消費が増え、シェフィールドの失業者たちによる消費の減少分を埋め合わせて余りあった、などということを知っても何の慰めにもならなかっただろう。

国家間の場合、グローバルな貿易は各国をそれぞれ異なる専門分野へと駆り立てた。ごく単純にまとめると、ヨーロッパとアメリカと日本は知識産業に特化し、東アジアは製造業に、南アジアはサービス産業に、中東は石油、アフリカは鉱業だ。これによって東アジアと南アジアは見事に高所得国のグループを形成するに至り、グローバルな不平等をかつてないほど低下させた。しかし天然資源の採掘は管理・運営《ガバナンス》にきわめて大きなストレスをかけるものである。莫大な経済的レントが生み出されるが、それを誰が手にするかは政治的に決定する必要があるからだ。このようなストレスにうまく対処する国もあるとはいえ、多くの国々はレント・シーキングに多大な力を注いでしまうのだ。たとえば、石油は南スーダンに恩恵をもたらしていない——石油は紛争による飢饉を引き起こし、大量の難民を生んでしまった。また、二〇〇〇‐一三年に世界的に商品価格が上昇した当時は、これがアフリカと中東を同時に躍進させつつあるかと思われた。だが今やそれも怪しい。ここに注目すべき世界規模の最新データがある。資本ストックなどの従来の要素だけでなく、教育や天然資源なども含め、国民一人当たりの国富の包括的な測定値を照合したものだ[1]。このデータは一九九五年と二〇一四年の状況を浮き彫りにする。偶然にも右に挙げた商品価格急騰のスーパーサイクルの時期に相当する。このデータからは、天然資源の採掘による最貧国の空前の臨時増収が持続可能な利益をもたらしたかどうかを調べることができる。そしてそのデータは、最貧国は他国よりもいっそう立ち遅れてしまったことを明かしているのだ。富の絶対的増加においてだけでなく、一人当たりの富の増加率でも低所得国はほかの所得レベルの国々を大幅に下回ったのである。そしておおかたのアフリカ諸国では富は実際に減った。国内の商取引の効果の場合と同じく、楽観的な経済モデルは生活向上の潜在的可能性を示すにすぎないのだ。潜在的可能性を現実にするには、こうしたモデルが巧みに避ける公共政策を頼りにするしかないのである。

規制に関するわが過ち

企業はグローバル化して法的に複雑な子会社のネットワークとなった。その子会社は互いに取引をしているものの、実際は親会社の管理下にある。そんな企業にとって、納税はもはや任意のものとなった。イギリスではスターバックスが好例だ。何十億杯ものコーヒーを販売していながら、丸一〇年の間に同社のイギリスの子会社が出した課税対象利益は事実上ゼロに等しい。実は旧オランダ領アンティル諸島に別の子会社があり、一杯のコーヒーも売っていないのにきわめて大きな利益を出していることが判明した。同社はコーヒーの代わりに、イギリスの子会社に「スターバックス」の名称を使う権利を売っていたのだ。この会社は旧オランダ領アンティルで払うべき税金はすべて納めていると、憤然と発表した――ただし同地の税率がゼロであることには触れなかったのだが。貧困国では天然資源の採掘が同じパターンだ。タンザニアではある金鉱会社が税務当局に営業損失を報告したが、株主には莫大な配当金を支払っていた。

企業のグローバル化のさらに不健全な一面は、幽霊会社と銀行の秘密保持という隠れ蓑の増加である。大都市――たいていロンドンかニューヨーク――のきわめて有能な弁護士たちによって設立される幽霊会社は、真のオーナーが秘されている。もしそうした会社が銀行取引の秘密が守られている地域に口座を開設すれば、預金は二重の不透明性の壁で詮索を免れることができる。この仕組みは腐敗にからむ闇資金や犯罪資金を発見されないようにするための主要な手段となっている。そこへ今はビットコインが新たなオプションとして加わった。

商取引の場合と同様に、企業のグローバル化による潜在的な公益が現実のものとなるには、公共政策による対応が必要だ。だが実際はそうはなっていない。企業のグローバル化に対応する規制のグローバル化がなされていないのだ。課税と規制の権限はあくまでも国家レベルにとどまっているのである。第6章で論じたように、OECD、IMF、EU、G7、G20といった超国家的な調整のための機構があるが、いずれも「啓発された利己心」に基づく拘束力のある相互的な義務感を生み出す能力を失ってしまった。今やどの国も好んで「底辺への競争」に参入している。このようなガバナンスの失敗は、今日のグローバリゼーションのもっとも醜い実態なのだ。二〇一三年のG8の議長国としてこの問題の中心にいたイギリスは、率先して対応策を打ち出そうと動き始めた(*)。たとえばイギリスは、弁護士らが資産の所有者を秘匿するために使う幽霊会社の取り締まりに先鞭をつけた。現在イギリスでは、国内のすべての企業の真の所有者を公的に登録することが義務づけられており、闇資金の主要な流入先を閉鎖に追い込んだのだった。

人口移動に関するわが過ち

企業の利害は経済政策の確定に大きな影響力を持つようになってきた。その焦点の一つは移民受け入れの利点に関するものである。企業が移民受け入れに賛同する理由は明らかだ――採用できる労働者

――（＊）私もこの努力に貢献するチャンスに進んで参加した。Collier, 2013を参照。

プールが拡大するのだから。しかし企業と市民の利害は合致していない。企業と市民の両方を利する移民もあり得るものの、一般には市民の福利は縮小させるが、企業は利するのだ。

グローバル化は商取引と労働者の移動を融合させた。だがこの二つには分析的には根本的な違いがある——商取引は比較優位性を推進力とするのに対し、労働力の移動は絶対優位性を推進力とする。したがって、標準的な教科書的な推測によれば、労働者の移動は世界的に見れば効率的だが、移民の本国と移住先の国の双方を利することは必ずしも期待できない。労働者の移住は第三の受益者を生み出す。それは移住者たち自身であり、移住者たちこそ唯一の明白な受益者である（得をしないのならそもそも移住しないだろう）。移住者たちは労働力の移動を促進する絶対的な生産性格差の恩恵を受ける。だから原理的には、移住者から本国に残った人たちおよび移民受け入れ国の市民に富が移転されれば、誰をも豊かにすることもできるだろう。だがそうした富の移転がなければ、移住は本国と受け入れ国双方に損害を与える可能性がある。移住する人たち個人にとっては合理的であっても、それがどの国でも集団的な利益に積み上がっていくとは限らないのだ。たとえば、貴重なスキルの使い道としては明らかな誤りであるにもかかわらず、スーダン人の博士がイギリスへ移住してタクシー運転手になれば、世界全体のGDPは上昇するのである。

第7章で見たように、大都市の経済的レントとの関連で見れば、移民たちが受け入れ国の市民にもたらす潜在的なコストは明白になる。大都市が生み出す「集積による経済的レント」は、一部は地主の手に入るが、主としてスキルが高くかつたいした住宅を必要としない労働者のものになる。そこへこの国が移民に門戸を開いたとすると、潜在的な労働者のプールは拡大する。標準的な国家を考えると、世界的な労働人口は自国のそれの約一〇〇倍だから、完全に国境を開放したら劇的な結果をもたらすだろう。自国民よりも高いスキルを持ち、かつ住宅に対する要求は低い外国人はたくさんいるだろう。そして生産性の高い働き口を求めて競争するインセンティブがあるため、こうした移民たちは受け入れ国の国民に取って代わってしまうだろう。

このプロセスは世界的に見れば効率的なのだ。大都市の経済は成長し、それと同時に集積による経済的レントも増大する。だがその新たな超過利潤を手にするのは誰か？ 住居に対する要求が低く、より高度なスキルを持った労働力が集まっているのだから、経済的レントは地主から高度なスキルを持つ労働者に移っていき、課税で回収することが難しくなる。スキルのある人たちの間では、高度なスキルの仕事を大都市で確保し続ける既存の市民たちはこの経済的レントを獲得できる。より高度なスキルを持つ人びとと一緒に働くことによって、自分たち自身の生産性を向上させるに違いないからだ。一方、移民流入によってスキルを要する大都市の働き口から押し出されてしまう市民たちは、移民がいなければ手にしたはずの経済的レントを失い、地方都市でそれまでよりも生産性の低い仕事に就くことになる。つまりこの過程で経済的レントは市民から移民に移る。市民らの政治的態度が自身の利害を反映するとしたら、右のような二つの結果はふた通りの政治的見解を生じさせるに違いない。すなわち大都市の高度なスキルの市民たちは移民受け入れ賛成を表明し、地方の市民らは移民反対の意見を表明するだろう。

イギリスでは実際にこれとよく似たことが起きているのかもしれない。今日のロンドンの人口は一九五〇年と同じだが、その構成はかなり大きく変わった。二〇一一年時点で、ロンドンの人口の三七パーセントは移民第一世代だが、一九五〇年には数に入らない程度だっただろう。移民がなかったとして、この間にロンドンの人口が三七パーセント減少したとは思えない。そんなことになった大都市は世界中どこにもない。したがって移民受け入れによって、多くの自国民よりもスキルが高くかつ住宅に対する要求が低い人びとが流入し、ロンドンの働き口をめぐる競争で競り勝ったということだろう。全国的に見ると、ブレグジットの国民投票は第3章の「女性的な理性的社会人」をめぐる議論で指摘したようなアイデンティティの分化を露呈した（スキルに重きを置く高学歴・高所得者層と、スキルが低く国籍に重きを置き続ける低学歴・低所得者層）。しかしロンドンとイギリスのその他の地域との投票結果の差は、ロンドン市内の新たな二つの階級がそれぞれ移民流入から受けた経済的影響を反映していると言えるかもしれない。実際、ブレグジットをめぐる国民投票の結果を分析してみると、やや直感とは異なる二つの予測について、その可能性を検証できる(*)。まず右の理論によれば、ロンドンの職を追われなかった高学歴層の人たちは、スキルの高い移民がロンドンへ流入したおかげで自身の生産性も向上したはずで、そうであれば地方都市の高学歴層よりもブレグジット賛成に投票する可能性は低かったと推測できる。そして実際この仮説は正しかった——ロンドンの高学歴層ではEU離脱賛成は反対より二五パーセント少なかったのである。次にこれとは対照的に、ロンドン市民の低学歴層のうち、スキルが低い移民との競争にさらされつつも市内にとどまった人たちは、実際のところ移民流入で損害を被ったはずであり、したがってほかの地域の同じような低学歴層に比べてEU残留に賛成する可能性は低かったと推測できる。これも正解だ——実際に三〇パーセント低かった。つまりロンドンでは利己的な「男性的な理性的経済人」がまだまだ生き延びていたのかもしれない。階級構成の差と、このような移民流入の経済的影響の差に基づくほうが、「地方の人間は外国人嫌いだからブレグジットに賛成する」という大都市に流布しているナラティブよりも投票結果をより的確に説明できるのではないだろうか。

　市民に対して移民受け入れがもたらすコストには、右とは大きく異なるものもある。それは社会の中に築き上げられていた相互的な義務感を損なう傾向である。一九四五－七〇年の時代の英知は、共有されたアイデンティティを活用して多くの新たな相互的な責務を支えたことにあったのを思い起こしてほしい。幸運な暮らしを手に入れた人たちは、それほどの幸運に恵まれなかった人たちを助けるという責務を受け入れた。このような責務に関するナラティブは、その履行に目的意識を持たせるナラティブによって強化された——次の世代では、現世代の幸運な人たちの子供たちが不運な人たちの仲間入りをしないとも限らない、だから相互に責務を果たすことはすべての人びとの「啓発された利己心」と合致する、ということだ。この点で移民たちは、共有されたアイデンティティも相互的な義務感も啓発された利己心にまつわるナラティブも受け入れるチャンスがないため、それらを受け入れたかどうかをほかの市民たちは疑うだろう。その結果、幸運な暮らしを手に入れた市民たちも、自国の市民だけでなく移民も利するような税金を進んで納める気を削がれるかもしれない。これはほとんどスキルを持たずに不安を抱えている地方住民にとっては悪い知らせである。相互的な義務感をまさに頼りにしなければならないというときに、同じイギリス人である市民たちが移民のせいでその責務に背を向けてしまうのである。残念ながら、このような影響が実際に出ていることを示す証拠は今や否定し難い。

困窮者の支援を目的とした再分配課税に対して、平均所得を上回る人たちがどう考えているか、ヨーロッパ全土に対する最新の調査結果がある。(2) 驚くには当たらないが、ヨーロッパ全域で、平均所得を上回る人びとは所得が平均未満の人たちに比べて所得再分配に熱心ではない傾向がある。しかしこうした回答を人口における移民の割合と組み合わせてみると、あるはっきりしたパターンが浮かび上がる——移民の割合が高いほど、平均所得を上回る人びとは再分配課税の支持に消極的なのだ。平均所得を超える人たちは自分たちよりも貧しい同国民に対するある程度の義務感はたしかに持ち続けている。しかし

（＊）以下の統計はオックスフォード大学の選挙学者スティーブン・フィッシャーによるもので、ブレグジットに関するもっとも信頼できる調査データに基づいている。なお、私たちは右の仮説をかなりの程度まで検証できることに気づいたのが遅すぎたため、本書の原稿の締切までに論文にすることができなかった。だが私たちは専門家による検証を受けるために論文を出版したいと思っている。それまでの間、ここに記す結論は暫定的なものにならざるを得ない。

アイデンティティのギャップが自国民以外にまで広がると、その義務感は減退してしまうのだ。意見調査は社会科学の旧来の技術だ。より新しい方法論は医療実験を真似するもので、被験者を無作為に二グループに分け、一方には他方が受けない「治療」を施すのだ。このまったく異なるアプローチを使って右と同じ移民の問題を考察した二人のスペイン人研究者らの最新研究がある。この実験では二つのグループに同じ質問をしたが、一方のグループはあらかじめ移民について討論をさせて移民問題をより際立たせるという「予備的な刺激」を与えておき、他方は取るに足らない話題を事前に話し合わせた(3)。するとここでも先の調査と同じ傾向が見られた――移民についてあらかじめ意識させられていたグループは、再分配税を納めることにきわめて消極的だったのである。

したがって、労働者の移住は移住者たち自身に加え、場合によっては本国と受け入れ国の両方を利する可能性があるものの、市場原理に駆られた自己本位の個々の判断によって生じる移住が社会的に理想的だと考える理由はないのである。いつもどおり、イデオロギーは判断を誤らせる。左派は市場原理が推進する動きには本能的に懐疑的なのに、移住についてだけは例外であり、右派は市場原理を全面的に信奉しているのに、やはり移住については同じように例外扱いするのである。これに対してプラグマティズムと実用的な推論はもっと機微をわきまえていて、どのような人たちの、どれほどの移住が社会を利するかと問うのである。

結論――エコノミストとしてのわが過ち

私も一員であるエコノミストたちは、批判者たちに対してあまりにも熱心にグローバリゼーションを擁護しすぎてきた。グローバル化がもたらす正味の効果はプラスではあるが、グローバリゼーションは丸ごと採用したり拒否したりすべき均一な現象なのではない。それは経済的および社会的な種々の変化の寄せ集めで、その一つひとつを分けて考えることは可能なのだ。したがって公共政策の課題は以下のようなものになる。グローバリゼーションの構成要素のうち、有益であることが明白なものを奨励すること。また、主として有益ではあるが、特定の集団に深刻な損失をもたらす諸要素に対する補償策を準備すること。そして容易に補償できない富の再分配をもたらすものを制限することである。

第４部

包摂的な政治を回復するには

第10章 二極分化を超えて

資本主義は分断された社会を生んでおり、多くの人が不安を抱えて暮らしている。しかし資本主義は膨大な数の人びとに繁栄をもたらすことができることが実証済みの唯一の経済制度でもある。近年に世界で起きていることは資本主義に固有の問題によるのではない――うまく機能していないから損害をもたらしているわけで、それは修正しなければならない。決して簡単なことではないが、堅実なプラグマティズムを指針として、エビデンスと現状に即した分析を用いれば、次第に効果を発揮する政策を形成することはできるはずだ。世界大恐慌に続いた時期にも、プラグマティックな諸政策によって資本主義を本来の道に戻すことができたのだから、もう一度できないわけはない。しかし私たちの政治制度はそうした政策を生み出してはいない。私たちの経済に劣らず政治も機能不全に陥っているのだ。なぜ今日の政治は諸問題の解決策についてプラグマティックに考えることができなくなってしまったのだろうか？

最後に資本主義がまともに機能した時期は一九四五－七〇年の間のことだ。その期間の政策は、主要政党に満ち満ちていた共同体主義《コミュニタリアニズム》的な社会民主主義を指針とした。しかしその倫理的な基盤は次第に錆びついてしまった。社会民主主義の源は十九世紀の共同組合運動にあり、当時の差し迫った不安に対処するために生み出されたものだった。連帯を謳った共同組合運動のナラティブは、そうした不安に対処するための相互的な義務感の網を張り巡らせていくための基盤となった。しかし社会民主主義の諸政党のリーダーシップは共同組合運動から離れ、功利主義者のテクノクラートとロールズ主義者の弁護士らの手に移っていった。彼らの倫理観は大多数の人びとの思いと響き合うところがなく、有権者らは次第に支持を撤回していったのだった。

諸政党はなぜプラグマティズムに向かわなかったのか? おそらく、問題は有権者にあったと思われる。プラグマティズムは提案されている解決策が実際に有効かを見極めるために、ものごとの状況《コンテクスト》が示すエビデンスを注視し、実用的な推論を用いることを人びとに求める。それには努力が必要だ。知識と情報を持ち合わせている有権者は究極的な公共財と言えるが、あらゆる公共財の常として、個々の人たちにとってはそれを提供するインセンティブに乏しい。ほかのおおかたの公共財は国家が提供できるが、これればかりは市民ら自身が提供するしかないのである。

しかし逆に、社会民主主義の内部崩壊によって生じた空隙を埋めたのは、有権者に努力を回避する抜け道を提供する政治運動だった。プラグマティズムには二つの敵がいる――イデオロギーとポピュリズムだ。そしてこのどちらもチャンスを逃さなかった。イデオロギーは左派であろうと右派であろうと、何にでも当てはまる汎用性のある分析を用いれば、状況判断も思慮分別も実用的な推論もバイパスできると主張し、あらゆる状況、あらゆる時代に有効だという「真実」を盛んに吐き出しているのだ。一方、ポピュリズムが提供するのは別の抜け道だ――あまりにも自明なために一瞬で理解できるような「特効薬」を説いてみせるカリスマ・リーダーという存在である。この二つはしばしば融合し、さらに強力になる。一度は有効性が否定されたイデオロギーも、熱烈なリーダーを迎えて衣替えし、魅惑的な新たな「特効薬」を広めて回るのだ。先駆者たちに万歳だ――極左からはバーニー・サンダース、ジェレミー・

コービン、それにジャン＝リュック・メランション。移民排斥主義者ならばマリーヌ・ルペンとノルベルト・ホーファー〔オーストリアの極右政党である自由党党首。二〇一九年五月まで連立政権の閣僚を務めた〕がいる。分離主義者のナイジェル・ファラージ〔英国のブレグジット党党首〕、アレックス・サモンド〔英国のスコットランド党元党首〕、それにカルラス・プッチダモン〔スペインの元カタルーニャ州首相〕、そしてセレブなタレント政治家ならばベッペ・グリッロ〔イタリアのコメディアンで、ポピュリスト政党「五つ星運動」党首〕とドナルド・トランプだ。

目下のところ政治闘争の戦場の特徴は、危機感を募らせて憤然としている功利主義者やロールズ主義者の尖兵たちがポピュリストのイデオローグたちに責め立てられている、といったところのようだ。政界のメニューにはこれしか選択肢がないというのはまったく最悪だ。これから逃れる道は、上の二つとは異なる倫理的な言説で政治を満たすことによって、根本的な変革を起こすことである。ただし、私たちの政治制度の仕組みの変化の中にも、今日の二極化をもたらす要因になったものもあり、本章ではそれらを見ていきたい。

政治はどのようにして二極化したか

私たちの政治制度は民主的だが、その具体的な仕組みはますます両極化をもたらすようになっている。大部分の選挙制度は二大政党制に有利だ。だから有権者たちに提供される選択肢のメニューはその二党がどのような政策を掲げるかに左右される。この点でこれまでのもっとも危険な展開は、いっそうの民主化の名の下に、多くの国々で主要政党が党員たちに党首を選ぶ権利を与えるようになってきたことである。これはかつてのように党首たちが経験豊富なメンバーの中から――多くの場合は党員に選出された代表者たちによって――選ばれるという仕組みに取って代わってしまった。

政党の党員になろうという人たちにもっともありがちなのは、何らかの政治的イデオロギーを忠実に支持していることだ。したがって、右のような党首選出の仕組みの変化は、イデオローグが党のリーダーに選ばれる傾向を強めることになった。三つのイデオロギーのうち、第1章で述べた理由により、社会民主主義がもっとも打撃を受けた。功利主義とロールズ主義を組み合わせたその哲学は、私たちが共有する価値観に十分に根差していないからだ。このためマルクス主義と移民排斥主義という両極化をもたらすイデオロギーが支配的になることを許してしまった。マルクス主義はソヴィエト連邦の崩壊と中国の資本主義への転換によって決定的に信用を失ったように見えた。しかしそんなことは単なる歴史上の出来事で、せいぜい学校の歴史の授業で聞き流すものにすぎないと考える新たな世代が育っている。一方の移民排斥主義はホロコーストによって徹底的に信用を失い、その記憶は今も受け継がれている。しかし主要政党の中道右派が功利主義とロールズ主義の混成物《ハイブリッド》を移民政策の倫理的根拠に採用しているところでは、移民排斥主義の諸政党もつけ入る隙を見出している[1]。

イデオローグの台頭により、多くのプラグマティストの有権者たちは両極端の人たちが提示するメニューから投票先を選ばざるを得なくなっている。さらに、そうした選択肢に魅力を感じない多くの人の間では政治離れが進み、各党のリーダーたちの戦略も変わってきた。もはや中道の浮遊層を取り込む政策を掲げるのではなく、イデオロギー的なモチベーションが高い有権者を確実に投票所に行かせることをめざしているのである。「包摂性《インクルージョン》」を促進するためとして、選挙権や党員資格の年齢が引き下げられることもあるが、責任と経験に欠ける十代の若者たちはイデオロギー的な過激思想にもっとも影響されやすい。こうしてイデオロギー性のない有権者たちは選ぶ権利を剥奪されたかのように感じ、ポピュリストの餌食になるのである。

近年の何件かの主要な選挙は右のような変化の過程を実際に見せつけた。二〇一六年のアメリカ大統領選挙では、資本主義の失敗にどう対処すべきか、イデオロギー色が濃厚なポピュリストの政治家たちが安直な持論を掲げて選挙運動を席巻することに成功した。左派の場合、バーニー・サンダースは際どいところで退けられたが、民主党の大統領候補指名争いの過程で、ヒラリー・クリントンに対する同党の有権者の支持を激しく弱体化させた。そのクリントンは典型的なロールズ主義者の弁護士で、意図的に「被害者集団」の有権者たちの支持を掘り起こすことに徹したのだった[2]。右派の場合、ドナルド・トランプが著名なタレント候補らしくメディアを巧みに活用し、中道寄りの候補者たちを悉く退けてしまった。大統領選挙そのものでは、トランプが単純な主張を掲げ続けたのに対し、クリントンはより洗練された主張をはっきりと打ち出すことができず、現行の諸制度の言い訳がましい擁護者にすら見えてしまった。

二〇一七年のフランス大統領選挙では、二大主要政党〔社会党と共和党〕のリーダーたり得る候補者たちがそろって骨抜きにされてしまった。左派では現職で典型的な社会民主主義者だったオランド大統領は、自身の不人気ぶりでは出馬すらままならないことを自覚し、一方、オランド政権下で首相を務めた同じく社会民主主義者のマヌエル・ヴァルスは社会党の予備選挙に出馬したが、同党左派のイデオローグであるブノア・アモンに敗れた。右派ではニコラ・サルコジ元大統領や、中道寄りのアラン・ジュペ〔首相・外相などを歴任した重鎮〕が共和党予備選で同党右派のイデオローグであるフランソワ・フィヨン〔サルコジ政権時の首相〕に敗北したが、フィヨンの選挙戦はやがて私的な問題で自壊した。この結果、フランス大統領選挙の第一回投票は、五人の一匹狼の候補者から二人に絞るという厳しい戦いとなった。五人のうち、四人はイデオローグ、一人はプラグマティスト。二大主要政党の候補者は共に第二回投票へ進めず、最後の決戦はプラグマティストのエマヌエル・マクロンと右派の移民排斥主義者のポピュリストであるマリーヌ・ルペンの二人に決まった。しかし、もしわずかに三パーセントの有権者が投票先を変えていたなら、最終決戦は二人のイデオローグのポピュリスト――右派のルペン、左派のジャン＝リュック・メランション――の争いになっていたのである。フランスは投票制度の欠陥を露呈せずに済んだが、際どいところだった。ヒラリー・クリントンとは異なり、マクロンは現行制度に対して非イデオロギー的で洗練された主張を明確に示すことができた。それは「被害者集団」に向けたものではなく、平均的なフランス市民をターゲットにしながら、さらにポピュリストらが掲げる「特効薬」の空疎さを暴くものだった。マクロンの政策提言はプラグマティズムの第一級のお手本であり、優れたコミュニケーションのスキルによって、複雑な議論ながらポピュリストたちのいんちき万能薬に打ち勝つことができたのだった。

イギリスでは二〇一〇年と二〇一七年の総選挙の間に、労働党は党首選出の方法を変更した。二〇一〇年には典型的な功利主義的社会民主主義者のリーダー、ゴードン・ブラウンが労働党の国会議員らによって異論なく党首に選ばれた。それが二〇一七年にはマルクス主義者のポピュリスト、ジェレミー・コービンが労働党を率いていた。コービンは同党の国会議員の支持はないも同然だったが、安易に資格を与えられた情熱的な若き理想主義者の党員らによって党首に選出されたのだった[*]。このような党首選出方法の変更は労働党の構成をほぼ全面的に変えてしまったのである。右派では、二〇一〇年に党首だった中道のデイヴィッド・キャメロンが二〇一六年には能力的に未知数のテリーザ・メイに取って代わられた。これは、党首は党員によって選出されなければならないという、新しい党の規定を回避したいという保守党議員らが案出した苦肉の策によるものだった。なぜなら党員投票方式では、二〇〇一年に初めて導入されたときのように、一匹狼のイデオローグが選出される可能性が高かったからだ〔保守党の規定では議員投票で選出した二人の候補者から党員投票で党首を選ぶが、二〇一六年にはメイと共に候補になったアンドレア・レッドサムが撤退してメイの党首就任が決まった。二〇〇一年の党首選では右派の論客イアン・ダンカン・スミスが党首に選ばれた〕。現在のイギリスの二大政党の党首選出制度では、もし実際に運用すれば、両極化を推し進めるような政治的選択肢のメニューが提示されることはほぼ間違いない――お客様、ヴィーガンになさいますか、それとも子牛の肉はいかが、といったところだ。二〇一七年の総選挙では労働党のジェレミー・コービンは左派のイデオロギー的ポピュリズムを売り込み、保守党のテリーザ・メイは一貫性のある戦略を打ち出すことができなかった。このため有権者は選択の余地がなく、結果的にねじれ国会になってしまったのである〔保守党が惨敗し、議会で過半数割れの少数与党となった〕。

ドイツでも、メルケル首相がロールズ主義的な法律重視とポピュリズムにしばし媚を売り、数カ月にわたってドイツの国境を開放しただけで、二〇一七年には投票者の八人に一人が新たな移民排斥主義政党〔極右政党「ドイツのための選択肢」のこと〕を支持するという結果を招いた。メルケル自身が属する中道右派のキリスト教民主同盟の得票率は、一九四九年の立党以来の最低記録にまで落ち込んだ。しかし中道右派の惨敗は中道左派を利することはなかった。社会民主党はさらに大幅に得票率を落とし、やはり一九四九年以来最低となったのである。中道は衰微しつつあり、政界はポピュリストのイデオローグたちの独擅場になりつつあるのだ。

中道を復活させるには——政治の仕組みをめぐって

今必要なのは主要政党を中道に引き戻すための方法だ。以下、党首選出のルールの改正案を二つ挙げよう。どちらも現行の制度よりはるかに民主的なものである。

（＊）正規のマルクス主義理論では、指導者は「有用《ユースフル》な愚か者（useful idiots）」の類をいかに惹きつけられるかが重要であると古くから認められているが、コービン氏の洞察に満ちたイノベーションはそれを「若き《ユースフル》愚か者（youthful idiots）」に改良することだった。

もっとも明快なのは、党首選出を代表者らによる投票制として、その代表者らを党内の議員に限定すること。選挙で選ばれた議員たちは、党員に任せておくよりも二つの点で党首を選ぶのに適任である。第一に、議員らはより幅広い有権者の支持を得る必要があること。これは党首を選ぶ代表者らに中道寄りの党首候補を支持させることになる。第二に、党の内部関係者であるから、タレント候補特有の政治手法に騙される可能性が低い。代表者らは知識と情報を持った投票者なのだ。この方式ならばたとえばイギリスの場合、二〇〇一年の保守党の党首は閣僚経験がきわめて豊富な中道派のケン・クラークになっていただろうし、二〇一五年の労働党党首選では中道派が選ばれていただろう。そしてアメリカの共和党では議員が同党の大統領候補を選んでいたとしたら、ドナルド・トランプは今ホワイトハウスにいなかったはずだ。

議員たちには党員よりも民主的な正当性がある――合計すれば、議員たちは正式な党員登録をしている人たちよりもはるかに多くの党の支持者たちを代表しているのだ。しかし投票者数が党首選出の基準となっている方式を続けるのだとすれば、次善の策としては、少なくとも主要政党については、党首選の投票権をすべての有権者に解放することだろう。ただしこの方法ではあまり芳しい結果は出ていない。一般の有権者は各党の候補者のことをよく知らないため、カリスマ・ポピュリストに票が偏る傾向がある。

党首選の改革がないとすれば、もっとも安全な代案は国政選挙を比例代表制にすることだろう。短所もあるが、連立政権は各党が自党のイデオロギーを実現することを抑制するし、エビデンスに基づくプラグマティズムを促進するからだ。ノルウェー、オランダ、そしてスイスは長年にわたり比例代表制の選挙によって連立内閣が政権を担ってきたが、いずれも今日の資本主義の最悪の行き過ぎを回避してきた。二〇一〇－一五年のイギリスの連立内閣も、二〇一一－一七年のアメリカの政治的行き詰まりも

〔オバマ政権下で上院で与党民主党が、下院で野党共和党が多数を占める「ねじれ議会」で多くの政治過程が停滞した〕、振り返ってみればその前後の政権よりは多少は良かったのではないかと私には思えるのだ。

中道を復活させるには――市民が知識と情報を持つ社会

政治制度をいじくれば、倫理的基盤とプラグマティックな設計に基づく政治的戦略をより採用しやすい制度にできるだろう。だが政治はそれが反映する社会よりも優れたものになることはできない。倫理的かつプラグマティックな政治は、それを要求する一定以上の市民が社会にあって初めて可能になるのだ。だから本書は政治家ではなく、第一に市民に向けて書いている。一定以上というのは全員という意味ではない――政治家に行動する勇気を与えるのに必要十分な数という意味である。幸運なことに、ソーシャルメディアは駄目なアイディアばかりでなく、優れたアイディアも広めることができる。

以下、新たな格差拡大に直接対処できる政策の提言と、さまざまな組織体に倫理を回復させるためのより根本的な戦略について、メモ書き的に要約しておこう。

プラグマティックな新政策

本書のような限られた紙数と幅広い課題の本では新たな政策を詳しく述べることはできない。本書のすべての提言は学術的な分析に基づいているが、実施できるようになるまでにはまだ相当な準備が必要だ。とはいえ、政策実現の障害はおそらく技術的なものではなく、政治的なものだろう。

大都市と破綻した地方都市の間に広がりつつある新たな格差を逆転させるには金がかかる。それは大都市で莫大な増加を見せる集積による経済的レントに課税することで賄える。第7章では、大都市の生産性向上の大部分は棚ぼたで、一種の経済的レントとして、それを手にする人たちが純粋に稼いだわけではないことを説明した。しかし同時に、そうした超過利潤に課税することの難しさも強調しておいた——従来考えられていたのとは異なり、経済的レントの大部分は地主の手に入るのではなく、高所得・高スキルの人たちのものになるからである。大都市の土地にほかの土地よりも高い税を課すことの論理的根拠は、まさにそのままこの高スキルの労働者たちに課税する根拠にもなる。こんなことを書くと、自己の利害を脅かされた人たちの激烈な憤りが返ってきそうである。すなわち抵抗だ。では課税できたとして、その資金はどうすればもっとも効果的に破綻した都市の復興に使えるだろうか？ 鍵を握るのは、伸び盛りの産業を誘致するための調整された推進策を打ち出せるかどうかである。できればその都市の伝統に適した産業がいい。その調整はさまざまな関係性にかかっている——共通の認識を構築するには、その都市に移転する潜在的可能性のある各企業が、ほかの企業の動向を知る必要がある。都市側としては、おそらくは相互につながった企業の集団を丸ごと誘致しなければならないだろう。さらに、その都市における職業訓練はそうした各企業の具体的な需要と結びついていなければ無意味で、できれば企業と共同で管理・運営されることが望ましい。

スキルの高い高学歴層とスキルのない低学歴層の間の新たな階級格差の広がりを逆転させる上でも、両者に働きかける政策が必要だ。生産性の低い仕事にはまり込んだままになるのは、幼児時代から始まり、生涯にわたる不利な状況の終着点だということが多い。私は「社会的母権主義」という戦略を提案してきた——崩壊しそうな若い世帯に集中的な実用的支援と指導・育成《メンタリング》を行い、続いて学齢期の子供たちにもメンタリングを行うのだ。社会的父権主義が監視・監督《モニタリング》をこととするのに対して、社会的母権主義ではメンタリングだ。しかし格差拡大を逆転させるには、低学歴層を成功させるだけで事足りるわけではない。スキルが高い人たちの活動のうち、搾取的なものは抑制する必要がある——金儲けの「競技会《トーナメント》」で勝つ能力は、敗者の犠牲のもとに莫大な個人的利益をもたらすことがあるからだ。私たちの社会のもっとも才能豊かな人たちのあまりにも多くが、そうしたゼロサム・ゲームに能力を注ぎ込んでしまう。その一方で、社会全体に大きな利益をもたらし得るイノベーションのような活動は、人材不足となってしまうのである。産業が生み出す利益の多くがそこで働く人たちよりも社会に還元されるような部門に比べて、ゼロサム・ゲームの対象にもっともなりやすい産業部門には高い税率を課すべきなのだ。

豊かな国々と今も貧困に落ち込んだままの国々の間のグローバルな格差を縮めるには、寛大な心だけでは足りない。貧しく、停滞している国々に暮らす人たちの個人的な対応策としては、富裕層は資産を海外へ逃がすことであり、高学歴層は移住することだ。このような反応は合理的ではあるが、総体としては自分たち自身の社会にとっては損害となり得る。アフリカからは毎年二〇〇〇億ドルもの資本が流出する。ハイチでは学歴のある若い労働者の八五パーセントが国外へ消える。このような振る舞いをその人たちが持つ「人権」という枠組みでとらえると、その人たちが違背する責務を過小評価してしまう。ほとんどの人は聖人などではない——自分たちの責務を認識していても、魅力的な誘惑があれば、それを選ぶものだ。このような場合、道義的な責任は誘惑する側にある。この何十年もの間、アフリカからの資本流出の大半はロンドンの弁護士とスイスの銀行家たちが促してきた。同様に、アフリカからの人的資源の脱出劇も、先進国の公共政策が生み出すチャンスをつかもうとしているわけで、当然の反応と言えるだろう。一つ極端な事例を挙げてみよう。ノルウェーは政府系投資ファンドに国民一人当たり二〇万ドルもの資金を積み上げた。つまり五人家族が貧しい祖国を後にしてノルウェーに定住すれば、一家の各人が稼ぐ所得に加え、比例分配によって一家で一〇〇万ドルの資産の権利を得られるのである〔政府が国家資産を原資として投資・運用する政府系投資ファンドとして世界最大級の「ノルウェー政府年金基金グローバル」のことを指し、その運用資産総額は合計で約一〇〇兆円。ただしこれは通常の年金基金である「ノルウェー政府年金基金ノルウェー」とは異なり、年金政策を下支えする財源の長期的・安定的確保が目的であり、ここから個々の年金給付が行われるわけではない〕。アフリカにあるこの一家の祖国の政府には、移住へのインセンティブに対抗できるような手段は何もない。しかし、実はこの一〇〇万ドルには、移民一家よりも権利を持つにふさわしい人たちの集団が二つある――この基金の原資を貯めてきたノルウェーの市民たちと、その分配を受けられるはずの何千人もの貧しい市民たちである。貧しい国々は豊かな国々に追いつく必要がある。そのためには貧しい国々は、豊かな国にあって自国に欠けているものを豊かな国から手に入れる必要がある――すなわち人びとをより生産的にする企業を誘致することだ。これは平凡に見えるが魔法のような力があり、私たちは自国の企業が貧困国にこの魔法をもたらすよう促すために、もっと注力すべきではないだろうか。

国際機関の倫理的再生

本書は倫理のことから語り始めたから、終わりもそうしよう。私は奇怪で分裂を生む功利主義の倫理の原則に取って代わり得るような、道徳的な政治の基盤を描こうとしてきた。それは人間の本性に根差し、よりよい結果に結びつくようなものだ。

自律的な個人という功利主義の人間観では、個々人は自分の消費から効用を生み出し、効用の総計という大いなる道徳的計算式の中では万人横並びで平等に勘定される。それとは対照的に、現実の社会を構成する基本要素は人間関係なのである。また、「経済人（エコノミック・マン）」として見られた人間は性格異常的な自己中心性を持ち、それはプラトンが言う守護者によって抑制されるべきだという社会的父権主義に基づいている。それとは対照的に、普通の人びとは人間関係には義務が伴うことと、それを履行することが人生の目的意識の中核にあることを認識している。従来の公共政策を色濃く特徴づけてきたのはプラトン的な社会的父権主義の守護者とエコノミック・マンとの有害な組み合わせであり、それは必然的に人びとの道徳的な責任をなくさせ、義務を父権主義的な国家に移した。中世の宗教の奇怪なパロディのように、普通の人びとは並外れた人びとによって支配されるべき罪びととされている――いわば道徳的能力主義である。功利主義の尖兵たちの台頭とともに、聖者たちが行進してやってきたわけだ。義務が国家へと棚上げされると同時に、消費をする権利と特権は一気に社会に降り注いだ――こうして今や私たちはみな、子供扱いされているのである。

ところがこのような過程の中で、国家はその能力を超える責任を負わされるようになった。それは企業や家庭しか適切に果たせないような責任である。子供に対する両親の義務感は愛に基づいているのであり、それは父権主義的な国家が提供するどんな代替物をも凌駕する。従業員に対する企業の義務感が長年にわたる互恵関係に根差してる場合、そのような関係の構築は父権主義的な国家が提供するどんな職業訓練よりもはるかに優れている。国家にも役割はあるが、それは義務を本来あるべきところへ戻すためのメタ政策〔個々の政策を実施するためのより大きな構造的枠組みに関する政策〕を考案することである。家庭内の義務感を衰退させたのは文化的な変化だった。ひたすら欲望の充足を追い求めるのに躍起になっている権利を与えられた個人が、倫理的な家族に取って代わったのだ。国家もこの変化を黙認し、法律、税制、給付金などを、家族を優先するものから個人を優先するものに変えていった。だが国家は自らのナラティブや法律、税制、給付制度を変更して倫理的な家族を復興することはできる。従業員や社会に対する企業の義務感を衰退させたのも文化的な変化だった。ビジネススクールは企業もエコノミック・マンと同じように振る舞うべきであると、新たな世代のマネジャーたちに教え込んだ。すなわち企業の唯一の目的は株主のために利益を出すことだと。ここでもまた、四半期ごとの利益を追い求める投資ファンドのマネジャーたちの台頭によって、金銭的なインセンティブが重視されるようになり、この文化的な変化に拍車をかけた。

だが国家はやはりナラティブや法律、税制、補助金制度を活用して倫理的な企業を復興することはできるのである。

功利主義的父権主義はグローバルなレベルにまで進み、その固有の傲慢さは頂点に達した。無条件に果たすべき「救済の義務」は倫理的帝国主義の道具になってしまった。諸国クラブというべき国際機関はそれぞれ特定の政策の領域で相互的な責務を構築してきたが、それが大々的に拡大された領域を管轄する「包摂的な」組織に過度に拡大され、そのため互恵性は次第に消失してしまった。私たちは倫理的な世界を実現したことはないのだが、それでも一九四五‐七〇年の期間は、歴史上のどの時期よりもこの目標へ向かって大きく前進した。このような前へ進む勢いを復活させるには、分別のあるプラグマティズムによる現実的なアプローチが必要だ。救済を要する人びとに効果的な改善策を提供することは財政的に可能であるし、実現可能だ。世界を覆うグローバルな種々の不安に対処するには、功利主義的な道徳を振りかざすのではなく、「救済の義務」を果たすべく豊かな国々の間に新たな相互的な義務感を醸成する諸国クラブを活用するのが最善なのである。

共有された帰属意識がもたらす相互的な義務感の網は、より信頼できて、より成果をあげることができる国家を生み出す。さまざまな義務を果たすための無数の任務は、社会に幅広く配分されているほうが効果的なだけでなく、人びともより積極的に関与できるし、充足感も得られる。その結果、功利主義の父権主義者たちがつくり出す社会に比べ、より幸福な社会を実現することができるのである。父権主義者たちは彼ら自身の基準で測っても酷評に値する。「効用の最大化」はエコノミストのジョン・ケイが「間接性《オブリクィティ》」と呼ぶものの一例だ――つまり直接それをめざすのではなく、回り道をしてこそ実現できるものなのである。自発性のある相互性のほうが優れているのだ。

帰属意識の政治学

政治は主として国家を単位とする。政治は相互的な義務感の密接な網を構築することができるが、その潜在的可能性を発揮するには、一国の人びとが何らかの共有されたアイデンティティを受け入れる必要がある。そのアイデンティティが分裂を生むのではなく、人びとを結束させるとすれば、イギリス人であること、アメリカ人であること、あるいはドイツ人であることは、特定の民族集団に属しているという意味ではあり得ない。あるいは、そう思いたいのはやまやまだが、何らかの明確な共通の価値観を支持していることでもない。いったいドナルド・トランプとバーニー・サンダースはどんな共通の価値観を共有していて、それが二人をナイジェル・ファラージやジェレミー・コービンと区別していると言えるだろうか？　文化的に多様な国で成長する人びと全員に共有されているアイデンティティは、場所と目的によってのみ定義できる。その場合、故郷と国土に対する生まれながらの愛着を根拠にすることもできるし、共通の目的を持った行動から得られる相互の利益を強調することもできる。これらが、人びとが共有する「われわれ」の基盤である。しかし倫理的な政治は、これら以外の影響力を通じても、共通の帰属意識に対する本能的な欲求と、目的を共有することの合理性とを強化することができる。

どれほどささいなことであれ、共通の目的に向けた何らかの集団的な企てを実行することでも、共有されたアイデンティティは強化できる。たとえばサッカーで自国の代表チームが勝つことだけでもアイデンティティが強化されることは証明済みだ(3)。また、互いに密接に絡んだ社会的相互作用を共有の空間で自然に行うことでも、アイデンティティは強化できる。互いに完全に切り離された諸集団だったら、共有されたアイデンティティの存在などほとんど感じないだろう。したがって社会がある程度まで統合されていて、それによって教育、イデオロギー、あるいは宗教などいかなる理由によるにせよ、文化的な分離主義が一定程度制限されていることが望ましい。私たちは互いに顔を合わせることが必要なのだ。しかし何よりもまず、共有されたアイデンティティは帰属意識を支えるような政治的ナラティブによってこそもっとも強化されるのである。そうしたナラティブを伝えることこそ政治的リーダーたちの核心的な役割であるはずだ。だが政治家たちは場所と目的に基づいた帰属意識に関するナラティブを打ち捨て、ほかの人たちを排除することで一部の者らが国民的アイデンティティを主張するような、人びとを分裂させるナラティブがつけ入る隙をつくり出しているのである。

リーダーたちは新たなナラティブを普及させることができる。だが政治的リーダーたちに対する信頼の失墜により、その権威は覆されてしまった——人びとはテレビ画面上でしか目にしない政治家などよりも、自分たちの社会的ネットワークの要《かなめ》にいる人たちに注目するのだ。しかしそのネットワーク自体も閉鎖的な仲間内の「反響室《エコー・チャンバー》」と化してしまったから、私たちは他者とコミュニケーションを取るための共通の空間すら欠いている。これは共有されたアイデンティティを構築する上で大きなダメージとなっている。なぜなら私たちは共通のネットワークに参加することで、自分たちがみな同じナラティブを聞いているのだという、共通の知識が構築されるからだ。それがなければ、共有されたアイデンティティというナラティブをもってしても、自分が引き受ける義務に他人も相互的に応えてくれるはずだと、人びとが確信できる状況を生み出すことが困難になる。特定の場所に対する帰属意識を共有できるようなナラティブを広めるのではなく、仲間内だけの閉鎖的環境では「他者」をそしることのほうが多い。二〇一七年にマンチェスターのコンサート会場で若者たちを大量殺害したサルマン・アベディは同市内で育ったが、「異教徒《カフィール》」を憎悪するイスラム教の閉鎖的なネットワークの中で養育されたため、周囲の人たちに対するごく基本的な共感すら欠いていたのだった。このように「エコー・チャンバー」は社会の構造を破壊するが、対話を可能にする共通の舞台《アリーナ》をどうすれば回復できるのか、私には現実的な方法は思い浮かばない。そしてそのような場がない以上、こうした「エコー・チャンバー」で新たに影響力を持ち始めた人たち――コメディアン、俳優、導師《イマーム》、目立ちたがり屋の社交家たち――こそ、今や自分たちが手に入れた責任を果たすべきなのである。こうした人たちは社会のいわば分散型のリーダーたちであって、断片化してしまったネットワークの枠を超えて、場所に基づく共有されたアイデンティティを構築する上で、実は誰よりもふさわしい立場にいるのである。だからこの人たちが広めるナラティブを世間は注視すべきで、分裂を引き起こすイデオロギー的なお得意のナラティブを広めることがないよう、プレッシャーをかける必要がある。

ほかの共有されたアイデンティティと同じく、場所あるいは共通の目的ある行動に対する帰属意識を共有することは、それがさまざまな義務感を下支えできるという点で貴重である。政治が主として国家単位であるのは、公共政策が主として国家単位だからだ。限られた場所だけの政策もあれば、地域レベルの政策もあり、少しはグローバルなレベルの政策もたしかにあるが、あらゆる先進国で国家がやはりもっとも重要な単位なのである。アメリカでは、各州の権利に強いこだわりがあるにもかかわらず、公共支出の六〇パーセントは州ではなく国家が支出している。EUでも、ブリュッセルのEU本部の権力に強いこだわりがあるものの、公共支出の九七パーセントは欧州委員会からではなく、各国から支出されている。国家とその市民は公共政策の不可欠の枠組みであり、当面の間は変わりそうもない。共有されたアイデンティティが持つ最大の政治的機能は、相互的な義務感の網を広げていくために、国家を手段として利用することである。そうした網が侵食されてしまったからこそ、近年の資本主義の方向性が巻き起こしたさまざまな不安が化膿して、私たちの社会の深い傷になってしまっているのだ。

場所と目的に基づく帰属意識を共有させるナラティブは、共有された国民的アイデンティティを強化できる。それと同様に、市民同士の相互的な義務感に関するナラティブは倫理的な網を強化することができる。あのサルマン・アベディがきわめて基礎的な相互的な義務感すら内面化していなかったのも驚くに当たらない――アベディの隣人は、しばしば自宅前の車道をアベディの車にふさがれていたことを証言している。ではその相互的な義務感はどのように強化できるかと言えば、「啓発された利己心」にフォーカスしたナラティブを用いることだ。納税など、すぐに自己の利益にはならないような行動でも、長期的にはあらゆる人にとって自己の利益になるような結果をもたらすことができるわけで、市民はナラティブのおかげで相互的な義務感に関するこのような因果関係を認識できるようになる。このようなナラティブはアベディも吸収していた――彼はいずれ天国へ行けると思って、目の前の自己の利益を犠牲にしたのだから。ナラティブには大きな力がある。だから私たちもより良いナラティブを案出すべきだろう。

以上のことを一文で要約すれば、「共有されたアイデンティティは、長期的視野に立った相互性の基礎となる」ということだ。このような信念の体系を構築できた社会は、個人主義やほかの復古主義的なイデオロギーに基づく社会よりもうまくいく。個人主義的な社会は公益が持つ膨大な潜在的可能性を放棄してしまう。復古主義的なイデオロギーはそれぞれ社会の何かほかの部分に対する憎悪に立脚しており、このため紛争という袋小路に行き着くだけである。健全な社会では、相互的な義務感の網を受け入れるように育てられた人たちこそが成功をつかむ。そのような幸運に恵まれた人たちは、相互的な義務感から、より幸運に恵まれない人生を生きている人びとに対して支援の手を差し伸べる。相互的な責務を果たせば自尊心と仲間からの威信で報われるから、成功者たちはそうした責務を履行する。一方、反抗的な少数者らに対しては、強い強制力を用いることも正当化される。

両極化という失敗から転じて、私たちの社会が抱える分裂に協同して対処する上で、このような道徳的なプラグマティズムこそが私たちの政治を導けるのである。私たちは惨劇から逃げてきた難民たちに対する「救済の義務」を果たせていない。同様に、世界の最貧国で絶望に打ちひしがれている人たちに対して、自らのスキルが価値を失ってしまった五〇代の男たちに対して、未来のない仕事にはまり込んでしまいそうな十代の若者たちに対して、マイホームを持つことは一生あり得ないと諦めている若い家族に対して、「救済の義務」を果たせていない。しかし果たさなければならない。と同時に、私たちはかつて共有されたアイデンティティから生まれていた相互的な義務感というい っそう困難なものを、もう一度復興しなければならないのである。

こんなことを言うと、右派の人たちは聞いただけで虫唾《むしず》が走るだろう。再配分がもたらす結果が、表面的にはマルクス主義のイデオロギーが思い描くものと似ているからだ。同様に、左派の人たちもゾッとするかもしれない。私の提言は家族や国民の間に果たすべき明確な義務があることを認めるもので、これはロールズ主義や功利主義の規範に反するからだ。しかしいずれも的外れな懸念である。

私の主張はマルクス主義のバリエーションではない。マルクス主義のイデオロギーは憎悪に満ちたナラティブに立脚し、それは共有されたアイデンティティではなく、極端な階級的アイデンティティをもたらす。相互的な責務ではなく、ほかの階級に属するものを特定の階級が簒奪する権利を主張する。イスラム教原理主義のように、マルクス主義が言う「啓発された利己心」は、国家が「衰亡する」はるかなる楽園を思い描かせる。だがマルクス主義が実際にもたらす結果は、例外なく証明されてきたとおり、社会的な葛藤であり、経済の崩壊であり、衰亡するどころか傲慢かつ残忍な権力の支配を強要する国家なのである。このことは現在もベネズエラからの難民たちの脱出というかたちで現れていて、少しでも関心があれば気づくほど衆目にさらされている。理性的な相互主義を基盤として資本主義を操るプラグマティックな社会と、マルクス主義のイデオローグたちが操る社会との違いは、心やすらかな社会と、募るばかりの憎悪によって引き裂かれている社会の違いである。

一方、ロールズ主義と功利主義の夢についてだが、家族内の責務を貶め、あらゆる子供たちに対して平等に責務を果たすことを優先したり、国民同士の責務を貶め、世界的な「被害者」集団に対する責務を優先したりしても、エデンの園はつくれない。それは「権利に基づく個人主義」という闇へと落ち込んでいく社会を次世代に残すだけだ。そんなことになれば、将来振り返ってみたとき、功利主義とロールズ主義が中道左派を支配した時代はまさに次のような時代だったと認識されずにはいられまい——傲慢、自信過剰、そして破壊的な時代だ。だがコミュニタリアニズムという本来のルーツに戻るにつれて、そして必死に働く世帯の不安に対処するため、信頼に基づく相互的な義務感の網の再建に取り組むことにより、中道左派は復活するだろう。[*] 同様に、強硬な個人主義が中道右派を支配した時代は、本来は偉大なはずの伝統を「エコノミック・マン」が惑わせた時代として理解されるようになるだろう。それは倫理的な姿勢を取り戻すにつれて、「ひとつの国民《ワン・ネーション》」を主眼とする政治に復帰するだろう。今日の新たな不安の数々は極左に丸投げするには深刻すぎる。一方、場所に対する帰属意識は、極右のなすがままにするにはあまりにも力強く、潜在的に建設的なものである。

新たな不安の数々に直面している今、問題とすべき経済的な脅威は、新たに猛威を振るっている地理的および階級的な格差拡大であることは明らかなはずだ。宗教やイデオロギーにおける過激主義的なアイデンティティの台頭を前にして、問題とすべき社会的な脅威は、対立的なアイデンティティへの断片化——それはソーシャルメディアの「エコー・チャンバー」によって支えられている——であることも明らかなはずだ。ブレグジットとドナルド・トランプの登場以降、問題とすべき政治的な脅威は、排外的なナショナリズムであることは明らかなはずだ。ところがリベラル勢力は共有された帰属意識と、それが下支えできる温和な愛国主義を遠ざけたことで、社会を団結させ、改善策を進めることのできる唯一の原動力を手放してしまった。その結果うかつにも、そして無謀にも、その原動力をいかさまな両極に明け渡してしまったのだ。両極の連中はそれを自分たちの歪んだ目的を実現するために捻じ曲げながら、ほくそえんでいるのである。

私たちはもっとできる――かつてやったことがあるのだから、もう一度できるはずだ。

（＊）二〇一七年一二月、私はデンマークの社会民主党に招かれてスピーチをした。同党のすばらしい新党首のメッテ・フレデリクセン〔二〇一五年に中道左派である同党の代表に就任。一九年六月に首相就任〕はまさに私と同じ分析結果にたどりつき、同党を協同的でコミュニタリアンなルーツへと積極的に回帰させようとしていた。長期低落傾向を逆転させ、すでに得票率は上昇しつつあったが、大都市の高学歴層だけは例外だった。ＷＥＩＲＤ《ウィアード》〔第1章「社会民主主義の勝利と衰退」の項目を参照〕は憤慨して極左へシフトしつつあったのだ。

謝辞

この本の始まりは、書評誌『タイムズ・リテラリー・サプルメント』誌のトビー・リクティグが二〇一七年第一号に一般教書ならぬ「社会教書」的なエッセイを書かないかと誘ってくれたことだった。時代の動揺は種々の困難を分析した本の相次ぐ出版のきっかけとなり、トビーは私の判断で適宜それらを活用することを認めてくれた。クリスマスの前後、書籍、子供たち、そしてノートパソコンが私の膝の上に代わるがわる乗っかっているうちに、私なりの診断が見えてきた——時代が必要としているのは*The Future of Capitalism*（資本主義の将来）という本である、だが不幸なことにまだ誰もそれを書いていない、と。『タイムズ・リテラリー・サプルメント』誌に寄稿した記事は大きな反響を呼び、ニューヨークにいるアンドリュー・ワイリーから連絡があり、私がまだ書くことを提案してもいない本に対して出版社三社が早くも権利を確保したいとオファーしてきたことを教えてくれた。これに対して私のイギリスの版元であるペンギン社は、契約済みの本を先延ばしにして、まず本書を書いてほしいと言ってきた。

知的な面では、本書執筆という課題は荷が重かった。それは私の提言が道徳哲学、政治経済学、財政学、経済地理学、社会心理学、そして社会政策論を統合する必要があると主張するものだからだ。これらの各専門分野は闖入者を退けたり潰したりしてやろうと、周りには学問上の地雷原が広がっている。私は幸運にも、進んで草稿に目を通してコメントしてくれる優秀な研究者たちに恵まれた。その人たちの意見が最終稿を大いに改善されたものにしてくれたことは疑いない。ここに謝意を表しつつ、本書の最終的な内容の是非にその人たちが何ら責任を負うものではないことを記しておく。

哲学者の中では、とくにトム・シンプソンに謝意を表したい。彼は原稿全体に目を通し、見習いたくなるほどの明晰さと忍耐力でもって微妙な論点について説明してくれた。クリス・フックウェイにはプラグマティズムに関する長時間に及ぶ議論に対して、ジェシー・ノーマンにはアダム・スミスに関する優れた知識に対して、コンラッド・オットには相互性とカント的な視点に関する長時間の議論に対して、それぞれ感謝している。

エコノミストでは、コリン・メイヤーと私は嬉しいことに、お互いに姉妹編とでも言うべき本を同時期の出版予定で書いていたことがわかった。彼の著作は『繁栄（*Prosperity*）』だ。博学者の才能と分別をわきまえたプラグマティズムを併せ持つジョン・ケイの知性には常々畏敬の念を抱いている。大いなる優しさを発揮して彼は原稿全体を詳細に検討して、何時間も費やしてコメントや意見を与えてくれた。今日の分析経済学の最先端を行きながら道徳哲学にも驚くほど精通したティム・ベスリーは、原稿にコメントをくれただけでなく、内容に関するセミナーをオックスフォード大学オール・ソウルズ・カレッジで開催してくれて、「社会的母権主義」に関する私の提言についてはアリソン・ウルフを説得して対論者に招いてくれた。トニー・ベナブルズについては、第7章の内容が多大な影響を受けていることは一目瞭然だろうが、原稿全体についてもコメントを寄せてくれた。最後にキール世界経済研究所長のデニス・スノウアーは原稿に詳細な意見をくれただけでなく、私たちが「第二世代の行動経済学」と呼ぶようになったものを奨励し、貢献してくれた点ではかけがえのない存在だ。これは個人の意思決定バイアスとは明確に区別されるものとして、集団的行動の経済的分析に社会心理学の洞察を導入する試みである。オックスフォード大学経済学部のプロジェクト「アイデンティティ、ナラティブ、および規範に関する経済的研究」（Economic Research on Identity, Narratives, and Norms＝ＥＲＩＮＮ）のネットワークに参加している同僚たちは、本書がみなの仕事に知的な面で多くを負っていることに気づくだろう。

　オックスフォード大学が卓越した学府であり続けている理由の中で、もっとも認識されていないのは、この大学の学部の仕組みが専門分野を超えたランダムな社会的相互作用を生み出している点だ。私の場合は二つの異なる学部に所属しているというありがたい例外的措置の恩恵にもあずかっている。日本のエリート層の女性らの子供に対する振る舞いについて、日本社会学が専門のオックスフォード大学教授、ロジャー・グッドマンから種々の教示を受けているが、そのきっかけは彼とセント・アントニーズ・カレッジでランチを共にしたことだった。また、イギリスを代表する選挙学者であるスティーブン・フィシャーがブレグジットにおける投票行動の調査を思いついたのは（第8章参照）、私たちがトリニティ・カレッジで一緒にランチを食べたことがきっかけだ。原稿に対してもっとも詳細なコメントを書面で寄せてくれたのもスティーブンで、私に恥をかかせまいとの決意と寛大さに満ちていた。ペンギン社の疲れを知らないローラ・スティクニーは、原稿をなんとかリーダブルなものにする上で、不可欠な助力を与えてくれた。

　最後に、個人的な体験に基づくエビデンスを提供してくれた多くの人たちに感謝したい。地元ストーク・オン・トレントの人びとにすばらしいフォーラムを提供している「キール世界情勢連続講座」（Keele World Affairs）の委員長であるビル・ボイントン。グリム商会を牽引するバイタリティの塊、デボラ・バリヴァント。ユナイトのポール・コーニック。社会学教授のマーク・エルチャーダスとブリュッセルの協同組合保険グループP&Vのみなさん。長年シェフィールドで認知行動療法の心理療法士のチームを率いてきたイアン・ムーア。EU議会の社会民主主義進歩連盟代表のジャンニ・ピッテラとその顧問のフランチェスコ・ロンチ。そして弁護士でクエーカー教徒のアラン・トンプソン。

読みやすい本を書くことは難しい。この点、私の家族はこの苦闘につき合わされてきた。いつものように、ポーリーンは家族の絆を守ってくれただけでなく、率直な読者の鋭い眼力を発揮してくれた。目立つことは避けるように育てられた私は、本書のような個人的な体験に基づく本を書くことを容易には決意できなかった。しかしその決意なしには、情熱を込めた本書の語り口は空疎に感じられただろうと思う。

訳者あとがき

訳稿のゲラ校正をしていた頃（二〇二〇年七月）、二十世紀ヨーロッパ政治史がご専門の河合秀和氏（学習院大学名誉教授）の『クレメント・アトリー』（中公選書）が刊行された。アトリー（一八八三―一九六七年）は一九三五―五五年まで二〇年にわたってイギリス労働党党首を務め、第二次世界大戦中の挙国一致内閣では副首相としてチャーチル首相を支え、戦後は一九五一年まで首相として労働党政権を率いた。ご存じの方には釈迦に説法だろうが、一般には（実は訳者自身の認識も含め）あまりピンとこない人物だろう。河合氏の評伝の副題は「チャーチルを破った男」。本の帯には「〝大戦の英雄〟の影に隠れた地味な労働党党首」とつれない文字が踊る。誰もが知るチャーチル元首相の「威光」で逆照射しなければ読者の目を惹くのも難しい、地味なことこの上ない政治家だ。だが『チャーチル』（中公新書、一九九八年増補版）の著者である河合氏がアトリーの評伝に取り組んだ理由の一つには、次のようなことがあったという。二〇一六年の国民投票でイギリス国民がＥＵ離脱を選んだ背景に、「募りゆくグローバリゼーションとともに進行する社会的格差にたいする大きな不満」があり、「社会福祉国家政策によって戦後イギリスの再建に当たったアトリーのような首相が、ＥＵ離脱後の混乱を収拾することになるかもしれないと広く予想され」、労働党のコービン党首も「アイ・♡《ラヴ》・クレム」（「クレム」はクレメント・アトリーの愛称）と記したTシャツを着るなど、にわかにアトリーが注目されたのだ（以上、「あとがき」より）。こうなると訳者が河合氏のアトリー伝をさっそく拝読したのも納得いただけると思う。

本書は開発経済学・公共政策の専門家として著名なオックスフォード大学のポール・コリアー教授の近著 *Future of Capitalism: Facing the New Anxieties*（二〇一八年）の全訳である。コリアー教授はアフリカをはじめとする最貧国に蔓延する諸問題の解決に取り組んできた。天然資源の利権、腐敗した内政、先進国による投資や海外援助の問題、さらに難民・移民問題など、ローカルとグローバルの両視点を組み合わせた立体的な分析や提言で知られる。オックスフォード大学アフリカ研究センター所長、世界銀行の研究開発部門ディレクター、ブレア政権下のイギリス政府顧問などを歴任し、ハーヴァード大学やパリ政治学院などでも教鞭をとってきた。二〇〇八年には大英帝国勲章（CBE）を、一四年にはナイトの爵位を受けている。日本でも次のような邦訳書でコリアー氏の洞察が紹介されてきた。

『最底辺の10億人――最も貧しい国々のために本当になすべきことは何か？』中谷和男訳、日経BP、二〇〇八年（原書 *The Bottom Billion: Why the Poorest Countries are Failing and What Can Be Done About It*, 2007）

『民主主義がアフリカ経済を殺す――最底辺の10億人の国で起きている真実』甘糟智子訳、日経BP、二〇一〇年（原書 *Wars, Guns and Votes: Democracy in Dangerous Places*, 2009）

『収奪の星――天然資源と貧困削減の経済学』村井章子訳、みすず書房、二〇一二年（原書

The Plundered Planet: Why We Must, and How We Can, Manage Nature for Global Prosperity, 2010)

『エクソダス――移民は世界をどう変えつつあるか』松本裕訳、みすず書房、二〇一九年（原書 *Exodus: How Migration is Changing Our World*, 2013)

このように最貧国の諸問題を専門とするコリアー氏が、本書では一転してイギリス国内に目を向けた。グローバリズムが急進展する世界で、行きすぎた市場原理や個人の利益の追求が生んだ格差拡大と、その結果浮上してきた新たなイデオロギー対立やポピュリズムといった問題に、地域・学歴・倫理観における格差、そして家庭・地域社会・企業・国家の役割といった視点から迫っている。直接的なきっかけは書評誌に寄稿を求められたことだそうだが（本書「謝辞」参照）、著者自身が、アメリカの「ラストベルト」さながらに産業・社会の崩壊と格差拡大に喘いできた都市の一つ、イングランド北部シェフィールドの出身であることが強い動機となっている。労働階級の家庭に生まれて学術界のエリートにまでなったが、親族や故郷の人たちとの間の格差を身をもって体験することにもなった。そしてそんな現状をなんとかしたいという願いと、公共政策次第で現状は逆転できるとの強い思いが本書の随所に窺える。

本書には社会心理学や倫理学の視点も多く導入され、とくに帰属意識、相互の信頼と共感（それはアダム・スミスやヒュームの道徳論にさかのぼる）に裏打ちされた地域社会における人びとの絆――単なる地縁・血縁の馴れ合いではなく、相互的な義務感に基づく相互扶助の精神という意味での――が重視される。そして社会民主主義的な「中道のど真ん中」の復興が提言されている。そして著者は（必ずしも回帰するわけではないが）成功した社会の実例として、社会民主主義の「全盛期」だった一九四五―七〇年代までのイギリスを挙げる。それは著者によれば、コミュニタリアニズム的な絆や協同組合的な相互扶助の諸組織に支えられた社会だ。となると、ふたたび思い起こされるのがあのアトリーである。

アトリーがめざしたのはロバート・オーウェン（一七七一―一八五八年）を淵源とするイギリス型の「社会主義」だったから、コリアー氏が掲げる「社会的母権主義」とは必ずしも一致しない。コロナウイルス禍の中でイギリス国民から大いに称賛されている国民保健サービス（ＮＨＳ）の導入など福祉国家体制を整備したアトリー政権は、電気、航空、鉄道など基幹産業を次々と国有化した。だが真の資本主義の復興を掲げるコリアー氏は、七〇年代の経済停滞の一つの元凶ともなった国営企業の非効率には基本的には批判的だ。七〇年代半ばをイギリスで過ごした訳者も、ストで運休が相次ぐ国営鉄道などのニュースを見て、子供ごころにも社会の機能不全を感じたことを覚えている。しかしここでもう一度河合秀和氏のアトリー伝に戻ると、アトリー労働党政権の選挙綱領はケインズの経済理論に依拠し、アトリーはローズヴェルトのニューディール政策を評価していた（前掲書、二四〇頁、一九五頁）。そして、より注目したいのは、そのアトリーが首相としての最後の主要演説（一九五一年十月）で示しためざすべき社会の姿だ――それは「仲間と協力しながら各自の能力を完全に発揮し、各人が社会に奉仕する機会を持ち、かつ与え合い……権利が義務をもたらし、義務を果たせば権利が与えられるような社会、はなはだしい不平等はないが、しかも統制化されず、画一的でもない社会」だ。一方、アトリーは保守党政権がもたらすだろう社会では「経済過程においてもっぱら個々人が自分の利益を優先させ」、「貧者の大群が、スラム街が生まれ、美しいイギリスが利権のために汚され、荒廃した地域が生まれ」ると批判するのである（同、三三六頁）。

アトリーの批判は当時のイギリスの近未来の予言としては当たらなかった。だがはからずも、まさにそれは八〇年代から今日にまで至るイギリスのありようの予言および批判になっている。本書でコリアー氏は、社会民主主義の全盛期には政権交代にもかかわらず中道路線が維持されたとし、アトリー政権にはほとんど言及しない。だがコリアー氏がめざす社会の政治思想的・現代史的な面に光を当てるものとして、併せてアトリーという地味なことこの上ない政治家を見直してみるのもおもしろいのではないだろうか。

本書の原書の刊行は二〇一八年であり、この邦訳書もイギリスのブレグジットの二〇二〇年一月末日、あるいはアメリカ大統領選挙の各党予備選挙が始まる二月頃には刊行したいところだった。それが訳出の遅れにより、アメリカ大統領選挙およびイギリスとEUとのブレグジットをめぐる最終合意期限の間近になってしまったことに、読者および白水社内外のみなさんに、そして著者コリアー氏にも、この場を借りてお詫びしたい。同時に、この間、辛抱強く面倒をみていただいた同社編集部の阿部唯史氏とスタッフのみなさんに心より謝意を表したい。また、いつもながら家族にも感謝している。

二〇二〇年八月　終戦七五年目の日を間近にして

訳者　伊藤　真

索引

さ行

た行

な行

は行

ま行

や行

ら行

わ行

アルファベット

原注

※訳者による注は〔　〕で記した。

第1章◉新たなる不安

(1) Case and Deaton (2017) を参照。
(2) Cetty et al. (2017) を参照。
(3) Chua (2018), p.173 を参照。
(4) たとえば Mason (2015) および *Times Literary Supplement*, 25 January 2017 に私が寄稿した最近のその手の書籍に関する書評を参照。
(5) アダム・スミスが切り開いた経済学的研究のひどく歪曲された解釈はベンサムとミルに淵源があるが、その歴史的経緯については Norman (2018) の第7章を参照。
(6) Haidt (2012) を参照。〔邦訳『社会はなぜ左と右にわかれるのか』高橋洋訳、紀伊國屋書店〕
(7) 2018年1月5日付『フィナンシャル・タイムズ』の記事より。
(8) この点については、Roger Scruton, *On Human Nature* (2017) が読みやすい。
(9) Chua (2018) の引用より。
(10) ジョージ・アカロフはノーベル経済学賞受賞者である。レイチェル・クラントンとデニス・スノウアーも加え、私たちは一つのグループを立ち上げた——「アイデンティティ、ナラティブ、および規範に関する経済的研究 (Economic Research on Identities, Narratives and Norms, ERINN)」だ。トニー・ベナブルズは世界的に著名な経済地理学者。この3年間、ベナブルスと私は都市化の経済学に関する研究の共同ディレクターを務めてきた。コリン・メイヤーはオクスフォード大学の財政学の教授で、同大学ビジネス・スクールの元学長。英国学士院の研究プログラム「法人の未来 (The Future of Corporation)」のディレクターを務めている。彼の著書『繁栄 (*Prosperity: Better Business Makes the Greater Good*)』は本書の姉妹作と言うべきだろう。これまで3年間にわたり、私たちは貧困地域への投資を促進しようと一緒に活動してきた。ロンドン・スクール・オブ・エコノミクス教授のティム・ベスリー卿は計量経済学会会長で、ヨーロッパ経済学会会長やアメリカ経済学会の『アメリカン・エコノミック・レビュー』誌編集長を歴任。私たちは現在、英国学士院などによる「国家の脆弱性・成長・開発に関する委員会 (Commission on State Fragility, Growth and Development)」の共同学術ディレクターだ。シェフィールド大学のクリス・フックウェイ教授はチャールズ・パース〔1839-1914年。プラグマティズムの祖とも言われるアメリカの哲学者〕とプラグマティズムの起源に関する世界的権威だ。パース協会会長や『ヨーロッパ哲学ジャーナル』誌編集長を歴任。2015年の退任を祝して「プラグマティズムという思想」と題した学術会議が開催された。実は私の旧友でもある。
(11) Tepperman (2016) を参照。

第2章◉道徳の基礎

(1) 私たちの感情でさえも究極的には社会的な産物だと言えるのである。たとえば Feldman Barrett

(2017) を参照。
(2) Etzioni (2015) を参照。
(3) ちょうど私が本書の執筆を終えようというときに、ティム・ベスリーが哲学者で政治家のジェシー・ノーマンを私に紹介してくれた。ノーマンもちょうどアダム・スミスの思想に関する本を書き終えたばかりだった。一抹の不安を抱えながら私たちは原稿を交換しあった。私は彼の原稿から多くを学び、その一部はこのあとのいくつかの注に盛り込むつもりだ。だが少なくとも、スミスの思想に関する私の記述によって、スミスが草葉の陰で動転するようなことはないだろうと確信できて、私としては安堵した。
(4) Norman (2018) を参照。
(5) Towers et al. (2016) を参照。
(6) これこそがカントとヒュームの意見が分かれた点だった。
(7) Haidt (2012) を参照。
(8) Mercier and Sperber (2017) を参照。
(9) Gamble et al. (2018) を参照。
(10) これがレーニン流の「民主主義的」中央集権主義のコンセプトだ。
(11) Haidt (2012) でハイトが言うように、「義務論と功利主義は『単一感覚器官型』の道徳観に基づいており、他人への共感感情に欠けるような人びとにとって魅力的だ」。
(12) Dijksterhuis (2005) および Christakis and Fowler (2009) を参照。
(13) Hood (2014) を参照。
(14) Thomas et al. (2014) を参照。
(15) たとえば Cialdini (2007) を参照。
(16) Akerlof and Shiller (2009), p. 54 を参照。〔邦訳『アニマルスピリット』山形浩生訳、東洋経済新報社〕
(17) Mueller and Rauh (2017) を参照。
(18) タブーについては Bénabou and Tirole (2011) を参照。
(19) この点については Collier (2016) でより包括的に論じた。
(20) 2 人の共著 *Identity Economics*, Akerlof and Kranton (2011) が格好の入門書だ。〔邦訳『アイデンティティ経済学』山形浩生・守岡桜訳、東洋経済新報社〕
(21) Besley (2016) を参照。
(22) 詳細を知りたい読者は、この新しい資料に関する私の最近の研究 (Collier, 2017) を参照してほしい。
(23) *World Happiness Report* (2017) より。
(24) 引用部分はそれぞれジョン・ペリー・バーローとマーク・ザッカーバーグの見解だ。〔ジョン・ペリー・バーロー (1947-2018 年) はサイバースペースの自由や権利を主張したアメリカの活動家、作詞家。この一節は彼が 1996 年に発表した「サイバースペース独立宣言」の冒頭部分の抜粋。マーク・ザッカーバーグ (1984 年-) はソーシャル・ネットワーキング・サービスのフェイスブックの共同創業者。発言は 2010 年のもので、同社は 2019 年、プライバシー重視のプラットホームへと転換する方針を発表した〕。
(25) 専門用語で言えば「相同性 (homology)」。
(26) のちに大きな影響力を持つことになった 1981 年の研究でマッキンタイアが主張しているように、道徳的な言説の核心は、他者を自己本位な目的のための単なる手段として扱うのではなく、むしろ目的そのものとして扱うことにある。MacIntyre (2013) を参照。
(27) 私はここまで、共有されたアイデンティティ、義務感の相互性、合目的的な行動について、分析上、一連のシークエンスとして説明してきた。しかし集団的な倫理的振る舞いが可能となる

には、これら3つの要素は一緒に作用する必要がある。その経験的な証拠はノーベル賞受賞者のエリノア・オストロム〔1933-2012年。米国の政治・経済学者。2009年に女性として初めてノーベル経済学賞を受賞〕とその後継者たちの研究に基づいている。Eleanor Ostrom (1990) を参照。

(28) ベースとなる理論とそのデータのより包括的な考察についてはCollier (2018d) を参照。

(29) これは「政治的ビジネス・サイクル」と呼ばれる現象だ。Chauvet and Collier (2009) を参照。

(30) Putnam (2016), p. 221を参照。〔邦訳『われらの子ども』柴内康文訳、東洋経済新報社〕

第3章◉倫理的な国家

(1) ヨーロッパ各国の社会主義政党や民主主義政党のリーダーたちは2017年10月に彼らの年次大会に、2018年6月には青年部大会に私を講演者として招待した。このことからも彼らの政党が「存亡の危機」にあることがわかるだろう。

(2) 私はCollier (2018b) の中で、このモデルをより専門的なかたちで論じ、規範的な意味合いをさらに掘り下げた。

(3) Wolf (2013), p. 32を参照。この一文は重きを置くアイデンティティが職業へとシフトしたことを示すだけでなく、自身の充足感の重視という現象もとらえている。この点は第5章で取り上げる。

(4) エデルマン・トラスト・バロメータを参照。2017年版の『年次報告』は「世界中で信頼が危機にある」という項目で始まる。https://www.edelman.com/trust2017/ を参照〔なお、https://www.edelman.jp/research/edelman-trust-barometer-2019 で最新版が日本語で読める〕

(5) 不安に対処するための相互的な協力の典型例は協同組合保険運動だ。これはシェフィールドやハリファックスのようなイングランド北部の産業都市の一つ、ロッチデールで生まれた。2017年11月、私はベルギーの巨大な協同組合保険グループP&Vの傘下にあるP&V基金から市民賞を授与され、その起源を知る機会を得た。かつてロッチデールの先駆者たちが〔ロッチデールで生まれた協同組合保険は「ロッチデール公正先駆者組合」と呼ばれる〕フラマン語が話されているベルギーのヘントを訪れ、ベルギーの協同組合保険運動が誕生するきっかけとなった。運動はしかし、言語の壁を越えて、フランス語が主体のワロン地域へと広がり、次第に全国規模になったのだという。ちなみに授賞式では3カ国語が使用された。

(6) Elliott and Kanagasooriam (2017) を参照。

(7) David Goodhart (2017) がこの国籍に基づくアイデンティティとグローバルなアイデンティを比べて詳述している。

(8) Nicholas Crane, *Making of the British Landscape* (Weidenfield & Nicholson, 2015), p. 115からの引用。

(9) Johnson and Toft (2014) を参照。

(10) Elliott and Kanagasooriam (2017) を参照。

第4章◉倫理的な企業

(1) この数値は2017年のイギリスの調査結果。本章でのちに資金調達がいかに企業にとって重要かを論じるところで理由は明らかになるが、アメリカよりもイギリスこそがフリードマンの思想とそれがもたらす結果の究極的な見本と言える。

(2) Gibbons and Henderson (2012) を参照。

(3) これは2017年11月11日付『フィナンシャル・タイムズ』の記事 “The Big Bet” で報じられた元幹部社員の発言。

(4) 2017年10月23日付『フィナンシャル・タイムズ』の記事に引用されている。

(5) これもまた、専門職の倫理観の衰退を示す一例だ。会計士たちの道徳的な指針は間違った方向を向いてしまっている。Brooks (2018) を参照。

(6) OECD 諸国の平均値が GDP の 2.4 パーセントなのに対して、イギリスは 1.7 パーセント。
(7) Kay (2011) を参照。
(8) Haskel and Westlake (2017) を参照。〔邦訳『無形資産が経済を支配する』山形浩生訳、東洋経済新報社〕
(9) Hidalgo (2015) を参照。
(10) Autor et al. (2017) を参照。
(11) Scheidel (2017) を参照。〔邦訳『暴力と不平等の人類史』鬼澤忍・塩原通緒訳、東洋経済新報社〕

第5章◉倫理的な家族

(1) 家族の規範の変化に対するこのような洞察は、ロビー・アカロフに負っている。
(2) 1975 年という時点でも、高校も出ていない私の母のような勤労女性たちも、大卒の勤労女性たちとほぼ同じ時間数を子育てに費やしていた。2003 年には、働く女性は大卒でもそうでない層でも増加したが低学歴層の女性は大卒者たちに比べて子育ての時間は半分に満たなかった。Sullivan and Gershuny (2012) を参照。
(3) このような興味深い洞察は、現代日本の社会学的研究の専門家であるロジャー・グッドマン教授に負っている。
(4) Wolf (2013), p. 236 を参照。このデータは白人の大卒の母親に関するもの。
(5) Wolf (2013), p. 183 を参照。
(6) Putnam (2016), p. 67 を参照。
(7) Eliason (2012) を参照。
(8) Putnam (2016), p. 70 を参照。
(9) Putnam (2016), p. 78 を参照。
(10) Heckman, Stixrud and Ursua (2006) を参照。
(11) Clark (2014) を参照。〔邦訳『格差の世界経済史』久保恵美子訳、日経 BP〕
(12) Bisin and Verdier (2000) を参照。
(13) Brooks (2015) を参照。〔邦訳『あなたの人生の意味』夏目大訳、早川書房〕
(14) Seligman (2012) を参照。〔邦訳『ポジティブ心理学の挑戦』宇野カオリ監訳、ディスカヴァー・トゥエンティワン〕

第7章◉地理的格差

(1) Venables (2018a, 2018b) を参照。
(2) ジェド・コルコ (Jed Kolko) の最近の研究を参照。
(3) この気がかりな事実は OECD の調査に基づいている。これに関するわかりやすい記事が『エコノミスト』2017 年 10 月 27 日号に出ている。
(4) この点については、確認と教示を仰いだティム・ベスリーに謝意を表す。
(5) Arnott and Stiglitz (1979) を参照。
(6) Collier and Venables (2017) を参照。
(7) Greenstone, Hornbeck and Moretti (2008) を参照。
(8) Lee (2000) を参照。

第8章◉階級格差

(1) Wolf (2013) を参照。
(2)「脆弱な家庭と子供の健康に関する研究ファクト・シート (Fragile Families and Child Wellbeing Study Fact Sheet)」より。www.fragilefamilies.princeton.edu/publications を参照。

(3) "Effects of social disadvantages and genetic sensitivity on children's telomere length", *Fragile Families Research Brief 50*, Princeton, 2015 を参照。

(4) Philip Larkin, "High Windows" (1974) を参照。

(5) デイヴィッド・ブルックス (David Brooks) の *The Social Animal*, (2011)〔邦訳『人生の科学』夏目大訳、早川書房〕がこの提言を見事に考察している。

(6) ポーズにはウェブサイトがある。ぜひアクセスして参加してほしい。本文のデータは下記による。http://www.pause.org.uk/pause-in-action/learning-and-evaluation

(7) Wolf (2013), pp. 51-52 を参照。

(8) Brown and de Cao (2017) を参照。

(9) Putnam (2016), p. 212 を参照。

(10) Hanushek (2011) を参照。

(11) Levitt et al. (2016) を参照。

(12) 私と同様、これをすばらしいと思う読者は公認慈善団体であるグリム商会に寄付をしてはどうだろう。ウェブサイトは次のとおり。http://grimmandco.co.uk/

(13) ここでは Wilson (2011) が参考になる。この著書はまさに *Redirect* (『リダイレクト(方向を変える)』) というタイトルだ。

(14) http://www.winchester.ac.uk/aboutus/lifelonglearning/CentreforRealWorldLearning/Publications/Post2014/Documents/Lucas%20 (2016)%20What%20if%20-%20vocational%20pedagogy%20%20RSA-FETL.pdf を参照。次の段落はこれに基づいている。

(15) 2017年12月28日付『フィナンシャル・タイムズ』の Alison Wolf の記事を参照。

(16) *Dancing in the Dark*, Knausgård (2015), p. 179 を参照。

(17) Goldstein (2018) を参照。〔邦訳『ジェインズヴィルの悲劇』松田和也訳、創元社〕

(18) Acemoglu and Autor (2011) を参照。

(19) 2017年9月10日付『フィナンシャル・タイムズ』の記事を参照。

(20) Michael Lewis and Dylan Baker (2014), *Flash Boys* を参照。

(21) イギリスでは教育を基準とした「同類交配」の増加が顕著で、もっとも大幅に増加しているのが大卒者同士の結婚である。Wolf (2013), p. 232 を参照。

(22) Harris (2018) を参照。

第9章◉グローバルな格差

(1) World Bank (2018) を参照。

(2) 以下の結果は Rueda (2017) による。

(3) Muñoz and Pardos-Prado (2017) を参照。

第10章◉二極分化を超えて

(1) Pardos-Prado (2015) を参照。

(2) Chua (2018) を参照。

(3) 人びとは成功と自己同一化したがるものだ。Depetris-Chauvin and Durante (2017) によると、サッカーで自国の代表チームが勝利した後には、国民的アイデンティティがより顕著になるという。

参考文献

Acemoglu, D., and Autor, D. (2011), 'Skills, tasks and technologies: implica- tions for employment and earnings'. In *Handbook of Labor Economics* (Vol. 4B). Amsterdam: North Holland/Elsevier, pp. 1043-1171.

Akerlof, G. A., and Kranton, R. E. (2011), *Identity Economics: How Our Identities Shape Our Work, Wages, and Well-Being*. Princeton: Prince- ton University Press.（ジョージ・A・アカロフ、レイチェル・E・クラントン『アイデンティティ経済学』山形浩生・守岡桜訳、東洋経済新報社）

Akerlof, G. A., and Shiller, R. (2009), *Animal Spirits: How Human Psychology Drives the Economy, and Why It Matters For Global Capitalism*. Princeton: Princeton University Press.（ジョージ・A・アカロフ、ロバート・J・シラー『アニマルスピリット』山形浩生訳、東洋経済新報社）

Arnott, R. J., and Stiglitz, J. E. (1979), 'Aggregate land rents, expenditure on public goods, and optimal city size'. *The Quarterly Journal of Economics*, 93 (4), pp. 471-500.

Autor, D., Dorn, D., Katz, L. F., Patterson, C., and Van Reenen, J. (2017), *The Fall of the Labor Share and the Rise of Superstar Firms*. Cambridge, Mass.: National Bureau of Economic Research.

Bénabou, R., and Tirole, J. (2011), 'Identity, morals, and taboos: beliefs as assets'. *The Quarterly Journal of Economics*, 126 (2), pp. 805-55.

Besley, T. (2016), 'Aspirations and the political economy of inequality'. *Oxford Economic Papers*, 69, pp. 1-35.

Betts, A., and Collier, P. (2017), *Refuge: Transforming a Broken Refugee System*. London: Penguin.

Bisin, A., and Verdier, T. (2000), '"Beyond the melting pot" : cultural transmission, marriage, and the evolution of ethnic and religious traits'. *The Quarterly Journal of Economics*, 115 (3), pp. 955-88.

Bonhoeffer, D. (2010), *Letters and Papers from Prison* (Vol. 8). Minne- apolis: Fortress Press.

Brooks, D. (2011), *The Social Animal: The Hidden Sources of Love, Character and Achievement*. London: Penguin.（デイヴィッド・ブルックス『人生の科学』夏目大訳、早川書房）

Brooks, D. (2015), *The Road to Character*. New York: Random House. Brooks, R. (2018), *Bean Counters: The Triumph of the Accountants and How They Broke Capitalism*. London: Atlantic Books.（デイヴィッド・ブルックス『あなたの人生の意味』夏目大訳、早川書房）

Brown, D., and de Cao, E. (2017), 'The impact of unemployment on child maltreatment in the United States'. Department of Economics Dis- cussion Paper Series No. 837, University of Oxford.

Case, A., and Deaton, A. (2017), *Mortality and Morbidity in the 21st Century*, Washington, DC: Brookings Institution.

Chauvet, L., and Collier, P. (2009). 'Elections and economic policy in developing countries'. *Economic Policy*, 24 (59), pp. 509-50.

Chetty, R., Grusky, D., Hell, M., Hendren, N., Manduca, R., and Narang, J. (2017), 'The fading American dream: trends in absolute income mobility since 1940'. *Science*, 356 (6336), pp. 398-406.

Christakis, N. A., and Fowler, J. H. (2009), *Connected: The Surprising Power of Our Social Networks and How They Shape Our Lives*. New York: Little, Brown.（ニコラス・A・クリスタキス、ジェイムズ・H・ファウラー『つながり』鬼澤忍訳、講談社）

Chua, A. (2018), *Political Tribes: Group Instinct and the Fate of Nations*. New York: Penguin Press.

Cialdini, R. B. (2007), *Influence: The Psychology of Persuasion*. New York: Collins.

Clark, G. (2014), *The Son Also Rises: Surnames and the History of Social Mobility*. Princeton: Princeton University Press.（グレゴリー・クラーク『格差の世界経済史』久保恵美子訳、日経 BP）

Collier, P. (2008), *The Bottom Billion: Why the Poorest Countries are Failing and What Can Be Done About It*. New York: Oxford University Press.（ポール・コリアー『最底辺の 10 億人』中谷和男訳、日経 BP）

Collier, P. (2013), 'Cracking down on tax avoidance'. *Prospect*, May.

Collier, P. (2016), 'The cultural foundations of economic failure: a concep-tual toolkit'. *Journal of Economic Behavior and Organization*, 126, pp. 5-24.

Collier, P. (2017), 'Politics, culture and development'. *Annual Review of Political Science*, 20, pp. 111-25.

Collier, P. (2018a), 'The downside of globalisation: why it matters and what can be done about it'. *The World Economy*, 41 (4), pp. 967-74.

Collier, P. (2018b), 'Diverging identitites: a model of class formation', Working Paper 2018/024, Blavatnik School of Government, Oxford University.

Collier, P. (2018c), 'The Ethical Foundations of Aid: Two Duties of Rescue'. In C. Brown and R. Eckersley (eds.), *The Oxford Handbook of International Political Theory*. Oxford: Oxford University Press.

Collier, P. (2018d), 'Rational Social Man and the Compliance Problem', Working Paper 2018/025, Blavatnik School of Government, Oxford University.

Collier, P., and Sterck, O. (2018), 'The moral and fiscal implications of anti-retroviral therapies for HIV in Africa'. *Oxford Economic Papers*, 70 (2), pp. 353-74.

Collier, P., and Venables, A. J. (2017), 'Who gets the urban surplus?' *Journal of Economic Geography*, https://doi.org/10.1093/jeg/lbx043.

Crosland, A. (2013), *The Future of Socialism* (new edn with foreword by Gordon Brown; (first published 1956). London: Constable.（C・A・R・クロスランド『社会主義の将来』日本文化連合会訳、日本文化連合会）

Depetris-Chauvin, E., and Durante, R. (2017), 'One team, one nation: foot- ball, ethnic identity, and conflict in Africa'. CEPR Discussion Paper 12233.

Dijksterhuis, A. (2005), 'Why we are social animals: the high road to imi- tation as social glue'. *Perspectives on Imitation: From Neuroscience to Social Science*, 2, pp. 207-20.

Eliason, M. (2012), 'Lost jobs, broken marriages'. *Journal of Population Economics*, 25 (4), pp. 1365-97.

Elliott, M., and Kanagasooriam, J. (2017), *Public Opinion in the Post-Brexit Era: Economic Attitudes in Modern Britain*. London: Legatum Institute.

Epstein, H. (2007), *The Invisible Cure: Africa, the West, and the Fight against AIDS*. New York: Farrar, Straus and Giroux.

Etzioni, A. (2015), 'The moral effects of economic teaching'. *Sociological Forum*, 30 (1), pp. 228-33.

Feldman Barrett, L. (2017), *How Emotions are Made: The Secret Life of the Brain*. London: Macmillan.（リサ・フェルドマン・バレット『情動はこうしてつくられる』髙橋洋訳、紀伊國屋書店）

Gamble, C., Gowlett, J., and Dunbar, R. (2018), *Thinking Big: How the Evolution of Social Life Shaped the Human Mind*. London: Thames and Hudson.

George, H. (1879), *Progress and Poverty: An Enquiry into the Cause of Industrial Depressions, and of Increase of Want with Increase of Wealth. The Remedy*. K. Paul, Trench & Company.（ヘンリー・ジョージ『進歩と貧困』山嵜義三郎訳、日本経済評論社）

Gibbons, R., and Henderson, R. (2012), 'Relational contracts and organizational capabilities'. *Organization Science*, 23 (5), pp. 1350-64.

Goldstein, A. (2018), *Janesville: An American Story*. New York: Simon and Schuster.（エイミー・ゴールドス

参考文献

タイン『ジェインズヴィルの悲劇』松田和也訳、創元社）

Goodhart, D. (2017), *The Road to Somewhere*. London: Hurst.

Greenstone, M., Hornbeck, R. and Moretti, E. (2008), 'Identifying agglomeration spillovers: evidence from million dollar plants'. NBER Working Paper, 13833.

Haidt, J. (2012), *The Righteous Mind: Why Good People are Divided by Politics and Religion*. New York: Vintage.（ジョナサン・ハイト『社会はなぜ左と右にわかれるのか』高橋洋訳、紀伊國屋書店）

Hanushek, E. A. (2011), 'The economic value of higher teacher quality'. *Economics of Education Review*, 30 (3), pp. 466-79.

Harris, M. (2018), *Kids these Days: Human Capital and the Making of Millennials*. New York: Little, Brown.

Haskel, J., and Westlake, S. (2017), *Capitalism without Capital: The Rise of the Intangible Economy*. Princeton: Princeton University Press.（ジョナサン・ハスケル、スティアン・ウェストレイク『無形資産が経済を支配する』山形浩生訳、東洋経済新報社）

Heckman, J. J., Stixrud, J., and Urzua, S. (2006), 'The effects of cognitive and noncognitive abilities on labor market outcomes and social behavior'. *Journal of Labor Economics*, 24 (3), pp. 411-82.

Helliwell, J. F., Huang, H., and Wang, S. (2017), 'The social foundations of world happiness'. In *World Happiness Report 2017*, edited by J. Helliwell, R. Layard and J. Sachs. New York: Sustainable Development Solutions Network.

Hidalgo, C. (2015), *Why Information Grows: The Evolution of Order, From Atoms to Economies*. New York: Basic Books.

Hood, B. (2014), *The Domesticated Brain*. London: Pelican.

International Growth Centre (2018), *Escaping the Fragility Trap*, Report of an LSE-Oxford Commission.

James, W. (1896), 'The will to believe'. *The New World: A Quarterly Review of Religion, Ethics, and Theology*, 5, pp. 327-47.

Johnson, D. D., and Toft, M. D. (2014), 'Grounds for war: the evolution of territorial conflict'. *International Security*, 38 (3), pp. 7-38.

Kay, J. (2011), *Obliquity: Why Our Goals are Best Achieved Indirectly*. London: Profile Books.

Knausgård, K. O. (2015), *Dancing in the Dark: My Struggle* (Vol. 4). London and New York: Random House.

Lee Kuan Yew (2000), *From Third World to First: The Singapore Story 1965-2000*. Singapore: Singapore Press Holdings.

Levitt, S. D., List, J. A., Neckermann, S., and Sadoff, S. (2016), The behavioralist goes to school: leveraging behavioral economics to improve educational performance'. *American Economic Journal: Economic Policy*, 8 (4), pp. 183-219.

Lewis, M., and Baker, D. (2014), *Flash Boys*. New York: W. W. Norton.（マイケル・ルイス『フラッシュ・ボーイズ』渡会圭子・東江一紀訳、文藝春秋）

MacIntyre, A. (2013), *After Virtue*. London: A&C Black (first published 1981).（アラスデア・マッキンタイア『美徳なき時代』篠崎栄訳、みすず書房）

Martin, M. (2018), *Why We Fight*. London: Hurst.

Mason, P. (2015), *Postcapitalism: A Guide to Our Future*. London: Allen Lane.（ポール・メイソン『ポストキャピタリズム』佐々とも訳、東洋経済新報社）

Mercier, H., and Sperber, D. (2017), *The Enigma of Reason*. Cambridge, Mass.: Harvard University Press.

Mueller, H. and Rauh, C. (2017), 'Reading between the lines: prediction of political violence using newspaper text'. Barcelona Graduate School of Economics, Working Paper 990.

Muñoz, J., and Pardos-Prado, S. (2017), 'Immigration and support for social policy: an experimental comparison of universal and means-tested programs'. *Political Science Research and Methods*, https://doi. org/10.1017/

psrm.2017.18.

Neustadt, R. E. (1960), *Presidential Power*. New York: New American Library (p. 33).

Norman, J. (2018), *Adam Smith: What He Thought and Why it Matters*. London: Allen Lane.

Ostrom, E. (1990), *Governing the Commons: The Evolution of Institutions for Collective Action*. Cambridge: Cambridge University Press.

Pardos-Prado, S. (2015), 'How can mainstream parties prevent niche party success? Centre-right parties and the immigration issue'. *The Journal of Politics*, 77, pp. 352–67.

Pinker, S. (2011), *The Better Angels of our Nature*. New York: Viking.

Putnam, R. D. (2000), *Bowling Alone: The Collapse and Revival of American Community*. New York: Simon and Schuster.（ロバート・D・パットナム『孤独なボウリング』柴内康文訳、柏書房）

Putnam, R. D. (2016), *Our Kids: The American Dream in Crisis*. New York: Simon and Schuster.（ロバート・D・パットナム『われらの子ども』柴内康文訳、創元社）

Rueda, D. (2017), 'Food comes first, then morals: redistribution preferences, parochial altruism and immigration in Western Europe'. *The Journal of Politics*, 80 (1), pp. 225–39.

Scheidel, W. (2017), *The Great Leveller: Violence and the History of Inequality From The Stone Age to the Twenty-First Century*. Princeton: Princeton University Press.（ウォルター・シャイデル『暴力と不平等の人類史』鬼澤忍・塩原通緒訳、東洋経済新報社）

Schumpeter, J. (1942), *Capitalism, Socialism and Democracy*. New York: Harper and Bros.（ヨーゼフ・シュンペーター『資本主義、社会主義、民主主義（1、2）』大野一訳、日経BPクラシックス）

Scruton, R. (2017), *On Human Nature*. Princeton: Princeton University Press.

Seligman, M. E. (2012), *Flourish: A Visionary New Understanding of Happiness and Well-being*. New York: Simon and Schuster.（マーティン・セリグマン『ポジティブ心理学の挑戦』宇野カオリ監訳、ディスカヴァー・トゥエンティワン）

Smith, A. (2010), *The Theory of Moral Sentiments*. London: Penguin.（アダム・スミス『道徳感情論』高哲男訳、講談社学術文庫ほか）

Smith, A. (2017), *The Wealth of Nations: An Inquiry into the Nature and Causes*. New Delhi: Global Vision Publishing House.（アダム・スミス『国富論』高哲男訳、講談社学術文庫ほか）

Spence, A. M. (1974), *Market Signalling: Informational Transfer in Hiring and Related Screening Processes*. Harvard Economic Studies Series, vol. 143. Cambridge, Mass.: Harvard University Press.

Sullivan, O., and Gershuny, J. (2012), 'Relative human capital resources and housework: a longitudinal analysis'. Sociology Working Paper (2012-04), Department of Sociology, Oxford University.

Tepperman, J. (2016), *The Fix: How Nations Survive and Thrive in a World in Decline*. New York: Tim Duggan Books.

Thomas, K., Haque, O. S., Pinker, S., and DeScioli, P. (2014), 'The psychology of coordination and common knowledge'. *Journal of Personality and Social Psychology*, 107, pp. 657–76.

Towers, A., Williams, M. N., Hill, S. R., Philipp, M. C., and Flett, R. (2016), 'What makes the most intense regrets? Comparing the effects of several theoretical predictors of regret intensity'. *Frontiers in Psychology*, 7, p. 1941.

Venables, A. J. (2018a), 'Gainers and losers in the new urban world'. In E. Glaeser, K. Kourtit and P. Nijkamp (eds.), *Urban Empires*. Abing- don: Routledge.

Venables, A. J. (2018b), 'Globalisation and urban polarisation', *Review of International Economics* (in press).

Wilson, T. D. (2011), *Redirect: Changing the Stories We Live By*. London: Hachette UK.

Wolf, A. (2013), *The XX Factor: How the Rise of Working Women has Created a Far Less Equal World*. New York: Crown.

参考文献

World Bank (2018), *The Changing Wealth of Nations*, Washington DC.
World Happiness Report, 2017 (2017), edited by J. Helliwell, R. Layard and J. Sachs. New York: Sustainable Development Solutions Network.

著者
ポール・コリアー
Paul Collier

オックスフォード大学ブラヴァトニック公共政策大学院教授。『最底辺の10億人』『民主主義がアフリカ経済を殺す』（以上、日経BP）、『収奪の星』『エクソダス』（以上、みすず書房）の著書で知られる政治経済学者。アフリカをフィールドワークの中心としながら、世界の最貧国の最底辺で暮らす人びとに寄り添い、先進諸国の政治・経済政策やグローバリズムの弊害に厳しい批判の目を向けてきた。また、途上国援助や民主主義といった理念的には望ましい政策も、運用を間違えればかえって救うべき人びとに不幸をもたらす現実を鋭く指摘。本書でも、相互扶助の精神といった倫理的・道徳的側面に着目し、本来多くの人に自由と生きがいと富と幸福をもたらすべき資本主義の今日における迷走とその問題点、そして未来への可能性を浮き彫りにする。

訳者
伊藤 真
いとう・まこと

ノンフィクションを中心に翻訳に従事。訳書にジョビー・ウォリック『ブラック・フラッグス（上下）』、ビル・ブライソン『アメリカを変えた夏 1927年』（以上、白水社）、ニコラス・スカウ『驚くべきCIAの世論操作』（集英社インターナショナル新書）、ジョン・リード『世界を揺るがした10日間』（光文社古典新訳文庫）、P・グロース『ブラディ・ダーウィン もうひとつのパール・ハーバー』（大隅書店）、R・ゲスト『アフリカ 苦悩する大陸』、ワン・ジョン『中国の歴史認識はどう作られたのか』（以上、東洋経済新報社）ほか。

新・資本主義論

「見捨てない社会」を取り戻すために

二〇二〇年九月一〇日 印刷
二〇二〇年九月三〇日 発行

著者 ポール・コリアー
訳者 © 伊藤真
装幀 谷中英之
組版 閏月社
発行者 及川直志
印刷所 株式会社三秀舎
発行所 株式会社白水社

東京都千代田区神田小川町三の二四
電話 営業部〇三(三二九一)七八一一
編集部〇三(三二九一)七八二一
振替 〇〇一九〇-五-三三二二八
郵便番号 一〇一-〇〇五二
www.hakusuisha.co.jp

乱丁・落丁本は、送料小社負担にて
お取り替えいたします。

株式会社松岳社

ISBN978-4-560-09787-8

Printed in Japan